執　筆　者

**髙橋　正泰　　明治大学経営学部教授（序章, 第 1 章, 第 2 章）
　星　　和樹　　愛知産業大学経営学部准教授（第 3 章, 第 13 章）
*髙木　俊雄　　昭和女子大学グローバルビジネス学部准教授
　　　　　　　　（第 4 章, 第 5 章, 第 6 章, 第 8 章）
　鈴村美代子　　明治大学商学部助教（第 4 章）
　寺本　直城　　拓殖大学商学部助教（第 7 章）
*四本　雅人　　長崎県立大学経営学部准教授（第 9 章, 第 12 章）
　間嶋　　崇　　専修大学経営学部教授（第 10 章）
　林　　成光　　国際ファッション専門職大学 国際ファッション学部教授
　　　　　　　　（第 11 章）

（執筆順, ** は監修者, * は編者）

ーとして Boulding (1956) のシステム階層の複雑性のモデルに触れながら説明している。また，第 3 章では，組織を取り巻く環境について，一般環境，タスク環境として概説し，かつ組織の内部環境についても説明している。

第 4 章の「組織と制度」では，国，企業，学校，NPO などの組織は制度として社会に存在している。そこで，組織と制度の違いや関係を取り上げて説明し，また，第 5 章では，組織の中心となる組織の構造について社会学の構造―機能主義や構造化の理論を踏まえて構造を説明し，その構造が具体的に現れる組織形態について説明している。

第 6 章では，組織と技術 (technology) の関係を，技術が組織や社会を決定するという技術決定論，他方で社会が技術のあり方を決定するという社会的構築の視点，さらに近年の技術と組織との関係について理論的に説明している。

第 7 章は，「組織デザイン」として組織を環境に適合させ，組織の合理性を確保するための組織の設計について概説している。

第 8 章は，組織のコンテクスト，すなわち特定の実践の場における組織の行為についての説明であり，それに続く第 9 章は，この組織コンテクストについて古くから研究を重ねてきた組織文化／企業文化の研究について示している。そして，第 10 章は組織プロセスについて，組織構造と組織化という視点から組織現象について言及している。

第 11 章では，「組織の知識マネジメント」として情報と知識，形式知と暗黙知，知識創造，組織能力などを知識ベースから説明している。また，第 12 章では近年重要な問題として認識されてきている組織学習について説明している。

そして，最後の第 13 章では，組織と戦略を取り上げ，戦略概念の多様性を説明しながら，1980 年代に登場し注目された Porter の競争戦略論や Mintzberg の研究を紹介して組織と経営戦略との関係について説明している。

本書の執筆者はいずれもその分野の研究者であり，担当書の諸理論をわかりやすくまとめて解説している。読者には本書の『マクロ組織論』だけでなく，『ミクロ組織論』および『組織のメソドロジー』を読んでいただき，組織研究に興味をもってもらうとともに組織についての知識を深めてもらうことを期待

読者へのメッセージ

　21世紀に入りすでに18年が過ぎ，インターネットが社会インフラとしてますます重要度を増すとともに知識創造や組織の問題が重要となっている。企業は多国籍化とネットワーク化という問題に直面し，新たな組織のあり方やそのマネジメントの模索を始めている。組織研究もその例外ではなく，新たな理論やメソドロジーが展開している。これまで，組織に関する研究書やテキストは多く出版されているが，メソドロジーを含んで解説しているテキストはそれほど多くはない。

　そこで，これまでの組織および組織行動についての研究をまとめ，メソドロジーを含んだ組織に関する最新の研究を含めたテキストを企画したものが本書である。この組織論シリーズは，『マクロ組織論』『ミクロ組織論』および『組織のメソドロジー』の3部から構成されている。組織に関するテキストは，一般的に『マクロ組織論』は『経営組織論』，『ミクロ組織論』は『組織行動論』として出版される場合が多いが，あえて組織をマクロ次元とミクロ次元に分けて組織を説明することにし，また組織分析については科学哲学からのメソドロジーを加えて網羅的に組織研究をまとめることを本企画では試みている。

　本書の『マクロ組織論』の構成は序章でも述べているが，以下のとおりである。

　序章は，経営学における組織研究についての概要を社会科学としての組織研究の視点から本書の概要をまとめている。

　第1章では，経営学において組織の理論が如何にして始まり展開してきたかについて，簡単にその学史を時代の背景を考察しながら説明している。

　第2章は，組織研究においてさまざまな観点から研究されてきたことを踏まえて「組織のメタファー」として組織について理解しやすくするために組織を機械，有機体，ブループリント，時計，サーモスタット，文化などのメタファ

経営組織論シリーズ 1

アメリカ経営組織論

岸本修爾・四本雅人 編
高橋正泰 監修

Management Organization

有斐閣

執筆者

**髙橋　正泰　明治大学経営学部教授（序章，第1章，第2章）
香　　　ヨヨ　愛知学院大学経営学部准教授（第3章，第13章）
清水　裕輝* 昭和女子大学グローバルビジネス学部准教授
　　　　　　（第4章，第5章，第6章，第8章）
木村美代子　明治大学経営学部助教（第4章）
寺本　直城　拓殖大学商学部助教（第7章）
四本　雅人* 長崎県立大学経営学部准教授（第9章，第12章）
間嶋　　崇　専修大学経営学部教授（第10章）
宇田川元一　国際ファッション専門職大学国際ファッション学部教授
　　　　　　（第11章）

（執筆順。*は編集委員，**は監修者）

している。

　最後に，企画から2年の期間を辛抱強く見守っていただき，ようやく本書の刊行にこぎ着けたのは，執筆者はもちろんのこと学文社の編集部，とりわけ田中千津子社長のご配慮によるものである。関係する皆様に心より感謝する。

監修者　高橋正泰
編著者　髙木俊雄
　　　　四本雅人

目　次

　　読者へのメッセージ　iii

序　章　組織の理解への第一歩 ……………………………………………… 1
　　Ⅰ．なぜ人は組織を創るのか　1
　　Ⅱ．組織とは何か　2
　　Ⅲ．社会科学としての組織論のメソドロジー――理論とは何か――　3
　　Ⅳ．本書の構成　6

第1章　組織論のショートストーリー ………………………………………… 9
　　Ⅰ．過去へのトリップ――プレモダン，モダン，ポストモダンの世界　9
　　　　1. プレモダンの世界　9／2. モダンの世界　10／3. ポストモダンの世界　11
　　Ⅱ．マクロ組織論のショートヒストリー　11
　　　　1. 組織のモダン・アプローチ（Modern Approach）　12／2. ポストモダン・アプローチ（Postmodern Approach）　22

第2章　組織のメタファー ……………………………………………………… 47
　　Ⅰ．メタファーとは何か　47
　　Ⅱ．組織のメタファー　49
　　　　1. 機械的・有機体のメタファー　49／2. 劇場メタファー　50／3. 政治メタファー　50／4. ジャズメタファー　50／5. 進化論メタファー　51／6. 資源メタファー　51／7. 制度メタファー　52
　　Ⅲ．組織研究におけるメタファーの危険性　52

第3章　環境（environment and ecology） ……………………………………… 55
　　Ⅰ．組織マネジメントに関わる環境概念　56
　　Ⅱ．環境の不確実性　58
　　Ⅲ．組織に影響を及ぼす環境に関わる諸理論　62
　　　　1. コンティンジェンシー理論　62／2. 資源依存理論　64／3. 個体群生態学　66

第4章　組織と制度 ……………………………………………………………… 73
　　Ⅰ．さまざまな制度観　74

Ⅱ．組織論（社会学）における制度　75
　　1. 制度派組織論の誕生　75 ／ 2. 初期の新制度派組織論―神話と儀礼としての組織構造―　77
　Ⅲ．近年における新制度派組織論　82

第5章　組織構造 ……………………………………………………………………… 87
　Ⅰ．構造と機能　88
　Ⅱ．分業と協業　89
　Ⅲ．組織構造の構築と維持のための管理原則　90
　Ⅳ．組織の基本構造　91
　　1. ライン組織　92 ／ 2. ファンクショナル組織　92 ／ 3. ライン・アンド・スタッフ組織　93
　Ⅴ．実際の企業組織　94
　　1. 職能部門制組織　94 ／ 2. 事業部制組織　96 ／ 3. 事業部制を補完する組織形態　98

第6章　組織と技術 …………………………………………………………………… 103
　Ⅰ．経営学における技術研究　104
　Ⅱ．技術の社会的構築というパースペクティブ　106
　Ⅲ．組織における技術研究のさらなる展開　108

第7章　組織デザイン ………………………………………………………………… 115
　Ⅰ．テクニカル・コアの防衛を通した組織デザイン　116
　Ⅱ．情報処理パラダイムによる組織デザイン　122
　Ⅲ．21世紀の組織デザイン　125

第8章　組織コンテクスト …………………………………………………………… 131
　Ⅰ．組織分析から「実践」へ　132
　Ⅱ．組織論における「実践」　134
　Ⅲ．実践を記述するということ　137

第9章　組織文化 ……………………………………………………………………… 145
　Ⅰ．「強い文化」論　147
　Ⅱ．組織文化の次元　150
　Ⅲ．組織文化の機能　157
　　1. 外的適応の有効性を高める戦略的補完機能　157 ／ 2. 内的統合を促進する

制度的補完機能　158／3. 不確実性，不安の削減機能　160／4. 組織構成員のモチベーション醸成機能　160
　Ⅳ．文化の解釈主義的アプローチ　162

第 10 章　組織プロセス ……………………………………………………………… 165
　Ⅰ．組織「プロセス」の2つの観点　165
　Ⅱ．組織のプロセスをとらえる―組織の構成要素としての「プロセス」―　166
　Ⅲ．組織をプロセスとしてとらえる―「組織化」という観点―　169
　Ⅳ．組織をプロセスとしてとらえることで―組織の実践を理解する―　171

第 11 章　組織の知識マネジメント ………………………………………………… 177
　Ⅰ．情報と知識　177
　　1. 知識とは何か　177／2. 組織における情報処理システム　178
　Ⅱ．知識に向ける経営学の眼差し―製品と市場からコンピタンスへ―　180
　Ⅲ．組織的知識創造理論　183
　　1. リソースの戦略論から知識の組織論へ　183／2. 知識をめぐる2つの次元，形式知と暗黙知　184／3. 組織的知識創造理論の知識変換モード―SECI モデル―　185／4. ミドル・アップダウン・マネジメント　188／5. 新しい組織構造―ハイパーテキスト型組織―　189／6. 組織的知識創造理論の課題　190
　Ⅳ．知識社会の組織パラダイム　191

第 12 章　組織学習 …………………………………………………………………… 195
　Ⅰ．組織学習論の生成と展開　195
　　1. シングルループ学習とダブルループ学習　196／2. 組織学習サイクル　198／3. アンラーニング　200／4. 問題解決学習と回避学習　200
　Ⅱ．学習する組織　202
　　1. システム思考　203／2. 自己マスタリー　204／3. メンタル・モデル　206／4. 共有ビジョン　208／5. チーム学習　209

第 13 章　組織と戦略 ………………………………………………………………… 213
　Ⅰ．戦略概念の多様性　214
　Ⅱ．経営戦略のレベル　218
　　1. 企業戦略（全社戦略）　220／2. 事業戦略（競争戦略）　222

人名索引 ………………………………………………………………………………… 231
事項索引 ………………………………………………………………………………… 233

序　章　組織の理解への第一歩

Ⅰ．なぜ人は組織を創るのか

　なぜ人は組織について語る時，その実態をすべてみることができないのに組織がすべてわかって存在するがごとくに違和感なく日常的に会話するのであろうか。また，なぜ組織を創るのであろうか。それは，一人の人間では成し得ないことを組織という協働システムを創ることにより達成できるからであるといえる。現在のわれわれの生活は，この組織による社会によって支えられているのであり，組織を活用しなければ一般の人々は生活することが困難になるといえる。歴史的にみても，過去の遺産としてみられる建築物や文化・文明の証としての芸術品，宗教，科学，そして人類発展の歴史は，組織の存在を考慮に入れなければその意味や価値の本質を知ることはできない。これらはすべて「組織」をとおして行われたものといえる。

　そもそも人類はその祖先が生物学的に異なる男性と女性という性別の組合せにより遺伝子を，つまり子孫を残そうとした戦略をとったことに由来するのかもしれない。「人類は男女の組合せにより，その存在の痕跡を後世に残す」という戦略は，2人の協働によるものでなければ成立しないし，強力な肉体的武器をもたない人類は（家族ともいえる）集団によって脅威に立ち向かうべくDNAのブループリントにより設計されてきたのかもしれない。

　経営学では，100年以上にわたり企業を中心として組織について研究を重ねてきたが，依然として組織現象をすべて説明できる研究レベルには達していない。組織はBarnard (1938) 以来「システム」としてみなされ，システムズ・アプローチを前提として議論されてきた。Bouldingのシステム階層の複雑性モデルによると，現時点で理論としてほぼ完全に説明できる組織論の研究レベルはシステム4のオープン・システムのレベルであり，われわれが語っている社会組織はレベル8にはまだまだほど遠い。しかし近年の組織論の研究レベル

はポストモダンや組織シンボリズム，ポスト構造主義，そして社会構成主義等の研究によりレベル7まで議論できるに至っている。残すはあと一歩であるが，そのための研究方法論や新しい概念が次々と出てきているのは確かである。本書は，以上の観点より組織の理論について理解できるようにできるだけ網羅的にかつ簡素に説明しようと試みている。

II. 組織とは何か

　近代組織論の始祖とされるBarnard (1938) は組織を「二人以上の人々の意識的に調整された活動や諸力のシステム」(73, 訳76) として定義して，組織を協働システムとして考えた。このシステムは共通の目的に対する協働システムであり，①共通の目的，②協働意欲，③コミュニケーションの3要件により成り立つ。このように，組織をシステムとしてとらえる方法はシステムズ・アプローチといわれ，経営組織論の基本的考え方である。

　システムズ・アプローチにより組織を考えることは，組織をオープン・システムとクローズド・システムとして理解することでもある。組織はこの2つのシステムを同時にもつことになるが，この2つのシステムはその性質が大きく異なっている。クローズド・システムは閉ざされた体系であり，条件付けや仮定によりコントロール可能なものとして位置づけられる (Thompson, 1967)。そのために組織はコントロール可能な方法としてテクノロジーを用いて組織を構築することになる。それに対してオープン・システムは開かれたシステムである。そのため外部からの影響をうけることになり，また，どのような影響をうけるかは不確定である。したがって，組織はいかに外部からの影響を防衛してクローズド・システムとしての組織を守り維持するかを考える必要がある。これを組織の不確実性の削減とか不確実性の回避とよび，このような組織のとらえ方を情報処理パラダイムとよんでいる。

　このような組織の考え方は機能主義として知られ，組織理論のメインストリームを形成してきたが，1980年代からは組織の解釈的なアプローチが台頭し

てきた。先鞭をつけたのが組織文化論であり，また，組織シンボリズムといわれる意味論的組織の理論である。これらはポストモダニズムの影響をうけて1980年代以降議論されている。たとえばWeickは，組織には組織構造はなく，あるものは組織化のプロセスであり，意味を選別する多義性の削減であるという，センスメーキングの概念を提起したことで有名である。組織文化論では組織のもつ文化に注目し，組織の価値や意味の共有が強調された。組織シンボリズムでは，組織をシアターメタファーとしてみなすなど，科学研究方法としてのメタファーの重要性やシンボルの果たす役割を議論している。1990年代からは社会構成主義やポスト構造主義，クリティカル・マネジメント・スタディズ，実践としてのコミュニティといった実践論，さらに組織の新制度学派などの新たな組織への理論的挑戦が進展している。

　このように考えると，「組織」は目的を達成する道具もしくは手段として考えることと同時に，組織をつくる意味や組織の中で人はどのような存在としてあるのかなど，意味の創造や価値の創造に焦点をおく議論が組織現象の解明にあたり展開されている。「組織とは何か」を考えることは，組織社会に生活しているわれわれにとっては非常に重要であるが難解である。

Ⅲ．社会科学としての組織論のメソドロジー──理論とは何か──

　理論とは，ある現象を説明するモデルであるといえる。社会科学の一員である組織論においては，組織現象を説明するモデルである。Hatchによれば，「理論とは一連の概念セットであり，それは関心をもつ現象の説明，理解，もしくは認識である」(Hatch with Ann L. Cunliffe, 2013：5) としている。このような理論構築をするためには，対象となる組織現象をどのようにとらえ，そしていかなる立場で論証するかという科学方法論（メソドロジー）を必要とする。たとえば，論理実証主義，批判的合理主義，社会構成主義などは基本的考え方が異なっている。

　社会科学を学ぶにあたっては，その研究対象が何かを考えなければならない。

もちろん，社会学の対象は社会現象であり，組織理論においては組織現象である。では，この組織現象をどのようにわれわれは認識するのであろうか。従来からの認識方法は「経験対象と認識対象の区別」である。経験対象とは日常経験している諸現象であり，それは複雑かつ多様性を含んだものである。このような諸現象をすべて研究対象にすることは研究者にとっては無理であり，それぞれの研究者は特定の基準（学問なら専門分野の視点）から経験対象をとらえることによって経験対象から自分のそれを研究対象とすることになる。これが認識対象である（大月他，2008：4）。

認識対象は個々の研究者の選択基準により経験対象から選ばれるのであり，その際の選択基準や基本的考え方は多様である。したがって，研究対象を科学的に研究するためには認識論と存在論をしっかりと定めることが要求される。これが科学方法論であり，そこでは科学哲学が必要となる。

たとえば，Burrell & Morgan (1979：1, 訳3) は「あらゆる組織の理論は何らかの科学哲学ならびに社会の理論を基礎にしている」として，社会科学を存在論，認識論，人間性，そして方法論という4つの仮定のセットを設定している。

存在論の仮定には，研究しようとする「現実 (reality)」は個人の外部にあり個人の意識にかかわりなく個人の意識に入ってくるものなのか，それとも個人の意識の所産によるものとして「現実」は世界の「向こうに」所与として存在するものではなく，個人の精神がもたらすものなのかという問題である。

第2の認識論仮定は，「人間はどのようにして世界を理解し，それを知識として他の仲間の人間に伝達するようになるか」に関する問題に関わっている。ここでは「真」とみなされるものと「偽」とみなされるものをどのように区別するかという考え方が含まれる。「知識」とは確固たる実在であり，具体的な形式で伝達可能なものなのか，それともそれほど明確なものではなく，より主観的であり，精神的あるいは超越的であり，独自かつ本質的に個人的な性格の経験や洞察にもとづくものであろうか，といった極端な2つの立場にわかれるのである。

第3番目は人間性に関する諸仮定であり，特に人間とその環境との間の関係

に関する一連の仮定を意味している。人間はその外的世界で遭遇する状況に対して機械的あるいは決定論的な形で反応するのか，あるいは人間は環境の創造者であり，コントロールされる側ではなくコントロールする側であって支配者であるとみなすという2つのパースペクティブが社会科学に認められる。前者は決定論の立場であり，後者は主意主義の立場である。

　これらの3つの仮定のセットは方法論的な性格に緊密に関係している。存在論，認識論，人間性の仮定が異なれば，社会科学者の方法論も異なるであろうということである。したがって，社会科学者が志向する方法は，その選択の可能性が極めて大きいといえる。たとえば，社会科学の対象である社会的世界を自然的世界と同様に扱うこととすれば，社会的世界は確固たる外在的かつ客観的実在としてみなされ，科学的研究の中心は，社会的世界に多く含まれている多様な要素間の関連性および規則性の分析に目が向けられる。つまり，観察しようとする現実を説明かつ支配するような普遍的法則を探究することになる。他方，社会的世界について個人の主観的経験の重要性を強調する立場に立てば，個人は自分自身が存在している世界をどのように創造，限定し，解釈するかということが主要な関心となる。極端な場合，ここでは一般的で普遍的なものより，独自の個人的特殊性を説明することに力点が置かれることになる。これは社会的世界の相対的性質を強調するアプローチであり，自然科学において通常適用されている基本ルールからみると「反科学的」とみなされかねない方法である。

　このようにBurrell & Morgan (1979) では，a.唯名論―実在論，b.反実証主義―実証主義，c.主意主義―決定論，d.個性記述的―法則定立的理論として示している。Burrell & Morganに限らず，研究者はそれぞれの科学方法論によって研究対象を研究し，ここから研究対象を説明することになる。この説明するために論理構築されたものが理論である。理論とは必ずしも経験対象をすべて説明するものではないが，特定の認識対象を説明することになる。

Ⅳ．本書の構成

　組織については多くのテキストや論文が刊行されているが，本書は図表序-1にあるように組織をオープン・システムとクローズド・システムとして，クローズド・システムとしての組織構成は組織構造とプロセスを中心に技術，知識，文化・制度，戦略として描いている。

　また，オープン・システムとしての組織に関しては，組織を取り巻く外部環境を一般環境と特定環境として認識するとともに組織の内部環境との関係を鑑みながら各論を構成している。組織の外部環境と内部環境については，経営戦略の議論を中心として組織プロセスを説明している。

　なお，本書の構成は，「読者へのメッセージ」に詳細を紹介している（iii-ivページ参照）。

図表序-1　組織の構成デザイン

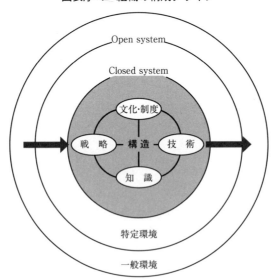

引用・参考文献

Barnard, C. I. (1938) *The Functions of the Executive*. Cambridge. MA: Harvard Uiversity Press.（山本安次郎・田杉競・飯野春樹訳『新訳　経営者の役割』ダイヤモンド社，1968年）

Boulding, K.E. (1956) "General Systems Theory : The Skeleton of Science," *Management Science*, 2(3) : 197-208.

Burrell, G., & Morgan, G. (1979) *Sociological Paradigms and Organizational Analysis : Elements of the Sociology of Corporate Life*. London : Heinemann.（鎌田伸一・金井一頼・野中郁次郎訳『組織理論のパラダイム―機能主義の分析枠組―』千倉書房，1986年）

Hatch, M. J. with Cunliffe, A. L. (2013) *Organization Theory: Modern Symbolic and Post modern Perspectives*. Oxford, UK: Oxford University Press.（大月博司・日野健太・山口善昭訳『Hatch 組織論―3つのパースペクティブ―』同文舘，2017年）

Simon, H.A. (1957) *Administrative Behavior*. (2nd ed.), New York : Macmillan.（松田武彦・高柳暁・二村敏子訳『経営行動』ダイヤモンド社，1965年）

Thompson, J. D. (1967) *Organizations in Action*. New York : McGraw-Hill.（高宮晋監訳『オーガニゼーション・イン・アクション』同文舘，1987年）

大月博司・高橋正泰・山口善昭（2008）『経営学―理論と体系（第3版）―』同文舘

第 1 章　組織論のショートストーリー

> 本章は，組織論の歴史をプレモダン，モダン，ポストモダンという観点からまとめている。組織論はモダンのパースペクティブとして 20 世紀初頭に誕生した。その先駆けは科学的管理法であり，それに続く機能主義的組織論，行動科学的組織論へと発展し，組織と環境，組織と戦略，組織と文化，組織と制度といった研究フィールドを形成している。本章はこれまでの組織の理論を歴史的に追いながら，マクロ組織論が扱ってきた対象や研究，そして理論を説明している。
>
> キーワード：プレモダン，モダン，ポストモダン，機能主義，組織と環境

　組織の理論を研究するとしても，現在の社会やその現象を理解することが必要であり，そのためには，これまでの世界を振り返り歴史的背景を検討することが必要といえる。これまでの歴史を振り返って社会を論じてきたのは，たとえば，社会主義革命を唱えた Marx，官僚制理論で有名な Weber，分業論の Durkheim，脱工業化社会を提唱した Bell，『第三の波』で有名な未来学者の Toffler，そしてノーベル経済学賞を受賞した『不確実性の時代』の Galbraith などがよく知られている。ここでは組織の理論が生まれる歴史的背景から 20 世紀を総称するモダンを中心として，モダン以前のプレモダン，そして以後のポストモダンを振り返ってみることにする。

I．過去へのトリップ―プレモダン，モダン，ポストモダンの世界[1]

1. プレモダンの世界

　プレモダンの世界は，有史以来の農業社会として理解されている世界である。この世界は，中世の終わりを告げるルネッサンスとそれに続く産業革命が起こるまでの数千年にわたり続いた世界であり，高度に中央集権的国家の出現や商業の発展という例外はあるが，本質的には世界的に類似性をもっている。そこ

では土地が生活の基盤であり，その土地に縛られた自給自足の共同体としての社会が成立している。そして，貴族，僧侶，農民，農奴あるいは奴隷という階級があり，人々はその生まれた地位により一生が決まるという，ある意味では確実な時代である。そして，世界は神々により創造され，基本的には宗教によって世界は説明された。世界の知識は宗教として語られ，知識のパワーは教会や寺院に，そして神により神託をうけ，そして軍事的パワーをもった王を中心とした貴族階級に社会は支配されてきた。時間は農業を基盤とすることから，自然のサイクルにしたがって緩やかに流れ，支配者がかわるとしてもその基本的な社会システムの変化はなかったといえる。この世界が，産業革命以降，人類がこれまでもっていなかった強力なエネルギーによるこれまでに例のない豊かな世界，つまり産業社会としてのモダンの世界へと変貌することになる。

2. モダンの世界

　モダンの世界は，科学とそれに結びついたテクノロジーにより産業化された社会として，歴史的にみてもこれまでに実現したことのない物質的に豊かな世界を実現した。人々は土地から解放され，都市化という人口集中が起こった。そして，神の世界を説く宗教にかわり，理性や合理性を基盤とする科学が世界を客観的に説明することになった。19世紀になると旧来の階級は崩壊し，Marxが指摘したように，資本家による労働者の支配という新たな階級制度をもった資本主義社会として生まれ変わった。産業主義は大多数の人々に労働者として規律をもとめ，世界は能率や生産性，そして合法性により支配される規則正しい秩序による社会となった。その一方で，これまでの自然循環に依存するエネルギーではなく，蒸気機関に始まる膨大なエネルギーを必要とする多くの産業が生まれた。大量生産と大量消費による産業主義は，物理的豊かさを人々にもたらすとともに，いつしか発展と成長の神話を生み出し，客観性に基盤をおいた科学とテクノロジーは画一的で機能的な社会システムを基礎づけることになった。つまり，このモダンと称される世界は，専門化，標準化，規格化，同時化，集中化，極大化，均一化，そして発展により特徴づけられるとい

うことができる。科学技術は物質的な富を生み出し，それを個人に配分するとともに，相互に関連する無数の組織によって個人に役割を割り振る社会システムが成立し，そのシステムが機能するように情報システムがモダンの世界を作り上げたのである。

3. ポストモダンの世界

この高度に発展した産業社会（資本主義社会といってもよい）は，科学やテクノロジーの進歩にもかかわらず，政治的，経済的，社会的，そして文化的なさまざまな矛盾を解決することができなくなってきた。人々は近代科学により説明された画一的で機能的な物質的に豊かな社会への疑問を次第にもちはじめ，多様で複雑なそして自由な世界を求めだした。教育水準の向上や情報技術の革命（IT 革命）が，これまで教会や国家により独占されてきた知識を，誰でもが自由にアクセスすることを可能とし，人々は自分自身のいる「われわれの世界」についてより多くのことを知ることとなる。人々はプレモダンの世界から引き継いだ伝統的な社会から，また支配するものと支配されるものといった二項対立的な図式の世界から抜け出し，固定的に構造化されない多元的で豊かな世界へと第一歩を踏み出している。「何に価値があり，何に価値がないか」ということに画一的な答えはなく，特定の社会的地位にとらわれず，時には人々は資本家であり労働者であり，教師であり生徒である，そしてそのようなさまざまなあり方が容認される主観的で多元的，そして多様な世界，つまりポストモダンの世界が到来している。

II. マクロ組織論のショートヒストリー[2]

マクロ組織論としての経営組織論の研究は，20世紀に入り初めて社会科学として成立したが，その組織の起源は人類の誕生とともに出現し，人類はこれまで「組織」を使い発展してきたといえる。古代文明の遺跡やこれまでの人類の歴史は，組織を創り，マネジメントを行わなければ成し得ないことである。

組織を現象として理論的にとらえてきたのは，産業革命以後，とりわけ19世紀から20世紀へと産業社会が発展し，企業の事業規模の拡大を背景とする実践的要請によるものであった。組織論と近代マネジメント論が実践的にかつ経営学の研究分野として展開するのは，19世紀後半から20世紀のアメリカであった。19世紀のアメリカは，動力の分野（蒸気機関の発達），輸送分野（運河と鉄道による市場拡大・大量輸送・地域独占の崩壊），コミュニケーションの分野（通信の発達）が同時に発展するという産業革命が進行した（Wren, 1972）。また，労働力確保のための移民労働者は大多数が未熟練労働者であったことにもより，大量生産のための機械化が早くから導入されたのである。

　このような時代的背景のもとで展開してきた経営組織論としてのマクロ組織論の歴史を，以下，モダン・アプローチ（Modern Approach），ポストモダン・アプローチ（Postmodern Approach）として概観することにしたい。

1. 組織のモダン・アプローチ (Modern Approach)

　モダニズムのパースペクティブは，世界を人間の意識と物理的世界に切り離し，世界を唯一絶対の原理によって説明できるという命題に見出される。そこでは，自然はある一定の普遍的法則に従っているという考え方から，あらゆるものは条件さえわかれば予測可能であるとみなされてきた。このモダンパラダイムは，専門化，標準化，規格化，同時化，集中化，極大化，均一化などが推進された機能の世界である。したがって，モダン・アプローチは機能主義的組織論としてみることができる。

(1) 初期のモダン・アプローチ

　ここでは，Taylor, Fayol, Weber, そしてFollettの業績を，それぞれ，科学的管理法（Scientific Management），マネジメント論（Management Theory）および管理原則（Administrative Principle），官僚制論（Bureaucratic Organization），機能的統一体としての組織（functional unit）として検討することにする。これらのモダン・アプローチの特徴は，経済人モデル（完全合理的人間モデル・機械人モデル），普遍的理

論的志向として理解することができる。

Taylor の科学的管理法

　当時のアメリカの経済的発展と労使関係の状況は，① 成行管理と組織的怠業，② 従業員を教育する考えがないこと，③ 管理の概念がないこと，④「労働量一定の法則」が一般的に信じられていたこと，として特徴づけられる。このような時代の中で，科学的管理法 (Scientific Management) は，経験的観察によって，より能率的な作業方法の開発に科学的方法が利用できることを示唆した。

　製鋼会社の技師であった Taylor は，実践的な経験から後に科学的管理法と称されるテイラー・システムを展開した。彼は組織的怠業の原因となる従来の「成行管理」(drifting management) にかえて，あらかじめ設定された遂行されるべき仕事である課業 (task) を中心とした「課業管理」(task management) を提唱した。これはテイラー・システムの柱をなすものであり，① 大きな一日の課業，② 標準的諸条件，③ 成功に対する高い報酬，④ 失敗した場合の損失負担，⑤ 第一級の労働者にしてはじめて達成できる程度に困難な課業，という原則にもとづいている。つまり，Taylor によるアプローチは，以下のような方法を基本としている。

1. 所与の課業を遂行する唯一最善の方法を開発すること
2. その方法の標準化（通常は時間研究によって行われる）
3. 特定課業の遂行に最も適した労働者を選抜すること
4. 仕事を遂行するのに最も能率的な方法で労働者を訓練すること

　このようなアプローチは，人間を機械の一部とみなすものであり，「従業員は経済的報酬によって動機づけられる」という「経済人」仮説を内包していると批判された。テイラー・システムのもとでは課業の計画化，組織化，統制が労働者の自由裁量からとりあげられ，管理の専門家にそれが委ねられることになる。そして，これまでの万能的職長制度にかえ，計画機能と執行機能を分けた職能別職長制度が考案された。それは標準課業の達成を基準として２つの異なる賃率を用いる差別出来高給制度とともにテイラー・システムを構成してい

る。

　Taylor に始まる科学的管理法は管理の発展への新しいシステマティックなアプローチをもたらしたが，反面，労働者の強い抵抗をまねくこととなった。しかし，Taylor はこうした労働組合からの批判に対して科学的管理法の本質は管理の技法や管理制度ではなくて，科学主義と労使協調主義による労使双方の「精神革命」であると1912年の「科学的管理法特別委員会における供述」において述べている。

　Taylor により考案されたテイラー・システムは，Gantt, Barth, Gilbreth, F. B., Gilbreth, L. M., Emerson らに受け継がれ，いわゆる科学的管理法として展開され，現在ではとくに生産管理論，経営工学，そして経営科学の分野として研究されている。

Fayol の管理原則

　科学的管理法が工場や作業レベルにおける組織や管理の最適化に関心をよせていたのに対し，組織全体に適用可能な管理原則を強調し，経営と管理の違いを明確にするとともに管理の一般理論の構築を目指したのはファヨールであった。この理論は科学的管理法，官僚制モデルと同様に今日においても依然として組織の管理的枠組みを提供するものとして適切かつ基礎的な役割を果たしている。Fayol（1916）は企業経営を① 技術，② 商業，③ 財務，④ 保全，⑤ 会計，⑥ 管理という活動の6つの職能に分け，経営はこれらの職能を円滑に行い，企業全体にできるだけ多くの利益を生みだすよう努力させ，方向づけることであるとし，マネジメントを企業職能のひとつとしてはじめて位置づけた。ここでマネジメント職能が重視され，マネジメント職能は5つの要素，すなわち① 計画（原書では「予測」），② 組織，③ 命令，④ 調整，⑤ 統制からなるプロセスとして把握された。

　また，マネジメント職能はもっぱら従業員にだけ関わり，そのマネジメント職能を行うには道具としての組織体が必要となるが，その組織体を健全に機能させるものこそが管理の原則であるとファヨールは主張している。原則は航海

にて進路に導く灯台であり，灯台は港への航路を知っているものにのみ役立ちうるとしながらも，自己の経験より14の「管理の一般原則」(Principles Généraux D'administration) を示した。彼は正しい適用方法を知らなければ役に立たないとしながらも，灯台の明かりにたとえられる14の管理原則を経験から導き出し，マネジメント教育の必要性を指摘したのである。

また，Fayolはファヨール・ブリッジとして知られる組織の水平コミュニケーションの重要性を指摘しており，このことは今日の組織コミュニケーションのあり方を示した重要な指摘であるといえる。

Weberの官僚制論

Weberは周知のごとく近代社会科学の巨人であり，経済，社会，および政治思想に大きな影響を及ぼした人である。Weberの研究は単一組織というよりも社会の経済的・政治的構造にあり，工業化にともなう社会構造の変化を歴史的・社会的要因の考察から20世紀の社会を悲観的に展望した。Weberによれば，官僚制はもっとも能率的な組織形態であり，近代社会の要求によって生じた複合組織—企業，政府，軍隊など—にもっとも能率的に利用されうる組織であり，また必然的な組織形態であるとされる。Weberのこうした理念型官僚制は，①機能的専門化にもとづいた分業，②権限の明確な階層制，③職務担当者の権利と業務を規定する規則のシステム，④労働条件を扱う手続きのシステム，⑤人間関係の非人格化，⑥技術的能力にもとづいた雇用，⑦文書主義などの特徴をもっている。組織は程度の差こそあれ，これらの特徴をもっており，その意味では官僚制でない組織はないともいえよう。

社会学における組織の研究は，社会システム論のParsons，Weberの官僚制の逆機能を指摘したMerton, Gouldnerらの組織の構造—機能分析，組織の社会科学分析の研究者であるEtzioniらの研究に引き継がれ，現在の経営組織論に多大な影響を及ぼしている。また，Weberの官僚制論は社会システム論の組織の構造—機能分析とともに，Barnardを創始とする近代組織論に継承されるのである。

Follettの機能的統一体としての組織

　Follettの組織とマネジメントに関する理論は,異彩を放っている。そもそも彼女は政治学者であり,組織とマネジメントに関する研究は晩年になってからであり,おもにその研究は講演記録として残されている。彼女の組織観は「交織した機能の体系 (an interweaving functional system)」であり,機能的統一体としての組織である。統一体とは「各構成部分の単なる合計ではなく,機能的に関連し,加算された全体以上の価値をもつもの」とされ,コンフリクトの解決で示される創出的価値を生む「統合」の概念が示されている。Follettにおいては,管理とは「人間による管理」ではなく,「事実による管理」という「管理の非人間的管理」が示されるが,その「相互関連した管理 (co-related control)」は情況の中にあるとする独自のアイディアを提唱した。彼女は管理の科学化をこの「情況の法則」に見出し,科学的管理の本質は情況の法則を発見する試みであるとしている。情況の法則とは命令の非人間化に他ならず,これこそが真の人間化であると主張する。組織における上司からの命令は単にシンボリックに過ぎず,命令の授与者と受容者はともに情況の法則にしたがっているに過ぎないとされる。そして権限や責任は委譲されるものではなく,最上位の権限は錯覚であるとして逆に組織の下位から累積される累積権限と累積責任の概念を示すとともに,権限,責任,機能は三位一体として理解されている。

　このようにFollettは管理の科学化を非人間化としているが,それはマルクス主義者が批判する人間を機械の部品として扱うというのではなく,「情況の法則」にもとづく「事実による管理」の非人間化を示すものである。また,組織は構成要素の加算的全体以上の存在であるとする彼女の組織観は,ポストモダンに先立つ卓越した見識であると評価される。

伝統的組織論の展開

　次に述べる人間関係論と同時期に,Mooney & Reiley, Brown らによって形成主義による合理的組織の構造とその設計を求める伝統的組織論,Church, Sheldon らによる職能・原理論についての研究が行われた。

これまでふれていないが，制度派組織論と称される一連の研究を忘れてはならない。Veblen, Commons らの制度派経済学の流れをくむ制度派の理論から株式会社論の Berle & Means, Wessler, 経営学者革命論の Burnham, 巨大株式会社のビジネス・リーダーシップ論の Gordon, そしてコンティンジェンシー理論以降も経営組織論に多くの貢献を果たした制度派組織論の代表者である Drucker らの研究には十分留意する必要がある。

(2) 人間関係論の展開

人間関係論は，いわゆるホーソン実験 (Hawthorne Experiments) による一連の研究調査の成果であり，1924 年に国立科学アカデミーの全国調査協議会によるウェスタン・エレクトリック社ホーソン工場での調査にはじまる。このホーソン実験は，第1段階として①照明実験が 1924 年 11 月から 1927 年 4 月に実施されたが，この調査では予想に反し照明度，賃金支払い方法，休憩時間と作業能率には何ら関係を見出せなかった。そこで，ハーバード・グループの Mayo, Roethlisberger らが加わり，第2段階の「継電器組立実験」が 1927 年 4 月から 1929 年 6 月の期間実施された。この実験から Mayo らはこの生産高の増加は賃金によるものではなく，モラールや監督，そして人間関係による改善であると結論づけた。さらに，「継電器組立実験」と並行して行われた面接計画は 21,126 人の従業員に対して行われた。その結果，監督，モラール，生産性については社会的状況下で考えられねばならないことが明らかになった。第4段階の最後の「バンク配線実験」(1931 年 11 月〜1932 年 5 月) は，配線実験室におけるインフォーマルな集団行動に関する研究として 14 人の男子従業員を対象にして行われた。その結果，会社の定めた公式組織とは別の非公式に形成されるインフォーマル・グループの存在を明らかにした。

人間関係論から，組織には能率の論理にもとづく公式組織と感情の論理にもとづく非公式組織が存在し，それぞれ異なった論理で動くが故に組織の生産性が阻害されることが指摘され，管理者には両者を調和させるためには「技術的技能」と「社会的技能」が求められた。また，科学的管理法で仮定された「経

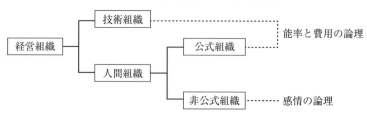

図表1-1 人間関係論による経営組織

出所）大月他（2008：30）

済人」仮説にかわり，「社会人」仮説という人間観を人間関係論は提示した。人間関係論についてはいわゆる「ホーソン効果」として議論される方法論などに問題があるとして批判されているが，行動科学としてその研究成果は受け継がれ，経営学では組織行動論としてひとつの研究分野を形成することになる。

(3) モダン・アプローチの展開

Barnard

　組織の理論に関するモダン・アプローチのプロトタイプというべき経営組織論を著したのはBarnardであり，1938年の *The Functions of the Executive*（『経営者の役割』）は，後の組織研究に大きな影響をもたらした。Barnard (1938) は，組織を「二人以上の人々の意識的に調整された活動や諸力のシステム」(73, 訳76) として定義し，個人と組織という二分法を基本としながら理論を展開した。個人は誘因 (inducement) と貢献 (contribution) によって組織への参加を決める意思決定者としてとらえられる一方で，組織は個人に誘因を提供し続けられる限りにおいて存続しうるとする。また，Barnardは，公式組織の3要素として①共通目的，②協働意識，③コミュニケーションをあげ，組織を個人的，物的，社会的，生物的システムからなる複合システムとしての組織を考えるシステムズ・アプローチを提唱した。組織の合理性は，有効性 (effectiveness：組織目的の達成度)，と能率 (efficiency：個人の動機の満足度) によって測定され，誘因の提供とともに個人目的と組織目的が一致しているように「確信」を与えるという経

営者の創造職能としてのリーダーシップを強調している。

Simon

　Simon (1957) は，バーナードの意思決定の概念を発展させ，組織プロセスは意思決定のプロセスにほかならないとし，組織行動の中心概念として組織の理論を展開した。Simon によれば，意思決定を「諸前提から結論を引き出す」過程とし，その決定前提を「価値前提」(経験的に検証が不可能なもの) と「事実前提」(経験的に検証が可能なもの) に分けた。そして前者を行動の「目的」，後者を行動の「手段」として，科学的分析を合理的手段の選択という「事実前提」に向けるのである。また，意思決定の主体たる人間は，客観的に合理的行動をとろうとするがそこには限界があり，しょせん「制約された合理性」(bounded rationality) であるにすぎないとして，Simon は「合理的経済人」仮説にかえて「管理人」(administrative man) 仮説を現実的人間モデルとして人間行動を分析するとする組織の情報処理パラダイムの基礎を提供した。

　さらに，組織を意思決定機能の論理的・合理的な分布と配分に関する「組織の解剖学」(Anatomy of Organization) と，個人の意思決定を意識的な刺激―反応パターンに従うよう組織が刺激をコントロールしたり，刺激に対する反応を決める個人に心理的影響を及ぼす過程を分析する「組織の生理学」(Physiology of Organization) からなる組織影響論，および組織を誘因と貢献の均衡システムであるとする組織均衡論を展開した。

March & Simon と Cyert & March

　March & Simon (1958) は，いわば近代組織論の集大成というべき *Organizations* を著し，組織の一般理論を構築した。組織における人間行動は①受動的道具としての器械的側面，②組織行動の体系に参加するよう動機づけられ，組織に態度，価値，目標をもたらす動機的側面，③認知や思考の過程が組織における行動の説明にとって中心であるとする，意思決定者ないし問題解決者としての合理的側面という3つの命題すべてを含むものとして組織行

動が考察されなければならないことを指摘した。

　また，組織一般における人間行動，意思決定の研究成果を「企業の経済理論」に結合しようとする新しい試みが1950年代前半に現れる。Cyert & March は，① 企業を理論の基礎単位とし，② 価格，生産量，資源配分という意思決定に関する企業行動の予測を理論の目的とする，③ 組織的意思決定の現実の過程に力点をおくという，組織目標の理論，組織期待の理論，組織選択の理論からなる A Behavioral Theory of the Firm（『企業の行動理論』1963）を展開した。彼らは，企業は経営者と従業員からなるということにかえて，個人の連合体 (coalition of individuals) であると規定しており，これは後に組織のポリティカル・アプローチとして発展することになる。

　さらに，意思決定の問題を企業の存続に関する，つまり企業の外部環境に対する適応に関わる戦略的意思決定を重視するとともにその戦略策定を考える，より実践的な理論展開を試みる「経営戦略論」が1960年代後半から1970年代にかけて台頭する。この Chandler や Ansoff によって先鞭をつけられた戦略論は，コンティンジェンシー理論の展開にともなってひとつの重要な研究分野を形成するのである。

コンティンジェンシー理論の構想

　Barnard (1938) に代表される近代組織論は，組織を2つ以上の相互依存的な部分，構成要素，あるいはサブシステムからなるシステムとして把握し，また外部環境と相互作用によって連結されているオープン・システムと考え，さらに，組織の行動を環境との適合的関係において重視する研究という一般理論を求める「システムズ・アプローチ」を採用してきたが，1960年に入ると重要な進展が訪れる。それはアメリカではなく，イギリスにおける研究が契機となった一連の研究成果であり，経営学上大きなインパクトを与えた「組織と環境」の研究である。タヴィストック学派といわれる Trist らのタヴィストック研究所の研究グループによるソシオ・テクニカルアプローチは，オープン・システムとしての企業と環境との媒介である技術と，その社会的・心理的要因の結合

による環境適合こそが企業の維持，生存に決定的に重要である点を強調した。そして，Burns & Stalker (1961) は，後にコンティンジェンシー理論と呼ばれることになる基礎的命題，すなわち比較的安定した環境では「機械的システム」が，そして急激に変化する環境下には「有機的システム」が適合するという重要な命題を提示した。

　さらに，Woodward (1965, 1970) による「異なる技術には異なる組織形態が対応する」という技術と組織構造に関するサウス・エセックスの研究，Pugh, Hickson らによる組織の規模に関するアストン・グループの研究は，コンティンジェンシー理論の構想に大きな影響を及ぼした。

　ハーバード大学の Lawrence と Lorsch は，イギリスでの「組織と環境」「組織と技術」に関する一連の研究から実証研究を行い，その研究成果をコンティンジェンシー理論として提唱した。彼らは，組織の分化と統合のパターンと環境の不確実性による組織構造を研究するために異なる3つの環境，すなわち3つの産業（プラスチック，食品，容器）を選び出してそれぞれの組織と環境の適合性を実証分析した。その研究にもとづき，従来の理論が普遍的理論を想定するのに対して，組織デザインにおける「唯一最善の方法」を否定するコンティンジェンシー理論を導き出した。その理論的特徴は組織を環境，組織の規模，技術に規定されるものとしてとらえ，「条件適応的」な理論や技法の適用を主張したことである。つまり，コンティンジェンシー理論はシステムズ・アプローチを継承しながら，1960年代までに展開された諸理論を統合しようとするものである (Lawrence & Lorsch, 1967)。

　これ以降の1970年代の組織に関する議論は「もし組織が所与の環境に適応すれば，その組織は高い組織成果をあげる」というコンティンジェンシー理論にもとづいたもので，環境決定論の立場をとっている。この立場に対して，1970年代の後半から Miles & Snow (1978) が「ネオコンティンジェンシー理論」と名づけた主体性の議論が新たに登場する。この議論は Child (1972) が Chandler (1962) の「組織構造は戦略に従う」という命題に注目した戦略的選択論としても知られている。この立場によれば，「組織は環境によってその組

織構造が決定されるという受動的な立場ではなく，環境に積極的に影響を及ぼすパワーを有しており，環境を自ら創造する」というものであり，環境によって一方的に組織構造やマネジメント・システムが決定されるのではなく，組織の主体的行動にその重点を置いている。また，1967年のThompsonの研究を忘れてはならない。彼は組織と環境・技術との適合関係，不確実性の問題について，組織のオープン・システム・モデルとクローズド・システム・モデルにより包括的に議論し，支配連合体を提唱する機能主義的組織論を代表する理論を構築した。

コンティンジェンシー理論は組織研究に一大転換となる大きな成果をもたらした。そのひとつが組織デザインの分野であり，1980年代以降は組織の研究は経営戦略との関連で組織変革論の議論へと発展するのである。

他方，組織のミクロ・レベルでは，コンティンジェンシー・アプローチをとるFiedler（1967）のリーダーシップに関するコンティンジェンシー・モデルが提唱され，「唯一最善の方法」の探求をしてきた組織に関するモダン・アプローチの研究は，その方向を変えて環境適合を前提とした研究に移行していくことになる。

2. ポストモダン・アプローチ [3] (Postmodern Approach)

(1) 1980年以降の理論的展開

1970年代の10年にわたる白熱した議論（コティンジェンシー理論）を経て，1970年代後半から「ネオコンティンジェンシー理論」，「戦略的選択論」議論とは別に新たな組織研究が芽生え始めた。その代表的研究は「組織のポピュレーション・エコロジー」（Hanann & Freeman, 1977; McKelvey, 1982），「組織のルース・カップリングの理論」（March & Olsen, 1976; Weick, 1976; Meyer & Rowan, 1977），「組織化の理論」（Weick, 1979），「組織シンボリズム」（Pondy et al., 1983），そして多くの研究がみられる「組織文化論」や組織の新制度学派の研究などがそれである。

このような1980年代から1990年代にかけての研究は，機能主義的組織論に

対する理論的限界を示しており，その指摘は Silverman（1970：126-127）の行為の準拠枠の理論にみることができる[4]。

1. 社会科学と自然科学とでは対象に関するまったく異なった秩序を扱っている。厳密性と懐疑的態度の原則は双方にあてはまるのであるが，これらの展望が同じであることを期待すべきではない。
2. 社会学は，行動を観察するよりはむしろ行為を理解することに関心をもっている。行為は，社会的現実を定義づける意味から生ずる。
3. 意味は，社会によって人々に与えられる。共有された志向性は，制度化されるようになり，社会的事実として後の世代の人たちによって経験される。
4. 社会が人間を規定すると同時に，人間もまた社会を定義する。意味についての特定の配置は，日常の行為における継続的な再確認によってのみ維持される。
5. 相互作用を通じて人間も社会的意味を修正し，変化させ，変換される。
6. こういうわけで人間の行為の説明を行うためには，関係者たちが自分たちの行為に寄与する意味を考慮にいれなければならないことになる。どのような方法で日常世界が社会的に構成されかつ，現実やルーティンとして知覚されるのかということが社会学的分析の重大な関心事となる。
7. 実証主義的説明では，行為が，外的でしかも拘束的な社会的諸活力ないし非社会的諸力によって決定されると主張されるのであるが，このような説明は受け入れがたい。

以上の Silverman による社会学的解釈主義の態度は，社会構成主義（social constructionism）と同様にポストモダニズムを反映した組織論を展開する契機となっている。すなわち，ポストモダン的組織論の登場である。

(2) ポストモダニズムの登場[5)]

　ポストモダニズムを支える哲学はかなり古く，また多くの哲学者によって提唱されている。さかのぼればギリシャ哲学にまで及ぶが，現在のポストモダニズムに深く影響を及ぼしているのは，フランスの哲学者である Lyotard や Derrida であるといえる。ポストモダニズムという言葉は，科学研究に携わるものにとっては，魅力的ではあるが捕らえどころがなく，特に従来の組織研究の方法を踏襲する研究者にとっては曖昧で，意味がなく，時には嫌悪感を抱く言葉であるかもしれない (e.g., Alvesson, 1995 ; Kilduff & Mehra, 1997)。その理由は，ポストモダニズムを明確に定義することが非常にむずかしいからである。ポストモダニズムと称される研究の内容は多岐にわたり，一貫性を欠き，標準的な意味をもっていないように感じられる。しかしながら，このことこそがモダニズムとポストモダニズムを峻別する重要な鍵である。

　20世紀の社会科学は，自然科学に影響されたモダニズムの結晶であり，絶対的真理を追究する科学の姿であった。そこでは，客観的で，規則的な法則性に貫かれた世界が措定され，合理的で，標準化された社会が描かれていた。このような社会の在り方が本当に存在し，実現するか，が疑問視されてきている。「われわれの世界は，機械仕掛けの規則的な，かつ客観的合理性に支配された世界として理解できるのであろうか」という問いかけこそがポストモダニズムの原点であり，その疑問こそが，ポストモダニズムを特徴づけているとみることができる。ポストモダニズムは，既成の確立された知識に対する20世紀の最も偉大な挑戦のひとつである (Wisdom, 1987 : 5) といえる。

　社会科学におけるポストモダニズムは，合理性や真理，進歩の概念に疑問を抱くということを共通の基盤としている。理論や歴史を統一するという概念や正当化が困難な対象を見出すことによって，ポストモダニストは歴史の可逆性，偶発性の重要さ，そして世界の浅薄さや相対性が，社会理論にとって重要な特徴であることを示唆している (Burrell, 1989)。ポストモダン的志向の核心は，社会現象のすべてを説明するというグランド理論を求めるものではない。すべての「説明」は不確かなそして部分的なものなのである (Alvesson & Berg, 1992 :

218)。また，ポストモダン・パースペクティブは，組織の秩序を前提とはしていないし，無秩序を重要な要素とみているわけではないという二律背反する概念を容認する。

　方法論的にも，ポストモダニズムの考え方は，研究を行う際の近代的もしくは合理的方法の実在的な存在論・認識論に対する懐疑的態度としてみることができる。

　近代化の歴史からすると，ポストモダニズムは脱工業化主義(post-industrialism)と結びついていといえる。1960年代以降の脱工業化社会についての議論は広く組織論や管理論で認識されているところであるが，それはまた，仕事の意味の変化，社会的現実についての情報技術のインパクト，工業部門の縮小，そして新しい代替的組織形態の展開やサービスおよび情報部門の拡大として知られる (Lash & Urry, 1987)。従来の社会科学にもとづく組織論は，現実の産業的(技術―経済的)もしくは政治的・制度的側面に焦点を当ててきた。20世紀に入っての自然科学とテクノロジーの融合による産業化はわが国を含む先進諸国に物質的な豊かさを提供したが，それによって貧困や格差が是正されたわけではなく，一部の豊かな人々と豊かさを享受できない人々との格差は依然として存在し，精神的豊かさは物質的な豊かさの陰に隠れてしまったかのようにみられた。そのことに対しポストモダニズムは文化の側面，たとえば思想，感情の構造，そして審美的な経験に焦点を当てつつモダニズムによる社会のあり方に疑問を当てることになる。この意味からすれば，ポストモダンな新しい時代は生産プロセスに関わって組織化された強固に秩序化された工業社会と比べて，緩やかに結びつけられた多元的で，豊かなそして可変的な大衆社会をあらわしている (Alvesson & Berg, 1992 : 216-217) ということができる。このように，ポストモダニズムは，増大する信念の多元性によって特徴づけられる (Jencks, 1989 : 50) のであり，多様性や多元性，曖昧性といった概念を重要視することになる。

(3) 組織のポストモダニズム

　Berg (1989) は，完全に操作的で前進的な戦略的選択下にある意識的で成熟した人間によって動かされ，かつしっかりと結びつけられた合理的機械として組織を語ることを拒否し，カオスや曖昧性を，そしてイメージと超リアリティの役割を強調している。また，Kilduff & Mehra (1997) が指摘するように，最近の組織に関する研究には，明らかにポストモダンな研究が現れてきているようである (e.g., Boje, 1995；Kilduff, 1993；Martin, 1990)。新しいスタイルの理論的・認識論的な志向をとったり，イデオロギーを探求するための方法論的かつ理論的方法として，ポストモダニズムから何らかの示唆を得ている者もいるようであるし，ポストモダニズムとしてみられる新しい組織の特徴を明らかにして，ポスト官僚制組織についての研究がみられる (Alvesson, 1995：1058-1059)。必ずしも合理性にもとづく機能主義的組織論が，すべてこのように完全で，合理的なそして機械的な組織を主張しているわけではないが，実在論や認識論からみると少なくとも客観的合理性と規則性を志向してきたことは事実である。しかし，このことを過大に強調することは誤解を招く恐れがあるかもしれないが，重要なことは，これまで支配的であった組織論が無視したり，その研究に入れなかった範囲を考慮する必要があるということである。存在論的にも認識論的にも新たなパラダイムが要請されているのである。

　組織論におけるポストモダンの問題点は，次の5つに要約される (Kilduff & Mehra, 1997：462-466)。

通常科学についての問題：革命的立場

　ポストモダニストはメタ理論を否定し，すべてのグランド・セオリーに疑いをもっている。この批判に対して，Merton (1957) は中範囲理論を提唱し，データの適応範囲の限定性を示した。しかし，グランド・セオリーや中範囲理論による研究プログラムにコミットすることには，ポストモダニストから疑問が提示されている。かれらは，Kuhn (1962) が「通常科学」と呼んだ重要性を議論している。多くの科学者は受け入れられたフレームワーク内でパズル解きを

しており，Kuhn自身が明らかにしたように，このことは革新的な思考ではなく，規範的な立場であるといえる。「科学者は革命的であって，パズルの解決者ではない」という立場から，科学者は競合するパラダイム間を移動することはありえないとする見方を「危険なドグマ」として，Popper（1970）は退けている。ポパー流の見方をポストモダンとはいえないとしても，既存のパラダイムに対する革命的な立場や，研究の問題によるであろうが，パラダイム間の移動の可能性を議論した点は，ポストモダニズムと通じるものがある。ポストモダニストは多くの異なる理論的立場が同時に有効であること，そして基本的な仮説に関するこれまでの，そして現在の批判的議論の重要性を擁護するのである。

真理についての問題：フィクションの重要性

真理とは，人がそれを幻であることを忘れた幻であるかもしれない（Nietzsche, 1873/1995）。このパースペクティブに従えば，真理としてみなされるものは固定化されたものではなく，社会的な伝統から派生したものであるが故に，真理の追究は社会科学の目標としては根深い問題となる。真理は，自然に固有なものではなく，人間によって織りなされる伝統にもとづいている。人間は，人間によって創造される世界に反応する。科学者は人々が知覚し，創造するフィクションを理解しなければならない。

ポストモダンは，共有された社会的世界の創造にもつ個人の知覚の重要性を強調し，「個人がいかに経験を意味づけし，社会的世界を構築し，維持するか」，そして「いかに社会的構築が確実なものとして現れるのか」に研究の注意を払ってきている。

表象の問題：客体は主体である

世界を的確に表すという問題は，ポストモダンの議論において重要な問題となってきている。ポストモダンな立場は，方法論的純粋さに対するあらゆる主張の土台を削り取ろうとしている。ポストモダニストにとって，事実について

の自然発生的で客観的な描写を行うことのできる方法論はないのである。科学は自然を映す鏡ではないが故に，科学テキストでみられる客観性は人を惑わせるものとなる。科学の仕事は，修辞的な伝統や当然とみなされている仮説に関する解釈のコンテクストの中で行われているのである。

記述の問題：スタイルの問題

もし科学が部分的であれ修辞的な産物であるならば，そのスタイルが重要となる。いかに客観性がみられようと，またいかに事実がテキストにみられようと，テキストの修辞的検討を免除することをポストモダニストは拒否している。すべてのテキストは，どのように議論が表現されるべきであるかに関わる一連の選択をあらわしており，これらの選択はテキストの中に織り込まれている。ポストモダンなパースペクティブからすれば，研究者は社会科学においても，審美的に満足したテキストを生み出すことになる。

普遍可能性の問題：無知の前進

ポストモダンなパースペクティブからすれば，社会科学の目指すものは普遍可能性ではない。つまり，社会科学における普遍可能性の危機には多くの理由が考えられる。それは，①結果に影響を与える可能性のあるすべてのコンティンジェンシー要因を隔離することは不可能であること，②社会科学研究の歴史的な立場に立つという本質，そして③研究結果が政策的勧告に置き換えられたり，もしくは研究の潜在的主体にまで行き渡るという容易さ，である。もし社会科学が行動の法則を生み出すビジネスではないとしたら，その目的はいったい何であろうか。社会科学は実務者と読者の間に興味と興奮を引き起こす限りにおいて，価値があるものであるかもしれない。科学における前進の概念は，「われわれは知れば知るほど，知らないことを悟る」という神話である。

以上のようなポストモダニズムの論点を理解することによって，社会学としての組織論においても重要な示唆を得ることができる。Clegg (1990：203) は，モダニティとポストモダニティの組織論的次元を，専門化対拡散化，官僚制対デ

モクラシー，階層対市場，権限の剥奪対付与 (dis-empowerment vs empowerment)，硬直性対柔軟性，個人化対集団化，そして不信対信頼とみなしている。しかし，ポストモダニズムの観点からすれば，このような二分法的なとらえ方は当てはまらない。そもそも世界を二分法的にとらえる必要はないのである。したがって，Clegg (1990) が憂慮するようなポストモダンな組織論と伝統的な組織論の分離やそれにともなう社会科学の分化は，その必然性をもっていない。

(4) ポストモダニズムとしての組織研究[6)]
組織のコンフィギュレーショナル・アプローチ

コンフィギュレーショナル・アプローチはコンティンジェンシー・アプローチをもとにしてはいるが，その内容は複雑系の理論やゲシュタルトの理論を取り入れているという意味では，新たな段階に踏み出した理論といえる。組織のコンフィギュレーション (organizational configuration) とは，お互いに共通して起こり，概念的に明確にされた特徴の多元的な集まり (constellation) であると理解される (高橋, 2005：112)。つまり，環境，産業，技術，戦略，構造，文化，イデオロギー，集団，メンバー，プロセス，実践，信念，そして成果などのさまざまな次元をひとまとめとして，コンフィギュレーション，もしくはアーキタイプ (archetype)，ゲシュタルト (gestalt) と呼ぶことができる。コンフィギュレーションは，共通した組織構造，共通したコンテクスト内での戦略策定，共通した発展もしくは一連の変革を意味している (Miller & Friesen, 1984)。組織は構造，戦略，環境といった要素が量子的状態 (quantum state)，すなわち「コンフィギュレーション」として合体した複雑な実体として見なされるのである (高橋, 2005：112)。

このコンフィギュレーションは，生態的ニッチ内での競争的適合のための環境選択 (Hannan & Freeman, 1989)，組織構成要素間の機能的関係 (Miller, 1987)，社会的構成を通じての伝統的なやり方の繰り返し (Berger & Luckmann, 1967) を含んでおり，コンフィギュレーションの源泉として認知および社会的認知のプロセスをあげることができる (高橋, 2005：112)。Hinings & Greenwood (1988)

や Meyer（1982）によれば，組織メンバーのもつ解釈的スキームやイデオロギーは，組織のコンフィギュレーションを生み出すことを助長すると考えられている。

コンフィギュレーショナルな研究は全体論的立場に立っている。社会的存在としての組織の各部分は全体から意味をもつのであり，独立したものとしては理解できないと主張することにより「組織の各部分をいかに秩序づけるか」というより「各部分が全体として相互作用することにより，いかに秩序が起こるか」を説明しようとすることにその重点を置くことによって，組織の創発性を視野に入れることが可能となる（高橋，2005：115）。

組織のイナクトメント理論

イナクトメント（enactment）の概念は，Weick（1979）の組織化の理論のキー概念である。Weick はジャズのメタファーを用いて，組織には組織化のプロセスが存在するだけであるとして，組織構造といった実態を否定する。多義性の削減という組織化のプロセスこそがイナクトメントであり，組織現象を認知の側面からとらえた。イナクトメントとは，組織メンバーが組織を取り巻く環境の特徴を主観的に構築したり，再構成したり，破壊することを意味しており，新たな認知環境を生み出すことである。この何が現実であるかということを意味するイナクトメントの概念は，意味の理解を生み出すセンスメーキングへと展開する。センスメーキングとは，「何ものかをフレームワークの中に置くこと，納得，驚きの物語化，意味の構築，共通理解のために相互作用すること，あるいはパターン化」（Weick, 1995：6, 訳8）であり，組織化のプロセスにより真実を創造することである。

このように組織を組織化のプロセスとしてとらえ，限りない組織の経験を通して組織はイナクトメントし，センスメーキングすることにより組織目的を達成するために活動するものとして組織現象をとらえることになる。このような解釈的研究方法はポストモダン研究を反映しており，とくに意味の形成や主観的環境を創造するイナクトメントの概念は社会構成主義の伝統とは異なるかも

しれないが，同一のポストモダン・パラダイムという枠にくくることができるかもしれない。

組織の制度学派

制度に関する研究は組織論の誕生と同じくらいの歴史をもっているが，その「制度」そのものについての概念は必ずしも統一されているわけではない。しかしながら共通することは，組織のもつ規範的側面や価値的側面を強調していることである。経営学における制度派の研究としては「所有と経営の分離」を論じた株式会社論があるが，組織論における制度研究はさかのぼれば Weber や Durkheim にみることができる。その中でも Selznick の研究は有名である。アメリカの社会学者である Selznick はアメリカ政府による TVA (The Tennessee Valley Authority) の研究を通して組織におけるリーダーシップの側面から制度を論じた。Selznick によれば，組織は価値観を吹き込まれることにより制度化され，社会制度となるとしている。1970 年代になると Meyer & Rowan による制度化の理論が注目された。これ以降，制度派組織論では「正当性 (legitimacy)」が争点となり，新制度学派にその研究が受け継がれることになる。Meyer & Rowan による制度的正当化を生み出す神話や価値規範が論じられ，さらに Powell や DiMaggio により「組織の同型化」,「組織フィールド」の概念が展開された。この意味では，制度派の研究は組織文化論と強く結び付いているといえる。

結局，組織における制度派の理論は，突き詰めると「制度」よりむしろ「制度化」として理解することが有効であり，環境と組織の問題をこの社会制度化の理論により説明しようとしているといえよう。

組織文化論と組織シンボリズム[7]

1980 年代に論じられた組織文化に関する研究はさまざまであるが，変数としての文化研究とメタファーとしての文化研究である。外部変数としての文化は日本的経営の研究に代表されるものであり，組織を取り巻く社会や文化に影

響される組織の差異を，文化概念を用いて研究する分野である。他方，組織の内部変数としての文化研究はシンボリックマネジャーやエクセレントカンパニーに代表される研究であり，組織をひとつの社会システムとみなして独自の文化をもつとされる。その文化の違いや文化の強さが組織のパフォーマンスにとって重要であり，強い文化が高い業績をもたらすとされた。

　メタファーとしての組織文化研究は，人間が組織の現実を意味のあるものとして創造するためにシンボルを活用する方法と，われわれがそれを理解する理論的，実践的洞察力を生み出している。組織にとっての文化メタファーからすると，シンボルは人間行動に影響を及ぼす変数であり，社会システムの機能であるという概念以上のものを提供するとしている。シンボルの変数としての概念を超えて，組織の行動やシステムをシンボリック形態としてあらわしているにすぎないと理解する理論が組織シンボリズムである。

　Pondy & Mitroff (1979) はモダンの組織論を代表する Thompson (1967) の機能主義的組織論の限界を指摘することにより組織シンボリズム研究の研究対象を論じている。そのトンプソン・モデルの限界は，組織行動の生態学的影響への注意が不十分なこと，マクロレベルの弱機能の理解が不十分なこと，新たな人間モデルの必要性，組織の自己再生，組織に関する既知への疑い，そして人間組織を扱うことの不十分さにある。

　理論モデルとしてみれば，組織シンボリズムは，組織の意味の創造と維持を行うシンボリック行為のパターンにその理解の焦点をおき，組織は共有されたシンボルと意味のシステムとして理解される。シンボルは意味のある関係の中で連結されており，ある状況下で人々の活動がどんな関係にあるかを示し，このパースペクティブは個人が自分の体験をいかに理解し，解釈するか，そしてこれらが行動にいかに関連するかについて組織の分析を集中する。つまり，組織のシンボリック環境により形成された世界は，組織の一貫した秩序とその正当性を提供するとともに，組織メンバーがその組織の客観的現実を，主観的現実として共有するというプロセスを可能にする。そして，シンボリックな行為を通しての組織創造と維持が，組織シンボリズムにおいては重要な研究対象と

なるのである。

　方法論的観点からみれば，組織シンボリズムが前提とする科学研究は研究接続の約束として主張された（高橋，1986）。組織シンボリズムの研究態度は，研究者と研究される現象を結びつける仮定と実践のネットワークを理解する重要性を強調し，そしてそれは唯一の方法の選択をするというより，理論と方法，概念と対象，研究者と研究対象の間の異なる関係をともなう約束の仕方の方法を含むものとして研究過程を考える（Morgan, 1983a, 1983b）ことなのである。したがってこの研究態度には，主観的余地が排除されることはない。むしろ主観的研究態度を主張するといえるのである。

　この組織シンボリズムの研究は，生成的社会プロセスとしてのシンボリズムの本質を分析する理論的，方法論的アプローチを用いるという二重の挑戦を試みている（高橋，1986）。組織シンボリズム研究にみられる新たな視点は，人間のシンボリックな側面に強い関心をもっているということである。組織は目的を達成するための機能的存在であるだけでなく，むしろ共有されたシンボルと意味のシステムとして理解される。組織の社会的関係の中でシンボルは意味のある関係の中で連結されており，それはある状況下で人々の活動がどんな関係にあり，意味をもつかを示している。個人は自分の行動をいかに理解し，解釈するか，そしてこれらの行動がいかに関連するかについて組織の行為の理論が分析される。したがって，組織研究は，① 組織は何を成し遂げ，また② 組織はいかにして能率的にそれを成し遂げるかという視点よりは，① 組織はいかにして成し遂げ，② 組織化される意味は何か，という解釈的視点に重点をおくことになる。つまり，組織は，意味，信念を生み出し，伝説，神話，そして物語を醸成し，儀式，儀礼，セレモニーによって運営されるという組織シンボリズムのパースペクティブが考えられなければならないのである。

　組織シンボリズムは，明らかに従来の組織論とは異なった視角をもっている。組織シンボリズムは組織における単なるシンボルの研究ではなく，組織論の存立に関わる基本的な科学観，研究アプローチの問題提起を含んでおり，これまでの機能主義的組織論への本質的挑戦である。これまでの機能主義的組織論は，

意味現象を機能の側面から扱い，シンボルを変数として扱ってきている。しかし，価値観の多様化が起こっている現在，機能優先の組織概念から意味充実と創造の組織論理への転換が求められている。組織シンボリズムの研究は，1980年代に入って組織研究の一分野として位置づけられたが，組織シンボリズムが提起した組織観とその研究方法は，組織論の新しい1ページを開く研究であるとともに，組織の解釈主義的研究の先駆けとして位置づけることができる。このように，組織シンボリズムは組織論分野におけるポストモダニズムの代表的研究であるといえよう。

クリティカル・マネジメント・スタディズ (Critical Management Studies)
　批判理論は「批判的であり，抑圧されている人間の解放」という関心からするとマルクス主義の伝統にもとづく関心と同類であるともいえるが，マルクスが労働者階級の解放に目を向けたのに対して，近代化とそれに伴う抑圧からの人々の解放に広く視点を移している。そこでは社会科学と哲学を融合した新たなパースペクティブが形成され，社会科学においては客観的で価値自由な知識は存在しえないということが主張されるとともに，われわれの活動の中にある種のパターンが歴史的形成され，かつ社会のコンテクストに深く埋め込まれていくメカニズムに関心が向けられる。批判理論の代表的研究者であるHabermasによれば，モダニズムは技術的関心，ポストモダニズムは実践的関心，批判理論は開放的関心をもつとされている。
　この流れをくむクリティカル・マネジメント・スタディズ (CMS) の研究は，イギリスを中心として展開されているが，その研究対象や研究内容は多岐にわたり明確な規定をすることはむずかしい。したがってその特徴を明確にすることは困難であるが，Alvesson (2008) によれば，それをあえてまとめるならば「非生産性 (non-performativity)」，「非自然主義 (denaturalization)」，「自省 (reflexivity)」としている (Fournier and Grey, 2000)。もちろん批判理論はマルクス主義に依拠しているが，今日のCMSの一連の研究の根幹は，ある種のフランクフルト学派とハバーマス主義者の融合された研究やポストモダニストの研究によるもの

であり，多くはFoucautの影響を受けている（Alvesson, 2008：17）。CMSの視点は，その批判的態度にあり，これまで見過ごされてきた事象や研究対象，第三世界からの視点やジェンダー視点により批判的に検証することであり，研究での科学方法論を重要視している。クリティカル・リアリズム（Critical Realism）は，その代表的研究であるといえる。

社会構成主義

　社会構成主義（Social Constructionism）のアプローチは，「ディスコース分析」，「脱構築」，「ポスト構造主義」と称される一連の研究にみることができる（e.g., Burr, 1995；高橋，2002）。近代アプローチの挑戦であるポストモダニズムに社会構成主義は位置づけられる。社会構成主義の基本的視点は，社会を規定する客観性や社会の深層にある法則性，そして究極的な真理の探究というモダンのパラダイムへ挑戦を表していることからするとポストモダニズムの一環としてみることができる。社会生活の構築プロセスを明らかにしようとするエスノメソドロジーが1950年代から60年代に誕生したが，社会構成主義の原点は知識社会学を展開したBerger & Luckmann（1967）とされている。社会構成主義を本格的に提唱したのはGergen（1973）であり，Gergen & Gergen（1984, 1986），Gergen（1985），およびSarbin（1986）が大きな貢献をしている。

　モダニズムが世界の隠れた構造や法則性の実在を探求し，その構造の分析を行うことによって世界の真理を見出そうとする構造主義のパースペクティブを基本的立場とするが，社会構成主義は「実在世界の諸形態の裏に潜む法則や構造」を否定することから「ポスト構造主義」ともいわれる。この社会構成主義とはどのような考え方をするのであろうか。Burr（1995）によると，社会構成主義の立場を特定化する唯一の特徴は存在しないとされ，いくつかの重要な諸仮定をもつものが社会構成主義に分類されるのである（Gergen, 1985）。その諸仮定とは，(1) 自明の知識への批判的スタンス，(2) 歴史的及び文化的な特殊性，(3) 知識は社会過程によって支えられる，(4) 知識と社会的行為は相伴う，である（Burr, 1995：3-5, 訳4-7）。つまり，① 世界は社会過程の所産であるのでそ

の世界のあり方は一定ではなく，それらの内部にある「本質」は存在しないという反本質主義，②知識は実在の直接の知覚であること，つまり客観的事実を否定する反実在論，③あらゆる知識が歴史的および文化的に影響されるのであれば，社会科学によって生み出された知識も当然含まれるとする知識の歴史的文化的特殊性，④われわれが生まれ出る世界には人々が使っている概念枠やカテゴリーがすでに存在しており，人々の考え方は言語媒介として獲得されるとする思考前提としての言語の重要性，そして⑤世界は人々の話し合いにより構築されるとする社会的行為の一形態としての言語，社会構造というより相互作用と社会的慣行への注目と知識や形態がどのように人々の相互作用の中で生まれるかというプロセスの重視，等をあげることができる (Burr, 1995：5-8, 訳8-12)。社会構成主義では，個人よりも人間関係のネットワークが強調され，解釈学をはじめとしてシステム論などの諸領域においても伝統的な科学方法論の絶対的優位性を主張してきた立場に対して異議を唱えるということになる (McNamee & Gergen, 1992：5, 訳22)。

　言語は，社会構成主義を理解するためには必須の概念である。人々が社会的に構成されていくという過程は，言語に根ざしているという見方であり，社会構成主義にとって重要である。そこでは，言語はわれわれの思考や感情を他者に伝達する単なる媒介ではなく，人や世界のアイデンティティを構成するそのものとしてみなされている。会話や語りといった社会構成主義におけるディスコースへの注目は，社会学，心理学，文化人類学，言語学，そして哲学など，その学際的な起源と性格から多様な異なったパースペクティブや方法論が混在していることを示している。

　このような社会構成主義は，組織研究において実践論，組織ディスコース，そしてストーリーテリングなどの研究の理論的基盤を提供している。

実践の理論[8] (Community of Practice)

　組織論では，1990年代から実践について注目された。その契機は組織における学習や知識の習得といったナレッジマネジメントであり，シングルループ

学習およびダブルループ学習を提唱した Argyris と Schon らの組織学習論を超えた新たな学習論の登場である。それは学習を社会的実践への参加としてとらえる「実践のコミュニティ（Communities of Practice）」である。その代表的な研究は，徒弟制において新参者が知識や技能を修得していく学習プロセスを「正統的周辺参加」として理論を展開した Lave & Wenger（1991）である。ここでの学習とは，実践コミュニティへの参加そのものであり，そのような参加を通してコミュニティの一員としてのアイデンティティを構築していくことと密接不可分のものとされている。アイデンティティとは「人間と実践コミュニティにおける場所およびそれへの参加との，長期にわたる生きた関係」（Lave & Wenger, 1991：訳30）として理解され，コミュニティへの新規参入者は参加のプロセスを通して「熟練のアイデンティティ」を学習し獲得することになる。このような活動への参加という社会的実践は生きた経験であり，それこそが学習であるとする。このようなアイディアは組織学習を考える時，重要な示唆を与えてくれることになる。

　Wenger（1998）はこの実践のコミュニティの理論に実践のコンステレーションという概念を導入してコミュニティ間のパワー関係のネットワークへと理論を発展させた。この理論展開は，実践のコミュニティ論を組織の枠を超えた個々のコミュニティ間の分析へと道を開き，組織の社会的コンテクストからの学習とアイデンティティの形成の解明と理論から実践への示唆を導き出した。このような「実践」への注目は言語への注目とともに社会構成主義の提唱者である Gergen の理論においても重要な概念となっているし，活動理論（Activity Theory）やアクターネットワーク論（Actor Network Theory）に反映されている。

　組織学習論の他にも実践の概念を取り入れている研究は「実践としての戦略」やクリティカル・マネジメント・スタディズの研究などがある。

ディスコース分析[9]

　社会構成主義の原点とされる Berger & Luckmann（1967）は，「世界」は人人の社会的慣行によって社会的に構成されること，そして人々は社会的に構成

された現実の中で生きることを明らかにした。また，ポストモダニズムやポスト構造主義にしたがえば，人は社会的に構築され，われわれの現実は使用される言語体系に導かれると同時に制約され，世界がどのようであるかは人々に共有される言葉のやり取りや語り方，すなわちディスコース (discourse) によって決まるとされる。日常的に「本当」だとか「良い」とか判断するときの基準は，社会や人間関係の中に埋め込まれている (McNamee & Gergen, 1992：4, 訳19) のであって，科学的な客観的基準にしたがっているわけではない。社会の変化はそもそも人々の関係の中から生まれるのであり，その文化がもつ言語習慣の変容から生じるともいえる。こうしたテキスト論的説明方法が重要視され，思想や観念は人々の関係から形成され，言語の構造化によるディスコースにより媒介されるといえる。

　ディスコースが含む言語，会話，物語は，社会生活を理解するための不可欠な特徴となっている。ディスコースとは「対象を構築する記述の体系」(Parker, 1992：5) であり，「何らかの仕方でまとまって，出来事の特定のヴァージョンを生み出す一群の意味，メタファー，表象，イメージ，ストーリー，陳述，等々を指している」(Burr, 1995：48, 訳74) とされる。つまり，ディスコースは，ひとつの出来事についての特定の描写であり，それらをある観点から表現する特定の仕方を意味している。すべての対象，出来事にはさまざまに異なるディスコースが存在し，その対象について語る異なるストーリーをともなっている。つまり，それぞれのディスコースは事象や出来事の異なる側面に注目し，異なる問題を提起し，異なる意味を含んでいるのであり，それぞれがその対象を異なる仕方で表現し構築しようとする。それ故に，ディスコースによって表現されるものを通してわれわれの経験する現象が構築されることになる。このようなディスコースの特質を鑑みると，組織分析におけるその意味は重要であるといえる。組織はさまざまなディスコースにより描写され，構築されることになり，組織のメンバーはそれぞれのディスコースにしたがって組織の現実を理解することになるのである。フーコー流にいうならば，組織の現実がディスコースによって構築されるとすると，組織に存在するさまざまなディスコースのう

ちでどのディスコースが支配的ディスコースとして組織の人々に受け入れられるのか，また何があるいは誰がその支配的ディスコースを生み出しているかという組織のパワー現象を解明することになる。

　組織における日常は言語，話し，物語，会話としてのディスコースによって描写され，組織の現実はディスコースを分析し解明することにより研究されなければならないということができる。したがって組織のディスコース分析は，メタファー，ストーリー，物語や小説，儀式，レトリック，言語ゲーム，テキスト，ドラマ，会話，感情，そして意味形成の役割や影響を研究することを含んでおり，日常の組織プロセスや組織行動に深く埋め込まれたディスコースの実態を描き出す方法として理解されなければならない。

　ディスコース分析は，主観性と解釈に優先順位をあたえ，レトリックを探求し，価値の多様性を評価し，不確実性を許容する。また，ディスコースは意味を創出し，現実を構築する手段として，と同時にさまざまな表現は本源的な曖昧性をもつものとしてとらえられなければならない。それ故に，組織のディスコースを検討することは，組織の本質的現象を探求することであると同時に，認識論的問題を議論するということである。

　このようなディスコースに関する研究として，組織のナラティブアプローチ，ストーリーテリングなどの分野をあげることができる。

　経営組織論の分野では，IT 革命や日本のバブル経済の破綻などの背景から従来のマネジメントや組織のあり方が議論され，組織変革，イノベーション，知識創造や実践のコミュニティなどを背景とした組織研究の新しい理論展開の段階に入った。これらの研究は，ポストモダンとかポスト構造主義，あるいはディスコース分析といった研究として 21 世紀を迎えた現在も続いている。もちろんモダン・アプローチとしての組織研究がその有効性を失ったということを意味しているわけではない。組織現象を解明するには，これまでのすべての研究成果を踏まえた研究アプローチが必要とされるということである。

　組織の研究は，これまでの行動科学，社会学，認知科学，心理学など隣接諸

科学の叡智を組み入れることが求められ，科学方法論や科学哲学を含むインターディシプリナリー・アプローチによる研究が組織現象の究明のためにこれまで以上に展開されている。

注
1) 高橋（2003：234-236）より修正して引用した。
2) この章のマネジメントの歴史的概説は，大月・高橋・山口（2008）の「第1章 経営学の系譜」参考にして，一部修正引用している。
3) ポストモダンについては，高橋（1998, 2002a, 2002b, 2003, 2005, 2006）を参考に一部を引用している。
4) ここでの Silverman（1970）の引用は，Burrell & Morgan（1979）の邦訳：240 による。
5) 高橋（1998）の一部を加筆，修正して記述している。
6) 高橋（2005）の一部を加筆，修正して記述している。
7) 高橋（2003）の一部を加筆，修正して記述している。
8) ここでの記述は，青木（2005）を参考に一部を引用している。
9) 高橋（2002）の一部を加筆，修正して記述している。

さらに学習すべき事柄
・経営学の成立・発展の背後には，企業などの実業界からの要請が存在している。本章であげた諸理論もまた実務と密接にリンクしている。そのため，これらがなぜ生じたのかについて，経営実務の観点からも考えてみよう。

読んでもらいたい文献
ダニエル・A. レン著，佐々木 恒男訳（2004）『マネジメント思想の進化』文眞堂
　経営学史研究の第一人者 Wren によるマネジメント思想史。紀元前の文明から産業革命に至るまでの初期のマネジメント思想に始まり，科学的管理法の時代を経て，現代（1990年代前半）にかけて，マネジメント思想がどのように発展・進化を遂げてきたのか，詳細な検討がなされている。

引用・参考文献
Alvesson, M.（1995）"The Meaning and Meaninglessness of Postmodernism : Some Ironic Remarks," *Organization Studies*, 16(6) : 1047-1075.
Alvesson, M.（2008）*The future of critical management studies*. The Sage Handbook of New Approaches in *Management and Organization*. edited by D.

Barry and H. Hansen. London. United Kingdom：Sage Publications：13-26.

Alvesson, M., & Berg, P.O. (1992) *Corporate Culture and Organizational Symbolism*. New York：Walter de Gruyter.

Barnard, C.I. (1938) The Functions of the Executive. Cambridge. MA：Harvard University Press.（山本安次郎・田杉競・飯野春樹訳『新訳　経営者の役割』ダイヤモンド社，1968年）

Berg, P.O. (1989) "Postmodern Management? From Facts to Fiction in Theory and Practice," *Scandinavian Journal of Management*, 5：201-217.

Berger, P.L., & Luckmann, T. (1967) *The Social Construction of Reality*. New York：Doubleday.（山口節郎訳『日常世界の構成―アイデンティティと社会の弁証法』新曜社，1977年）

Boje, D.M. (1995) "Stories of the Storytelling Organization：A Postmodern Analysis of Disney as 'Tamara-land'," *Academy of Management Journal*, 38：997-1035.

Boulding, K.E. (1956) "General Systems Theory：The Skeleton of Science," *Management Science*, 2(3)：197-208.

Burns, T., & Stalker, G.M. (1961) *The Management of Innovation*. London：Tavistock.

Burr, V. (1995) *An Introduction to Social Constructionism*. London：Routledge.（田中一彦訳『社会的構成主義への招待―言説分析とは何か―』川島書店，1997年）

Burrell, G. (1989) "Post Modernism：Threat or Opportunity?," *Operational Research and the Social Sciences*. Jackson, M.C. et al. (eds.), New York, NY：Plenum.

Chandler, A.D. (1962) *Strategy and Structure：Chapters in the History of the Industrial Enterprise*. Cambridge. MA：M.I.T. Press.（有賀裕子訳『組織は戦略に従う』ダイヤモンド社，2004年）

Child, J. (1972) "Organizational structure, environment and performance：The role of strategic choice," *Sociology*, 6：2-22.

Clegg, S. (1990) *Modern Organizations：Organization Studies in the Postmodern World*. London：Sage.

Cyert, R.M., & March, J.G. (1963) *A behavioral theory of the firm*. Englewood Cliffs, New Jersey：Prentice-Hall.（松田武彦・井上恒夫訳『企業の行動理論』ダイヤモンド社，1967年）

Fayol, H. (1916) *Administration Industrielle et Générale*. Bulletin de la Societe de l'Industrie Minerale.（山本安次郎訳『産業ならびに一般の管理』ダイヤモンド社，

1985 年)
Fiedler, F. E. (1967) *A Theory of Leadership Effectiveness*. New York : McGraw-Hill. (山田雄一監訳『新しい管理者像の探求』産業能率短期大学出版, 1970 年)
Fournier, V., & Grey, C. (2000) "At the Critical Moment : Conditions and Prospects for Critical Management Studies," *Human Relations*, 53(1) : 7-32.
Gergen, K.J. (1973) "Social Psychology as History," *Journal of Personality and Social Psychology*, 26 : 309-320.
Gergen, K.J. (1985) "The Social Constructionist Movement in Modern Psychology," *American Psychologist*, 40 : 266-275.
Gergen, K.J., & Gergen, M.M. (1984) The Social Construction of Narrative Accounts. In K.J. Gergen, & M.M. Gergen. (eds.). *Historical Social Psychology*. Hillsdale, NJ : Lawrence Erlbaum Associate.
Gergen, K.J., & Gergen, M.M. (1986) Narrative Form and the Construction Psychological Science. In T.R. Sarbin. (ed.). *Narrative Psychology : The Storied Nature of Human Conduct*. New York : Praeger.
Hannan, M.T., & Freeman, J. (1977) "The Population Ecology of Organizations," *American Journal of Sociology*, 82 : 929-964.
Hatch, M. J. with A. L. Cunliffe (2013) Organization Theory : Modern, Symbolic, and Postmodern Perspectives. (3rd ed.). Oxford: Oxford University Press. (大月博司・日野健太・山口義昭訳『Hatch 組織論—3つのパースペクティブ—』同文舘, 2017 年)
Hinings, G.R., & Greenwood, R. (1988) *The Dynamics of Strategic Change*. Oxford, UK : Basil Blackwell.
Jeneks, C. (1989) *What is Post-Modernism?* (3rd ed.). London : Academy.
Kilduff, M. (1993) "Deconstructing Organizations," *Academy of Management Review*, 18 : 13-31.
Kilduff, M., & Mehra, A. (1997) "Postmodernism and Organizational Research," *Academy of Management Review*, 22(1) : 453-481.
Kuhn, T.S. (1962) *The Structure of Scientific Revolutions*. Chicago : The University of Chicago Press. (中山茂訳『科学革命の構造』みすず書房, 1971 年)
Lash, S., & Urry, J. (1987) *The End of Organized Capitalism*. Cambridge : Polity Press.
Lave, J., & Wenger, E. (1991) *Situated Learning.: Legitimate Peripheral Participation*, *Cambridge*. UK : Cambridge University. (佐伯胖訳『状況に埋め込まれた学習—正統的周辺参加—』産業図書, 1993 年)

Lawrence, P. R., & Lorsch, J. W. (1967) *Organization and Environment : Managing Differentiation and Integration*. Boston : Division of Research, Harvard Business School. (吉田博訳『組織の条件適応理論』産業能率短期大学出版部, 1977 年)

March, J. G., & Simon, H. A. (1958) *Organizations*. New York : John Wiley & Sons. (土屋守章訳『オーガニゼーションズ』ダイヤモンド社, 1977 年)

March, J. G., & Olsen, J. P. (1976) *Ambiguity and Choice in Organizations*. Bergen : Universitetsforlaget.

Martin, J. (1990) "Deconstructing Organizational Taboos : The Suppression of Gender Conflict in Organizations," *Organization Science*, 1(4) : 339-359.

Mckelvey, B. (1982) *Organizational Systematics : Taxonomy, Evolution, Classification*. Berkeley and Los Angeles, CA : University of California Press.

McNamee, S., & Gergen, K.J. (1992) *Introduction*. In S. McNamee and K.J. Gergen (eds.). *Therapy as Social Construction*. London: Sage. (野口祐二・野村直樹訳『ナラティヴ・セラピー――社会構成主義の実践―』金剛出版, 1997 年)

Merton, R.K. (1957) *Social Theory and Social Structure*. Glencoe. IL : Free Press. (森東吾・森好夫・金沢実・中島竜太郎訳『社会理論と社会構造』みすず書房, 1961 年)

Meyer, A.D. (1982) "How Ideologies Supplant Formal Structures and Shape Responses to Environments," *Journal of Management Studies*, 19(1) : 45-62.

Meyer, J.W., & Rowan, B. (1977) "Institutionalized Organizations : Formal Structure as Myth and Ceremony," *American Journal of Sociology*, 83 : 340-363.

Miles, R.E., & Snow, C.C. (1978) *Organizational Strategy, Structure, and Process*. New York : McGraw-Hill. (土屋守章・内野崇・中野工訳『戦略型経営』ダイヤモンド社, 1983 年)

Miller. D., & Friesen, P.H. (1984) "Longitudinal Study of the Corporate Life Cycle," *Management Science*, 30(10) : 1161-1183.

Miller. D., (1987) "The Structural and Environmental Correlates of Business Strategy," *Strategic Management Jornal*, 8(1) : 55-76.

Morgan, G. (1983a) "More on Metaphor : Why we Cannot Control Tropes in Administrative Science," *Administrative Science Quartarly*, 28(4) : 601-607.

Morgan, G. (1983b) Research as Engagement : A Personal View in Morgan, G. (ed.), *Beyond Method*. Beverly Hills, CA Sage.

Nietzsche, F. (1873/1995) On Truth and Falsity in their Extramoral Sense (M.A. Mugge, Trans.). In R. Grimm, & C.M. Vedia (eds.). *Philosophical Writings*, 87-99, New York : The Continuum Publishing Company.

Pondy, L.R., Frost, P.J., Morgan, G., & Dandridge, T.C. eds. (1983) *Organizational Symbolism* (Monographs in Organizational Behavior and Industrial Relations, volume 1). Greenwich, CT : JAI Press.

Pondy, L.R., & Mitroff, I.I. (1979) Beyond Open System Models of Organization. B.M. Staw (ed.), *Research in Organizational Behavior*, 1 : 3-39. Greenwich, CT : JAI Press.

Popper, K.R. (1959) *The Logic of Scientific Discovery*. London : Hutchinson. (大内義一・森博訳『科学的発見の論理（上・下）』恒星社恒星閣, 1971 年)

Sarbin, T.R. (1986) The Narrative as Root Metaphor for Psychology. In T.R.Sarbin (ed.), *Narrative Psychology : The Storied Nature of Human Conduct.* New York : Praeger.

Selznick, P. (1957) *Leadership in Administration : A Sociological Interpretation*. Evanston, IL : Row, Peterson. (北野利信訳『組織とリーダーシップ』ダイヤモンド社, 1970 年)

Silverman, D. (1970) *The Teory of Organisation*. London : Heinemann.

Simon, H. A. (1976) *Administrative Behavior*. (3rd ed.). New York : Free Press. (松田武彦・高柳暁・二村敏子訳『(新版)経営行動—経営組織における意思決定プロセスの研究—』ダイヤモンド社, 1989 年)

高橋正泰 (1986)「組織シンボリズムの展開」『経営学論集』56 : 207-214.

高橋正泰 (1998)「組織シンボリズムとポストモダニズム」『日本経営学会誌』第 3 号 : 3-14

高橋正泰 (2002)「組織論とディスコース」『経営論集』(明治大学)第49 巻第 3・4 合併号 : 67-82

高橋正泰 (2003)「社会的構成主義と組織論」『経営論集』(明治大学)第50 巻第 2 号 : 236-249

高橋正泰 (2005)「ポストモダニズムと組織のアプローチ」岩内亮一・高橋正泰・村田潔・青木克生『ポストモダン組織論』同文舘

Thompson, J. D. (1967) *Organizations in Action*. New York : McGraw-Hill. (高宮晋監訳『オーガニゼーション・イン・アクション』同文舘, 1987 年)

Weick, K.E. (1976) "Educational Organizations as Loosely Coupled Systems," *Administrative Science Quarterly*, 21(1) : 1-19.

Weick, K.E. (1979) *Social Psychology of Organing*. (2nd ed.). Reading, MA : Addison-wesley. (遠田雄志訳『組織化の社会心理学』文眞堂, 1997 年)

Weick, K.E. (1995) *Sensemaking in Organizations*. Thousand Oaks, CA : Sage. (遠田雄志・西本直人 訳『センスメーキング イン オーガニゼーションズ』文眞堂,

2001年)
Wenger, E.（1998）*Communities of Practice.* Cambridge University Press.
Wisdom,J.O.（1987）*Challengeablility in Modern Science.* Dorset, UK：Blackmore Press.
Woodward, J.（1965）*Industrial Organization : Theory and Practice.* London：Oxford University Press.（矢島鈞次・中村寿雄訳『新しい企業組織』日本能率協会，1970年)
Woodward, J.（1970）*Industrial Organization : Behavior and Control.* London：Oxford University Press.（都筑栄・宮城浩祐・風間禎三郎訳『技術と組織行動』日本能率協会，1971年)

第2章 組織のメタファー

　本章は，組織の研究において認知されてきているメタファーについて，その意味や組織におけるメタファーの使い方，組織のイメージとしてのメタファーについて説明している。メタファーは永らく科学的研究方法としては受け入れられてこなかったが，1990年代の社会構成主義や組織シンボリズムにみられる解釈的な組織論，さらにポストモダニズムの台頭により組織研究でも注目される研究方法となりつつある。

―――― キーワード：メタファー，科学方法論，比喩，言語，イメージ ――――

　組織の理論研究では，パラダイム（paradigm）と同様にメタファー（metaphor）という用語がよく使用されるようになった。簡単にいうと，メタファーとは，理論モデルにおいては複雑な問題をわかりやすいイメージに要約し，混沌を理解可能なものとする。さらに方法論的には，未知のものを既知のもので知るという，人間が本来経験的に身につけ，使用してきた方法である。このメタファーが永らく科学的研究方法として認められなかった理由として，それが客観性を欠き，曖昧さを研究対象に持ち込むということにあった。メタファーへの注目は，社会科学におけるポストモダンの台頭により解釈的研究が再評価されたことと無縁ではない。メタファーは単なる比喩ではなく，複雑な問題をわかりやすいイメージに要約し，そしてそれらは，組織における人間の態度，評価，行動に影響をあたえる重要な概念でもある。

　ここでは，メタファーという言葉が組織研究で頻繁に使用されるようになった背景とメタファーとは何かについて明らかにするとともに，組織論でイメージされるメタファーについて説明している[1]。

Ⅰ．メタファーとは何か

　メタファーは相違の中に類似性を主張するものであり，そして少なくとも暗

黙的には類似の中に相違を主張している (White, 1978：72)。メタファー的思考は，同時に2つかそれ以上の視点を対象に保持することによって「二重のビジョン」を維持するのである (Brown, 1976：175)。つまりメタファーとは，まったく別の2つの経験領域を鮮明かつ図像的で，カプセルに包み込むようなイメージの中に融解させ，それをひとつのものにする手段である (Nisbet, 1969：4) とみなすことができる[2]。また，Nisbet（1969）はメタファーについて次のように述べている。

　　メタファーとは，簡単にいってしまえば，既知のもので未知のものを理解しようとする方法である。……すなわちメタファーとは認知の一方法にほかならない。この方法にしたがうと，あるひとつのものの独自性を示す特徴が別のものに移転する。別のものは，それがきわめて異なっているか，あるいはより複雑であるという点でわれわれにとって未知なものである。この移転は，瞬間的でほとんど無意識的な直感のひらめきによって生ずる。……基本的メタファーか否かを鑑別するためには，メタファーによって生ずる意味変形の性格が重要となる[3] (Nisbet, 1969：4)。

　つまり，メタファーとは複雑な現象をわかりやすいイメージに変えることにより，その現象なり対象を理解しようとする人間本来の知的探求方法なのである。したがって，科学者であろうと一般的に人間は，根本的にこのようなイメージにもとづいて思考するはずである。世界を理解しようと考える人間は，理解のための手がかりを求めて周囲を見渡し，自分の知っている当たり前の現実のうちからあるひとつの領域や物事を選び出し，それを用いて別の領域を理解できないかどうか試みる。それゆえ，はじめに選ばれたメタファーこそがルート・メタファー（root metaphor）と呼ばれる[4] (Pepper, 1942：38-39)。

　Black（1962：242）による「おそらくあらゆる科学はメタファーに始まり，代数学で終わるに相違ない。またおそらくメタファーなしに代数はありえなかったろう[5]」という指摘は的を射ているといえよう。

Ⅱ．組織のメタファー

　組織のメタファーとしてはさまざまなものがあるが，Burns & Stalker による「機械的組織」「有機体的組織」のメタファーはよく知られている。Morgan (1986, 1997) は，組織のイメージとして「機械」，「有機体」，「頭脳」，「文化」，「政治システム」，「精神的な檻」，「流れと変換」，「支配の手段」をあげている。また，大月他 (2001) は，「組織を合理性から見る組織」，「機械的・階層的組織観」，「有機体システムとしての組織観」，「プロセスとしての組織」，「進化論的組織観」，「資源と組織」，「文化としての組織」，「解釈主体のとしての組織」，「コンフリクトと交渉の場としての組織」，「主導権争いの場としての組織」，「制度としての組織」，「契約の束としての組織」の 12 のメタファーをあげている。これらの組織観はイメージとされているが，まさにメタファーである。

　組織は，その組織をみる人々によってさまざまにとらえられるとすれば，それだけ多くの組織のメタファーがあることになる。しかし，すでにメタファーの概念で説明したように，本書ですべての組織に関するメタファーを扱うことは困難であるので，代表的な組織のメタファーとして 7 つのメタファーにまとめて簡単に紹介するにとどめることにしたい。

1. 機械的・有機体のメタファー

　Burns & Stalker (1961) による組織メタファーであり，「機械的組織」，「有機体的組織」と表現されている。ともに合理性を前提とした組織モデルであるが，前者は機械のように規則正しく動くクローズド・システムの組織を想定し，官僚制組織と相似する組織モデルである。後者は合理性を前提としながらも外部からの影響を削減しつつ組織の合理性を維持するというオープン・システム・モデルを反映している。「機械的組織」は比較的安定した環境において有効であり，「有機体的組織」は不確実性の高い乱気流下である環境に適合するとされている。

2. 劇場メタファー

　文化メタファーとしても表現されるもので，組織を劇場としてみなし，ドラマが演じられる場としての組織が想定される。そこでは，演技者(経営者もしくは管理者)と観客(聴衆としての従業員)としてあつかわれている。モダンのメタファーとしては，観客は舞台で繰り広げられている劇をみることにより組織に何が起こっているかを理解する。演技者はあらかじめ決められた劇のシナリオにしたがって演技をするとみなされる。シナリオはすなわち経営計画であり，客観的合理性にしたがった規則により組織は動くと理解される。他方，ポストモダンのパースペクティブからみると，組織は円形の舞台でシナリオのない劇を演じるのが演技者(経営者もしくは管理者)であり，劇(組織活動)は観客(従業員)と一体となってシナリオを作り上げ，劇を一緒に演じると理解される。

3. 政治メタファー

　政治の場としての組織を想定するもので，パワーやコンフリクト，希少資源の配分などを含んでいる。組織は予算などの希少資源配分の交渉の場となり，また組織の目標を形成する場として理解される。そこでは，利害関係からパワー獲得のための連合体が形成され，大きなパワーをもった支配連合体が組織の目標を決定し，組織を動かすというパワーポリティクスの論理が反映されたモデルとなっている。

4. ジャズメタファー

　ポストモダンのメタファーのひとつであり，Weickの組織化の理論にみることができる。組織に構造やその実体はなく，組織化のプロセスのみが存在するという理論であり，ジャズのセッションのように演奏者がお互い奏でる音楽に反応し合い，音楽を作り上げていくというイメージである。組織は多義性の削減やセンスメーキングを環境との間で行いながら流動的に動いているとして理解される。

5. 進化論メタファー

　組織変革論でみられる組織モデルであり，組織の環境適応の説明に適している。ダーウィンの進化論をメタファーとして，「突然変異→自然淘汰」の図式を組織の変化や環境適応の方法としてアナロジーにとらえ，組織の環境適応と組織変革を理解しようとしている。

　他方，ダーウィン流の考え方ではなくて，非連続な進化をモデルとして考える組織モデルもある。その考え方は，新しい組織は用意されているというもので，組織のポピュレーションエコロジーにみることができる。組織は集合（ポピュレーション）の中で新しい組織と入れ替わるというプロセスを通して組織群が新たに形成されるというメタファーである。これによると，組織はそれ自体変化するのではなく，環境に適応した新たな組織に取って代わられるというイメージである。

　また，組織変革論では，他にも組織をライフサイクルの観点からみた組織変容をライフサイクル・メタファーとしてとらえる組織ライフサイクル論も展開されているし，組織文化論では文化を遺伝子としてとらえ，遺伝型 (genotype) と表現型 (phenotype) に見立て，継承される文化と表現型として遺伝子内で形成される文化そして変化する文化として考える研究もある。

6. 資源メタファー

　資源メタファーには人間のメタファーと物質や情報など人間以外の資源についてのメタファーを考えることができる。前者は人間関係論から派生した組織モデルで人間の欲求，集団力学，技術，価値を組織の目的達成のためにその適合関係を理解するもので，人間と組織の相互依存関係を社会的関係の中でとらえている。後者は，資源依存パラダイムにのっとった組織モデルで，組織は基本的に自己充足的ではなく他の組織や組織内外の環境のもつ資源に依存しているとするモデルである。

7. 制度メタファー

　Weber のいう「鉄の檻」の組織メタファーは官僚制の特質を表しているものでもあるが，人間を組織という檻に閉じ込めるという意味ももっている。制度としての組織は，Selznick が指摘したように組織への価値の注入であり，価値体系としての組織を表している。そこでは，制度からくる価値規範や行動規範が組織の構造と結び付いて組織メンバーに制度的行動を強要するものとして機能している。また，組織は制度として社会に存在し，社会の秩序を保つとともに人々を束縛するものとしても存在している。それは「精神の監獄」と Morgan が表現したように，精神的にも組織は足枷となることを意味している。

　1990 年代から盛んに議論されている組織の新制度学派では，組織の同型化や組織の正当化の理論が展開されている。それは組織が類似した形態をとる理論的プロセスや組織行為の正当化に関する組織モデルを提供している。

Ⅲ．組織研究におけるメタファーの危険性

　メタファーの使用については注意しなければならない重要な点がある。メタファーは比喩であるが故に，対象（ここでは組織）そのものを完全に表していないということである。その一部は対象のもつ特徴を表しているが，一部は異なった特徴を含んでいるということを忘れてはならない。比喩はあくまでも比喩であって，対象そのものを表しているわけではないのである。

　実証主義やモダンの発想からすると，メタファーという比喩の使用は組織研究の発展や実務者への有益な知識の提供の妨げとなるという批判があることはもっともなことである (Pinder & Bourgeois, 1982)。それは，組織の科学的研究ではメタファーや他の比喩は厳格に制限されるべきであるし，組織研究は他の研究分野からの借りものをできるだけ避けるべきであり，科学研究は観察可能で融通のきかない言語，つまり数字や数式を使用することによってもっとも発展するという実証主義による指摘である。メタファーは曖昧性や研究対象とは異なる特徴を転移するが故に，メタファー的に記述された対象がメタファーとし

て利用された対象の多くの特徴を共有していないことからメタファーの使用の際には常に危険性を孕んでいるということを忘れてはならない。つまり、メタファーが同一でない実体を相互関連づけているのであるから、メタファー関連を追い続けることにより惑わされることに注意しなければならないのである。したがって、組織の研究には組織と組織現象の比較を通して、① 分析的分類、② 他の分野からの借りものをさけ、組織の研究にあった戦略と技術を使うことが不可欠なのであるとされている (Pinder & Bourgeois, 1982)。

このような危険性はあるが、メタファーの使用への批判は、メタファーのもつ本質を十分に理解していないといえる (Morgan, 1983a)。つまり、

(1) メタファーを言葉の飾りと誤解している
(2) 科学的研究での比喩の構造的重要性と彼らの守ろうとしている科学の特定的見解を評価していない
(3) 科学的イマジネーションにおけるメタファーの果たす本質的、創造的役割と、メタファーは常にある程度虚偽であることを含んでいることを評価していない

ということにある。人間のもつ本質的な現象の理解の仕方として、メタファーを科学の見方に帰するものとして考えることが必要であり、創造的で構造的な方法によって比喩的イマジネーションであるメタファーや他の比喩を認識することにより社会科学の性質と人間の本質的探求様式を深く理解することが不可欠である。人間は未知のものを理解する時はこのメタファーという方法をとらざるを得ないし、それが未知の対象を理解する最初の方法にほかならない。神話として語られる物語は、事実を他のメタファーに置き換えて表現しているのであり、真実のひとつの表現でもある。

注
1) 高橋 (1985, 1998) をもとにしている。
2) Turner (1974 : 25, 訳 18-19) を引用した。

3) Turner（1974：25，訳 18-19）から若干省略して引用した。なお，引用文中の「……」の中略は筆者による。
4) Turner（1974：26，訳 19-20）を引用した。
5) Turner（1974：25，訳 18）を引用した。
6) Black の主張は Turner（1974：29-30，訳 25-27）から一部省略して引用した。

さらに学習すべき事柄
・科学方法論としてのパラダイムやメタファーについて理解を深めてください。

読んでもらいたい文献
高橋正泰（2008）『組織シンボリズム—メタファーの組織論—（増補版）』同文舘
メタファーについて理解することができる。

引用・参考文献
Bock, P.K.（1974）*Modern Cultural Anthropology : An Introduction.*（2nd ed.）. New York : Alfred A. Knof,Inc.（江淵一公訳『現代文化人類学入門 1-4』（講談社学術文庫）講談社，1977 年）
Brown, R.H.（1976）"Social Theory as Metaphor," *Theory and Society*, 3 : 169-197.
Brown, R.H.（1978）"Bureaucracy as Praxis : Toward a Political Phenomenology of Formal Organizations," *Administrative Science Quarterly*, 23 : 365-382.
Burns, T., & Stalker, G.M.（1961）*The Management of Innovation.* London : Tavistock. 119-121.
Morgan, G.（1986）*Images of Organization.* Thousand Oaks, CA : SAGE Publications.
Morgan, G.（1997）*Images of Organization.*（2nd ed.）. Thousand Oaks, CA : SAGE Publications.
Nisbet, R.A.（1969）*Social Change and History Aspects of the Western Theory of Development.* London : Oxford University Press.
Pinder, C.C., & Bourgeois, V.W.（1982）"Controlling Tropes in Administrative Science," *Administrative Science Quarterly*, 27(4) : 641-652.
Popper, K.R.（1959）*The Logic of Scientific Discovery.* London : Hutchinson.（大内義一・森博訳『科学的発見の論理（上・下）』恒星社恒星閣，1971 年）

第3章　環境 (environment and ecology)

　本章では，組織に影響を及ぼす外部環境についての議論を展開する。まず，組織の環境概念として，どのような分類ができるか，さらにはどのような要素があるのかについて概観する。次に，組織の有効性確保にとって重大な問題となる，環境の不確実性への対処についての検討を行う。そして最後に，組織の環境適応に関わる既存の諸研究を3つ取り上げ，それぞれの論理について詳しくみていく。

キーワード：組織の環境概念，環境の不確実性，コンティンジェンシー理論，資源依存理論，個体群生態学

　一般的に，「環境」という言葉を聞くと，どのようなものをイメージするだろうか。すぐにイメージできるものとしては，現代においてよく耳にする「環境破壊」「自然環境保護」「環境問題への対応」などといったものがあげられるだろう。しかしながら，組織マネジメントを議論することにおいて，「環境」について考えるということは，それ以上のものを含んでいる。それでは，「組織と環境」について議論することにおいて，この「環境」についてはどのようにとらえていけば良いだろうか。これが本章のテーマである。

　学史的にみると，組織と環境に関するテーマについては，1960年代以降，多様なアプローチから研究が進められることとなった。

　そもそも，組織は「オープン・システム (open system)」であり，つまり環境から資源をインプットし，それを消費することを通じて，再び環境に何らかの資源をアウトプットするシステムであるととらえることができる[1] (図表3-1)。

　これについてさらに詳しくいえば，組織は，ヒト・モノ・カネ・情報といったさまざまな経営資源を外部から取得したり，財やサービスなどを外部に提供することで維持・存続を図るのであり，すなわち組織内部での経営資源の変換に加えて，組織の外部との経営資源の交換が行われる。そのため，組織は外部の環境に対して開放的なオープン・システムとしてとらえられる必要がある (高橋他, 1998)。

図表3-1　基本的なオープン・システム・モデル

出所）大月（2001a：43）

　換言すると，組織とは，環境との相互作用の中で，生存し，存続し，成長・発展し，あるいは衰退していくシステムなのである。もちろん，組織に与える環境の影響は，一定時点だけの問題ではなく，時間の経過とともに環境状況およびその組織に及ぼす影響も変わりうる。このような環境の変化に適応していくために，組織は自らの行動を決定し，またその構造を修正する必要があるのだ。さらにいえば，組織の行動が，環境に新たな変化をもたらしもするのである。このような意味で，組織は，その行動を決定するために必要な目標や一連の制約条件を，環境との関係の中で形成することになるのである（大月他, 2008；桑田・田尾, 2010）。ここに，組織と環境に関する議論を深く考究する必要性を理解できるであろう。

Ⅰ．組織マネジメントに関わる環境概念

　それでは，組織マネジメントに影響を及ぼす環境概念について，どのように考えていけば良いだろうか。以下では，組織環境のとらえ方に関する諸研究を取り上げてみたい。
　たとえば，Luthans（1976）は，分析対象として1つの組織を取り上げ，まずはその組織の内部環境と外部環境を識別した上で，さらに外部環境について一般環境とタスク環境（特定環境）の2つに分類している（図表3-2）。このうちの一般環境とは，組織に間接的に影響を及ぼすものであり，たとえば，社会的環境，技術的環境，経済的環境，政治的環境などが該当する。それに対して，も

図表 3-2 組織環境の種類

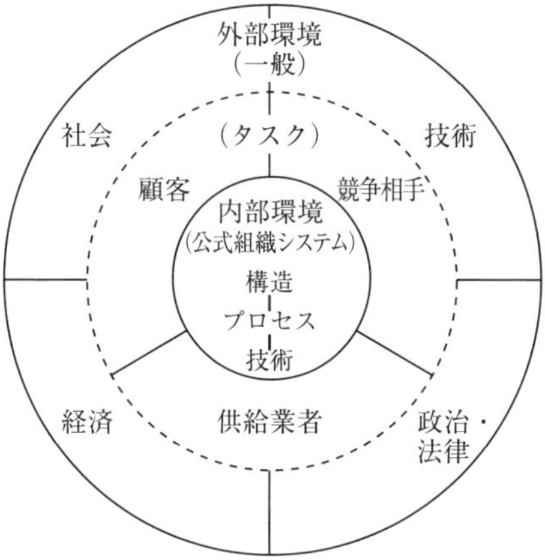

```
           外部環境
            (一般)
     社会   (タスク)   技術
         顧客     競争相手
            内部環境
          (公式組織システム)
            構造
            プロセス
            技術

     経済   供給業者   政治・
                    法律
```

出所）Luthans（1976：50）をもとに作成

う1つのタスク環境とは，組織の目標設定やその達成活動に対して，また日々の活動に対して直接的に影響を及ぼすもので，たとえば，競争相手，顧客，供給業者などが該当する。

また，Daft（2001）は，広い意味では環境は無限であり，組織の外にあるものすべてが含まれるが，そういった環境の中で特に組織が敏感に反応し，生き残るために反応しなければならない側面（組織の境界の外に存在し，組織の全体または一部に影響を与えうる要素）として，10のセクター（区分領域）の存在を示している。すなわち，① 業界（競争相手，業界の規模，競争，関連業界），② 原材料（サプライヤー，製造会社，不動産，サービス業），③ 人的資源（労働市場，雇用斡旋業者，大学，トレーニング・スクール，他社の従業員，労働組合），④ 財務資源（株式市場，銀行，貯蓄・貸付，個人投資家），⑤ 市場（顧客，クライアント，製品・サービスの潜在的ユーザー），⑥ 技術（生産技術，科学，コンピュータ，情報技術，eコマース），⑦ 経済状態（景気後退，失業率，インフレ率，投資率，経済状況，成長），⑧ 政府（法律および規制，租税，サービス，裁判所システム，政治的プロセス），⑨ 社会文化（年齢，価値観，信条，学歴，宗教，労働倫理，消費者運動，環境保護運動），⑩ 国際（外国企業による競争および買収，海外市場

への進出，外国の習慣，規制，為替レート），という10のセクターである。その上で，これら10セクターは，タスク環境と一般環境に細分されることを提起する。まず，タスク環境とは，組織が直接に相互作用し，組織の目標を達成する能力にも直接的に影響を与えるセクターであり，そこに典型的に含まれるものとして，上記10のうちの業界，原材料，市場，人的資源，国際セクターの5つをあげている。また，一般環境とは，企業の日常の運営に直接の影響を及ぼさないものの，結果的には間接的な影響を及ぼすセクターが含まれるとして，上記10のうちの政府，社会文化，経済状態，技術，財務資源セクターの5つをあげている。

　このように，組織の環境概念については，以上のような分類が可能であると考えられるが，それでは実際の組織メンバーの行動に影響を及ぼす環境については，具体的にどのようにとらえたら良いのだろうか。大月他（2008）によれば，組織の行動とは，組織メンバーによる環境状況を勘案した意思決定の結果であり，それゆえ組織メンバーが意思決定する際に関わってくる環境が大いに組織の行動に影響しているという。しかしながら，このような意思決定状況における環境というのは，意思決定者が認知したものだけに過ぎず，実際には認知できなかった環境も存在しているのは当然のことである。このように考えると，組織の環境とは，実体として存在する客観的環境と，組織メンバーの認知にもとづいた認知環境とに区分できるのであり，どちらかといえば，組織メンバーの行動には認知環境が反映され，そしてその行動の結果には客観的環境が反映されるということができるのである。

II．環境の不確実性

　以上，組織マネジメントに影響を及ぼす環境概念やその諸要因についてみてきたわけだが，そのような組織を取り巻く環境についてより詳細にとらえようとすると，さまざまな要因が複雑に絡み合った不確実かつ不確定な存在であると考えることができる。そのような中で組織は，より多くの利潤を獲得するな

どといった自分たちの目的を達成するために，変化し続ける環境に適応していかなければならないのである (高橋他，1998)。

　このことについてより詳しくいえば，組織が存続・発展するには，環境の変化に伴う組織内外からの多様な要請に対応することが必要であるが，そういった組織の環境は時間的にも空間的にも同一ということはない。言い換えれば，組織の目的達成にとって環境は，不確実性や不安定性という次元でとらえることが必要となるのである。とりわけ不確実性は，組織の有効性確保にとって重大な問題となり，つまり組織が多様な特性を有するのは，環境の不確実性に対応するためなのである (大月，2001a)。

　これに関連して，Duncan (1972) によれば，環境の不確実性は，環境を構成する要素の複雑性と変化性の関数としてとらえられるという。環境の複雑性とは，組織行動に関連する環境要素の多さや相互の異質性，相互関係性から理解される。たとえば，数多くの異質な要素が相互に関係している環境では，ある要素の変化が他の要素に影響を及ぼし，これが次第に環境全体に波及していくのである。もう一方の環境の変化性とは，環境要素が一定の間，安定しているか否か，その変化が予測可能かどうかを意味している。したがって安定的な環境とは，環境の構成要素が変化しないか，もし変化するとしてもあるパターンがみられる場合である。そして，このような環境下では，ルーティン化された組織行動が有効なのである。それに対して，ダイナミックに変化する不安定な環境では，不規則な変化が頻繁に生起するために，それに対応する組織は，より多くの情報獲得が求められることになるのである。以上のような環境の複雑性と変化性の2つの次元を組み合わせて考えると，複雑性の程度が高くなり，かつ変化性も高くなるにつれて，不確実性の程度が増大 (セル1から4) することが理解されるのである (図表3-3)。

　また，これらについてさらに詳細に考えると，Daft (2001) によれば，組織に影響を及ぼす経営環境に起こっているパターンや出来事を，以下のようなくつかの次元に沿って描くことができるという。すなわち，経営環境が安定しているか不安定であるか，均質的か異質的か，集中化しているか分散化してい

図表 3-3 環境の不確実性次元

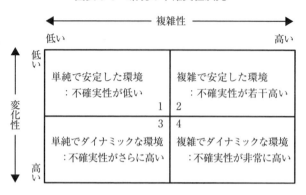

出所）大月（2001a：47）

るか，単純か複雑か，変動の程度はどのくらいか，組織を支えるために利用できる資源はどれだけあるか，といった次元である。さらに，このような組織に影響を及ぼす経営環境について煎じ詰めれば，基本的な2つの側面に絞られるとする。それは，①環境についての情報の必要性，②環境から得る資源の必要性，といった2つである。そして，環境の諸要因について，これら2つの分析カテゴリーを相対させながら考えることができるとする。すなわち，経営環境が複雑化して変化しやすいときは，情報を集め，その情報をもとに対応していくことが著しく必要になるし，また組織は，材料や財務資源の稀少性に関心を向け，資源を確実に利用できるようにしておく必要があるのである。

このような前提のもと，Daftは，環境の不確実性について，「意思決定者が環境の諸要素について十分な情報をもっておらず，外部の変化をうまく予測できない状態にある」ものととらえている。このような不確実性は，組織の対応を失敗させるリスクを高め，意思決定の選択肢に伴うコストや確率の計算をむずかしくさせるので，組織が有効的に機能するためには，不確実性に対処し，これを適切にマネジメントしていかなければならないのである。

そして，こういった不確実性を左右するのは，環境におけるドメイン（環境の中から選択した当該組織の活動領域）の2つの特性である。すなわち，①ドメイ

ンが単純であるか複雑であるか，② 出来事がどの程度安定しているかあるいは不安定であるか，といった２つである。「単純／複雑特性」は，環境の複雑性に関わり，つまり組織の運営に関する外部要素の数や異質性のことをいう。複雑な環境においては，多様な外部の要素が組織と相互作用をし，組織に影響を及ぼすのである。それに対して単純な環境では，せいぜい３つか４つの外部要素が組織に影響を与える程度である。「安定／不安定特性」は，環境要素の動きが激しいかどうかに関わるものである。たとえば，環境のドメインが月単位あるいは年単位にわたって同じであるとき，そのドメインは安定しているととらえることができる。逆に，不安的な状態のもとでは，環境要素が不意に動くのである。たとえば，当該企業の宣伝や新しい製品に対して，競合企業が攻撃的な動きをしたり対抗手段で反応したりする（新製品を積極的に宣伝したり導入したりするなど）と，不安定な状態になるのである。

　このような単純／複雑特性と，安定／不安定特性を組み合わせることで，以下のような環境不確実性の評価が可能となる。まず，単純で安定した環境では，不確実性の程度が低いので，対処すべき外部要素は少なく，しかもそれらは安定しているものである。次に，複雑ながら安定した環境は，いくぶん不確実性の高まる様相を呈してくる。つまり，外部の要素が急速に，あるいは思いがけない変化をする可能性は少ないが，組織は幾多もの要素を可視・分析して，好業績をあげられるよう対策を取らなければならないのである。そして，単純で不安定な環境では，さらに不確実性が強く感じられる状態である。組織の対処すべき外部要素は少ないといっても，急激な変化が不確実性を生み出しているので，それら外部要素についての予測がむずかしく，しかも組織の起こした行動に思いがけない反応をすることさえある。最後に，組織にとって最大の不確実性は，複雑で不安定な環境で起こる。数多くの外部要素に対して組織は対処する必要があるし，またそれらは変化しやすいうえに，組織の起こした行動に強い反応をしてくることさえある。このようにいくつかの外部要素が同時に変化したとき，環境は大きく混乱してしまうのである。

　以上のように，組織はいくつかの環境諸要因の不確実性に対処しつつ，マネ

ジメントしていかなければならないのである。

Ⅲ．組織に影響を及ぼす環境に関わる諸理論

　それでは，既存の組織マネジメントに関する諸理論において，組織に影響を及ぼす環境についてはどのようにとらえられているのであろうか。以下では，代表的な3つの研究（コンティンジェンシー理論，資源依存理論，個体群生態学）を取り上げてみたい。

1．コンティンジェンシー理論

　まずは，コンティンジェンシー理論を取り上げる。大月（2001a）によれば，1960年代に現実の環境変化を背景として組織の環境適応活動が実践的課題となり，組織の環境適応に関する研究（コンティンジェンシー理論）が盛んになったという。それは基本的に，組織をオープン・システムとしてとらえる立場から，環境と組織の適合関係を If 〜 then の関係として定式化するものであった。すなわち，「環境状況が A ならば，それに適する組織構造はこうである」というモデルである。組織が有効的に機能するためには，ある特定の環境状況に対して，どのような対応が可能なのか。組織行動の結果が環境状況に影響されるのはいうまでもないが，さらに，組織が良い成果を出すには，組織内外の多様なニーズを満たすとともに，サブシステム間をバランスさせることも必要となる。こうした観点から，環境→組織→成果という基本的図式に則り，組織成果は環境と組織構造の適合度に依存することを主張したのがコンティンジェンシー理論である。そしてその特徴は，環境システムのメカニズムを解明するというよりも，むしろ環境のもたらす不確実性などに注意を集中したものであった。

　コンティンジェンシー理論の代表的研究について取り上げてみると，まず，Burns & Stalker（1961）は，イギリス企業20社の調査研究によって，組織のマネジメント・システムに有機的システムと機械的システムという2つのパターンがあることを示し，いずれのパターンも，環境状況に適した場合，有効な

図表3-4　機械的システムと有機的システムの特徴

機械的システム	有機的システム
① タスクが専門的に分かれている	① 従業員は部門の共通のタスクに貢献する
② タスクが厳密に規定されている	② タスクは従業員のチームワークによって調整され，改めて定義される
③ 権限や統制の厳格な階層構造があり，規則が多い	③ 権限や統制の階層構造が少なく，規則はほとんどない
④ タスクに関する知識や統制は組織の中央に集中している	④ タスクの知識や統制は組織の至る所にある
⑤ 垂直方向のコミュニケーション	⑤ 水平方向のコミュニケーション

出所）Daft（2001：29，訳107）をもとに作成

ものとなりうることを発見している。彼らは，安定的な環境においては機械的システムが有効であるのに対して，不安定な環境においては有機的なシステムが有効であると結論づけている（図表3-4）。状況に応じて機械的と有機的のどちらの形態が有効かを説明するのがコンティンジェンシー的発想であり，Burns & Stalker の研究は，その後の環境変化を前提とする組織研究の発展に新たな方向を示したのである。

　また，Lawrence & Lorsch（1967）は，Burns & Stalker の研究をはじめとするイギリスにおける組織と環境の研究をベースに，タスク環境の不確実性の程度によって，有効な組織構造も異なるという命題の検証を，3つの異業種（プラスチック産業，食品産業，容器産業）の組織を対象に行った。彼らの実証結果によれば，組織（生産，販売，研究開発の各部門）の分化と統合に関して，組織が有効であるためには，組織の意思決定者が環境をダイナミックで不確実であると認知する場合，組織がメンバー志向で分権化することが必要であり，安定して確実な環境であると認知する場合，組織が集権化することが必要である。すなわち，プラスチック産業や食品産業のように環境の不確実性が高い産業分野では，高度な分化と統合が同時に達成されている場合に業績が高く，他方，容器産業のように不確実性の程度が低い産業分野では，統合の度合いだけが高い場合に業績が高いことが発見されたのである。組織が有効かどうかは，変化する環境

に依存し,環境の要求に適した構造をもつ組織が優れた業績を達成するのである。Lawrence & Lorsch は,組織成果が環境に依存することに着目し,環境変化に適応する組織のあり方について実証研究を通じて明らかにしたといえる。そして,組織の環境適応に関する分析モデルを組織のコンティンジェンシー理論と名づけ,その後の実証志向的な組織研究の方向づけを決定的なものにしたのである。

2. 資源依存理論

次に,資源依存理論[2] (resource dependence theory) を取り上げる。小橋 (2013) によれば,1970年前後から研究されてきた資源依存理論は,環境観としてオープン・システム・アプローチに立脚している点では当時の組織論の流れ(その一大潮流がコンティンジェンシー理論)に合っている一方,環境のとらえ方については違いがみられるという。その相違とは,第一に,組織と環境との関係を環境決定論的視点のみでとらえることへの不十分さとしての側面(環境は組織に対して制約を与える要因でありながらも,他方で環境に対して働きかけを行う組織の姿に着目すべき)であり,第二に,環境の個別性・具体性を明らかにすべきという立場(労働組合,消費者団体や地域住民の要求,政府関係機関,他企業,業界団体等といった諸組織からの影響を,単に環境の不確実性という広いとらえ方をすることでは不十分であって,これらの諸組織がどのような目的をもち,当該組織とどのような相互作用をしているのかを明らかにすべき)である。

資源依存理論は,Thompson (1967) によって端緒が与えられ,Pfeffer & Salancik (1978) によって集大成された(山倉,1993)。そもそも,組織が存続するためには,外部環境から「資源」を取り込む必要があるのは周知の事実であり,それら資源とは具体的に,原材料,部品,設備,備品をはじめとして,資本・資金,労働力,市場に関する情報,消費者の支払う代金,自治体の許認可など,組織が存続するために必要とされる有形・無形の「もの」ならびに「こと」である(藤田,2001)。つまり,ある組織は外部環境たる利害関係者に対して,資源の依存関係がある状態ということである。このような前提のもと,

Thompsonは，①資源に対するニーズが高いほど，②同一の資源を提供しうる代替的供給源が少ないほど，組織は特定の利害関係者に対して依存することになるという。つまり，このような2つの条件を満たす場合には，外部の利害関係者はある組織に対して，パワーを行使しうる状況にあるのだ。

　これらのことについて，「組織存続」のための「資源確保」を理論的な出発点としたPfeffer & Salancikの研究を用いて具体的に考えてみると，現実において，必要な資源を「常時」，「すべて」，「確実」に確保できる組織は存在しないので，組織の存続を考えた場合，資源確保あるいは資源依存性が重要な問題になってくる。とくに，外部環境の変化によって必要な資源が確保できなくなるような場合には，組織は存亡の危機に直面することになってしまうのである。したがって，このようなある組織が他の組織に依存する状態，すなわち組織の「外部環境（利害関係者）への依存性」は，①資源の重要性（組織のインプットあるいはアウトプットに占めるその資源の比率，資源の不可欠さ），②資源の配分と利用に関して利害関係者が有する裁量権（所有，資源アクセスのコントロール，現実的な利用，法律・規則などの制定権限），③資源の代替可能性，といった3要因に規定されるのである。組織の外部環境（利害関係者）への依存性は，これら3つの要因が関連して決まってくるのである。

　ただ，組織はこのような外部環境（利害関係者）への依存性を何らかの方法でコントロールしようともする。^{3）}当然ではあるが，依存性をすべて回避することは不可能であるので，現実に組織ができるのは「特定の利害関係者への依存の回避」あるいは「依存性の分散」である。その具体的な方法は，4つに分類される。第一に，「利害関係者の要求への適応と回避」である。利害関係者のすべての要求に応えることは事実上不可能なので，いかにして利害関係者が突きつける要求を回避するかを考える必要がある。具体的には，利害関係者の要求を市場調査などによって敢えて顕在化させないこと，組織に有利に働くような形式で利害関係者の要求を聞き出すことなどである。第二に，「組織の外部環境への依存性の変更」である。具体的には，垂直統合，同一業界内での水平的M&A，多角化による成長といった方法などがある。第三に，「組織間の連携」

第3章　環境　　65

である。具体的には，ジョイント・ベンチャー，取締役の兼任，業界団体の結成，カルテル締結などがある。第四に，「法律と規制」である。組織が政治活動を通して自らのドメインを守ろうとすることはしばしばみられる現象であり，この場合，法律あるいは規制を制定してまで特定分野の組織を保護すべきであるということに関する，「正当性」（「公共の便益」，「福祉の増進」など）を主張あるいは確保することが肝要である。

またDaft（2001）も外部環境との資源依存関係について，その依存を最小限に抑えるために資源をコントロールする努力の必要性を提起している。組織に欠かせない資源が他の組織にコントロールされているのなら，その組織は競争にもろくなったりパフォーマンスにマイナスの影響が及ぼされるので，できるだけ依存から脱却しようとするからである。したがって，資源の必要性に応えて，組織は他の組織とのつながりと当該組織の独立についてバランスを維持しようと努めるのである。つまり，他の組織に手を加え，あるいは操作・コントロールして，このバランスを維持するのであり，このような外部に存在する経営資源をコントロールするために，2つの戦略があるとしている。第一に，経営環境内のカギとなる重要な組織と好ましい関係を確立することである。つまり，組織間関係の構築であり，オーナーシップ，契約・合弁事業，宣伝と広報活動などがあげられる。第二に，経営環境の中に自分のドメインを形成することである。つまり，経営環境のドメインのコントロールであり，ドメインの変更，政治活動・規制，業界団体などがあげられる。一般的な法則として，貴重な資源が稀少であると組織が知覚したとき，事態を放置せずに，これらの戦略がとられるとしている。

3. 個体群生態学

最後に，個体群生態学（population ecology）を取り上げる。上記2つの理論は，外部環境が与える影響について，その分析レベルは個々の組織であった。それに対して，環境が組織に与える影響は，個々の組織体レベルを超えて及ぶこともある。たとえば，特定の地域に立地する企業群とか，特定の産業に属する企

業群などが，環境の変化に応じて盛衰するなどは，明らかに個別組織の範囲を超えたレベルで，環境からの影響が作用したと考えられる。このように，共通の特性をもつ組織の集合（組織群）に対して，外部環境が与える影響について取り上げたのが，個体群生態学である（桑田・田尾，2010）。

清水（2000）によれば，1970年代までの組織論，とくにコンティンジェンシー理論においては，組織と環境との関係は基本的に組織の「適応」という側面からとらえられてきたという。すなわち，組織は環境に合わせて自らの組織構造や行動を変化させていき，これにより環境にフィットした組織になると考えられてきたのである。これに対して，環境による「淘汰」という視点からこの関係をとらえ，生態学的あるいは進化論的なモデルを適用して分析しようとする考え方が，Hannan & Freeman（1977）によって提唱された個体群生態学のアプローチである。このアプローチでは，環境に対する組織の適応能力には限界があり，このために組織には淘汰のメカニズムが働くと考える。すなわち，環境にフィットしているような企業組織は生存するが，環境にフィットしていないような企業組織は競争に負け，倒産・撤退により徐々に姿を消していくのだ。またその一方で，環境にフィットした新しいタイプの企業組織も登場してくる。このような淘汰のプロセスの結果として，たとえばある組織群を全体としてみれば，環境に適応していくと考えるのである。このような見方からすれば，組織の環境適応は必ずしも単独企業の適応的な行動によってのみ起こるものではなく，企業間の競争とそれによる淘汰の結果として，単独の企業を超えた企業群のレベルで発生するのである。

さらにこの研究アプローチの中身について具体的にみてみると，個体群生態学は，組織の変化や適応について，いくつかの重要な仮定を置いている（桑田・田尾，2010；大月，2001b）。第一に，組織の特徴は「組織形態」と呼ばれる概念で把握されること，第二に，組織の生存可能性は，その組織形態と「ニッチ」と呼ばれる環境に依存していること，第三に，組織は非常に強い慣性をもっており，基本的に変化しないことである。

「組織形態」について説明すると，個体群生態学において，淘汰の対象とな

るのは，個々の組織ではなく，共通の特徴をもつ組織の集合であり，この「共通の特徴」が，「組織形態」と呼ばれる。組織形態とは，「組織の行動，つまりインプットをアウトプットに変換するための青写真」であり，組織の構造や行動パターン，その組織を特徴づける価値観などを意味している。たとえば，小売業を考えてみると，大規模小売店，専門店，コンビニなど，いくつかの組織形態に識別できるだろう。

「ニッチ」について説明すると，個体群生態学において，ニッチはある組織形態をもつ組織の集合が淘汰されるか否かに関わる重要な概念である。ニッチは「生態学的位置」あるいは「すき間」を表す言葉であり，その組織の個体群が存続し，再生産できるだけの資源レベルの組み合わせから成る領域のことである。たとえば，大手航空会社と，それらが就航できないローカルな航空路線を対象とする会社といった分け方ができるだろう。環境は多様なニッチに分割されるが，あるニッチにあってはその組織個体群は，他の組織個体群と直接的に競合することもある。

「組織慣性」について説明すると，個体群生態学では，組織の形態について強い慣性が働いていることを前提としている。つまり，慣性が作用しているということは，環境適応のために，自身を変化させる組織の能力が低いことを意味しているのである。したがって，新しい組織形態の登場は，既存の組織の変化によってではなく，新しい組織形態をもつ組織が誕生するという「変異」プロセスを通じて現れるというロジックである。このような，組織が強い慣性をもつのは，組織内部および外部環境から，組織が変化することに対して制約が課されるからである。組織内部から課される制約に関しては，①埋没コスト，②意思決定者が利用できる情報の制約，③組織内の政治的制約，④歴史や伝統からくる変化への抵抗，といった4つがあげられる。外部環境から課される制約に関しては，①新領域への参入や現領域からの退出に伴う法制面・財務面での障壁，②組織行動の変化に対する外部環境からの正当性の要求，といった2つがあげられる。

このような組織の強い慣性を前提とする個体群生態学では，組織の個体群の

図表3-5 個体群生態学の自然淘汰モデル

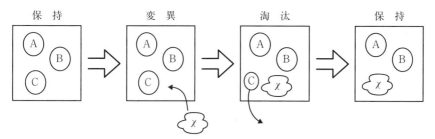

＊ A, B, C, χは個体群を構成する組織形態

出所) 大月他 (2001b：101)

変化を，自然淘汰モデルによって記述・説明している。自然淘汰モデルは，「変異」，「淘汰」，「保持」という3つのプロセスによって組織個体群の変化をとらえる (図表3-5)。「変異」は，組織個体群の中に新しい組織形態をもつ組織が生まれることを意味する。環境による「淘汰」の対象となる組織形態の多様性は，この変異プロセスを通じて生まれるのである。そうした組織形態のうち，あるものは適当なニッチを見出すことができると，環境によく適合するという理由で，他の組織形態を制して選択されるのである。それに対して，環境に適合しない組織は，その生存に必要な資源を獲得することができず，環境によって「淘汰」されてしまう。選択された組織形態は，環境と対立しない限り維持され，再生産されていくこととなる。これが「保持」である。

注
1) オープン・システムに対して，一般に環境から遮断されたシステム内部で自給自足しているシステムは，「クローズド・システム (closed system)」と呼ばれる。これに関するより詳細な議論については，桑田・田尾 (2010) を参照。
2) ここで取り上げる「資源依存理論」は，「資源依存モデル」，「資源依存パースペクティブ」など，さまざまな呼称が存在している (小橋, 2013)。
3) この依存性のマネジメントおよびそれを含む資源依存理論自体の評価については，藤田 (2001) を参照。

さらに学習すべき事柄
- コンティンジェンシー理論の環境決定論的な見方に対して，組織主体から環境への恣意的影響もありうるとの論理を展開した「戦略的選択論」（チャイルド（Child, 1972））について学習してみよう。
- 資源依存理論と非常に関連性の深い研究である「組織間関係論」（山倉，1993）について学習してみよう。

読んでもらいたい文献
Miles, R. E., & Snow, C. C. (1978) *Organizational Strategy, Structure, and Process*, New York : McGraw-Hill.（土屋守章・内野崇・中野工訳『戦略型経営―戦略選択の実践シナリオ―』ダイヤモンド社，1983 年）
　　組織の環境適応を外的適応（戦略タイプ：防衛型，探索型，分析型，受身型）と内的適応に区分し，両者の調整に経営者の選択を配置して，組織の主体的な環境適応論を展開している。

Weick, K. E. (1979) *The Social Psychology of Organizing* (2nd ed.), New York : McGraw-Hill.（遠田雄志訳『組織化の社会心理学（第 2 版）』文眞堂，1997 年）
　　「人間は，自らが適応するシステムとしての環境を創造する」という観点から，人間を構成メンバーとする組織は，客観的に存在する環境に反応するのではなく，それを創り出しているという論理を展開している。

引用・参考文献
Burns, T., & Stalker, G. M. (1961) *The Management of Innovation.* London : Tavistock Publications.

Child, J. (1972) "Organizational Structure, Environment, and Performance : The Role of Strategic Choice," *Sociology*, 6 : 1-22.

Daft, R. L. (2001) *Essentials of Organization Theory & Design.* (2nd ed.), South-Western College Publishing.（髙木晴夫訳『組織の経営学』ダイヤモンド社，2002 年）

Duncan, R. B. (1972) "Characteristics of Organizational Environments and Perceived Environmental Uncertainty," *Administrative Science Quarterly*, 17 : 313-327.

藤田誠（2001）「資源と組織」大月博司・藤田誠・奥村哲史『組織のイメージと理論』創成社

Hannan, M. T., & Freeman, J. (1977) "The Population Ecology of Organizations," *American Journal of Sociology*, 82 : 929-964.

小橋勉 (2013)「資源依存パースペクティブの理論的展開とその評価」組織学会編『組織論レビューⅡ―外部環境と経営組織―』白桃書房
桑田耕太郎・田尾雅夫 (2010)『組織論（補訂版）』有斐閣アルマ
Lawrence, P. R., & Lorsch, J. W. (1967) *Organization and Environment : Managing Differentiation and Integration.* Boston : Division of Research, Graduate School of Business Administration. Harvard University.（吉田博訳『組織の条件適応理論―コンティンジェンシー・セオリー―』産業能率短期大学出版部，1977年）
Luthans, F. (1976) *Introduction to Management : A Contingency Approach.* New York : McGraw-Hill.
大月博司 (2001a)「有機体システムとしての組織観―コンティンジェンシー理論の発展と限界―」大月博司・藤田誠・奥村哲史『組織のイメージと理論』創成社
大月博司 (2001b)「進化論的組織観―組織進化の自然淘汰モデルと断続均衡モデル―」大月博司・藤田誠・奥村哲史『組織のイメージと理論』創成社
大月博司・高橋正泰・山口善昭 (2008)『経営学―理論と体系（第三版）―』同文舘
Pfeffer, J., & Salancik, G. R. (1978) *The External Control of Organizations : A Resource Dependence Perspective.* New York : Harper & Row.
清水剛 (2000)「個体群生態学」高橋伸夫編『超企業・組織論』有斐閣
高橋正泰・山口善昭・磯山優・文智彦 (1998)『経営組織論の基礎』中央経済社
Thompson, J. D. (1967) *Organizations in Action.* New York : McGraw-Hill.（大月博司・廣田俊郎訳『行為する組織―組織と管理の理論についての社会科学的基盤―』同文舘，2012年）
山倉健嗣 (1993)『組織間関係論―企業間ネットワークの変革に向けて―』有斐閣

第4章　組織と制度

　国，組織，学校，株式会社，業界，地域社会，家族，集団，あるいは法律，規範，規則，仕事，慣習，手続き，行動様式など，これらはすべて制度に関わっている。たとえば，会社は設立時にその目的や行動規則を定款に必ず記載することが会社法によって規定されている。定款は会社の行動を規定するとともに，会社に所属する従業員たちの行動を方向づける。サッカーや野球などスポーツ全般には業界特有のルールが存在し，試合中プレイヤーたちの行動はそのルールに準拠する。ある集団は，その集団独自の暗黙のルールによってメンバーの発言や行動を束縛しているかもしれない。制度という概念には，明示化された法律や規則だけでなく，社会的に受け入れられた組織形態，慣行，規範なども含まれる。この制度というレンズを通して見えてくる世界は，いったいどのようなものであろうか。本章では，こういった点について考えていくことにしよう。

キーワード：制度, 旧制度派組織論, 新制度派組織論, 行為主体性, 組織ルーティン

　社会学者のParsonsは，「制度（institution）は，複数の相互作用に存在する役割パターンまたは役割パターンの構成要素から成り立っている」(Parsons, 1951: 45) という。すなわち，制度とは共有された行動パターンであるとともに，何らかの合意されたルールである。わたしたちの日常生活は常に制度と密接に関わりあっており，わたしたちは制度を当然のように知っている (Meyer & Rowan, 1977)。しかし，「制度とはどのようなものであるか」を誰かに言葉で説明しようと試みても，頭の中で漠然としていて理論的に説明することはなかなかむずかしい。それはすなわち，わたしたちは現実の世界を通じて制度の存在を知っているが，制度が実践においてどのようなものとして現れ，そしてどのような影響を及ぼすものであるかは事前にすべて明らかになっておらず，遂行的にそのことが理解されるためである。

Ⅰ．さまざまな制度観

このことについて，たとえば Scott (1995) は，制度とは社会的行動に対して安定性と意味を与える，認知的，規範的，規制的な構造と活動から成り立っていると述べている。制度という概念は，3つの要素のどの視点からとらえるかによって異なる意味を構築する(図表4-1参照)。そして，制度は文化(第9章を参照)，構造(第5章を参照)，ルーティンによって伝達され，その支配が及ぶ範囲内において作用する(訳53-54)。

図表 4-1　3つの制度観

	規制的	規範的	認知的
服従の基礎	便宜性	社会的義務	当然性
メカニズム	強制的	規範的	模範的
論理	道具性	適切性	伝統性
指標	規則，法律，制裁	免許，認可	普及，異種同形
正統性の基礎	法的裁可	道徳的支配	文化的支持 概念的正確性

出所) Scott (1995) 訳 56 をもとに作成

規制的な視点にもとづくと，制度は組織や個人の行動を強制的に拘束したり，秩序化するために意識的に作られ用いられる合理的な規則としてとらえられる。組織は，法的秩序を含意する制度の要求に従うことによって正統性が付与される。とりわけ法学や経済学では，組織や個人は自己利益を追求する機会主義かつ道具主義的に行動する存在とみなされる。そのため，制度を規制的な側面にもとづくものととらえ，会社は法律にもとづいて設立されているか，市場や業界の規則に従って活動しているかなどが問われる。

規範的な視点からとらえると，制度は目的や目標を規定し，あるいはそれを遂行するために価値があると認められた適切な方法として適用される。規範的ルールは道徳的な義務を強調し，組織や個人の社会的な行動に制約を課すだけではなく，こうした行動に権限を付与する。規範的な視点は，たとえば会社の

不正を告発する従業員の行動などを説明することが可能である。

　認知的な視点にもとづくと，制度は行為者が何らかの行為をする際のリファレンス・ポイント（参照点）として理解できる。すなわち，制度は組織を取り巻く社会の通説，仕組み，文化に代表される存在として組織行為者に影響を及ぼす。これが組織フィールドにおいて共有され，当然のものとみなされていくと，ものの見方に対して一貫性を構築していく。その結果として，同型的な行動や組織構造が構築されたり，何が正しく，また何が間違っているかという意味が生成されることとなる。

　このように，どのような視点から検討するかによって，その意味が大きく異なる制度であるが，さらにこの制度を対象とした研究は多種多様なものとなっている。次節では，制度の代表的研究として，旧制度派組織論および新制度派組織論の研究について検討する。

Ⅱ．組織論（社会学）における制度

　従来，コンティンジェンシー理論に代表されるように，組織と環境の関係について，技術，規模，そして市場といった技術的な環境要因が組織構造を規定するととらえられてきた（第3章，および第6章を参照）。しかし，その後の議論の中で，組織を取り巻く環境の中には技術的環境だけでなく，制度的環境があることが指摘されるようになった。組織は，技術的環境に対応して経済合理性を追求する存在であるとともに，自らの存在と活動を正統化しようとする存在である。こうした視点に着目し，組織は制度的環境から正当性を獲得し，社会的支持を得る限り存在が可能になるという主張を展開したのが，制度派組織論である。

1．制度派組織論の誕生

　Weber（1924=1968）によって提唱された合理的な管理・支配の制度形態としての官僚制は，専門家にもとづいた分業，権限の明確な階層制，職務担当者の

権利と義務を規定するルールのシステム,労働条件を扱う手続きのシステム,人間関係の非人格化,技術的能力にもとづいた雇用,すべてのものを文章で残すという文書主義の特徴をもち,組織の形式合理的で機能的な側面を強調する。一方,官僚制の特徴に対してMerton (1968) は,ルールや手続きに対する組織成員の過度な遵守 (over-conformity) が,ルールに従うことが自己目的であるという目標の移転 (a displacement of goal) を生じさせ,手段的価値が究極的価値になってしまうことを指摘した (Merton, 1968: 253)。こうした手段の目的化は,硬直性や儀礼・形式主義のような組織の逸脱した行為の要因となり,官僚制の逆機能 (dysfunction) を生じさせる (Merton, 1968: 251-253)。

最も明確に制度という概念を提示した研究者の一人は,Selznickである (Perrow, 1972)。Mertonの議論に影響を受けたSelznick (1949, 1957) は,どのようにして制度的変化が状況の中での相互作用から生まれ,逆にこの相互作用を形づくるかを理解する必要があるいう命題のもと (Selznick, 1957: 4, 訳8),組織がどのような過程を経て制度とタイトカップリングしていくのか,それによって何が生じるのかについて,テネシー川流域開発公社 (TVA)[1] の事例を用いて説明している。

TVAは,テネシー川流域の総合開発という目的のもとで,ダム建設による水量管理や電力の供給,土壌の改良,内陸航路の整備などを行うことを計画していた。そのひとつの農業活動は,制約的な束縛を受けないで自由に農業計画を達成するために,地域の大学の農業普及事業と共同で行われていた。しかし,全米農民連合と密接な関係をもったことから,全米農民連合の利害を取り入れる必要が生じ,農業関係者の私的な目的に土地が利用されることとなった。こうして,TVAは公共性にもとづいたものから,地域の農業関係者を擁護するものへと変化し,外部利害関係者の関与を確保するために必要とされる組織へと変化していった (Selznick, 1957: 44-45, 訳61-62)。

Selznick (1957) によると,制度とは「社会の必要や圧力から生まれた自然発生的所産—反応性・順応性を持った有機体—」(Selznick, 1957: 5, 訳10) である。Selznickは,組織は以下の制度化の過程を経て制度となるという。① 技術的・

合理的・非人格的・タスク志向的な公式体系（いわゆる「組織」）は，個人や集合の間で起こる反応的作用によって条件づけられる。②時間の経過に伴い，ひとつの社会構造が生み出され，この反応的相互作用が型にはまってくる。この型は歴史的なものであり，それは特定の組織における特殊な経験を反映している。またそれは機能的であり，組織がその内外の社会環境に自己を順応させるのを助ける。さらにそれは動的であり，新しい活動勢力，ことに特定の職務あるいは政策に関わりあいをもつ人々からなる利害関係者を，組織内部に生み出す。③組織は価値を注入されたとき，すなわち，単に道具としてばかりでなく，直接的な個人的欲求充足の源泉として，また集団の一貫性を象徴する媒体として重要視されるようになるときに制度になる。この注入によって，組織のはっきりとした独自性がつくり出される。制度化がかなり進んでいるときには，特殊なものの見方，習慣，さらにはその他の関わりあいが統一されて，組織の生涯をあらゆる面で色づけ，それによって，公式的な整合や司令だけでは到底達成できないような高度の社会的統合を組織に付与する (Selznick, 1957: 39-40, 訳 56)。つまり制度化とは，もともと技術的な道具であった組織に価値が注入されるプロセスであり，内外の利害関係者からの利害に順応していく過程で組織が受け入れる現実の利害関係を表す。ここで重要なことは，Selznick が示した制度化は，組織が意味や価値を媒介していくプロセスを表していることである。

2. 初期の新制度派組織論―神話と儀礼としての組織構造―

従来，組織は経済合理性にもとづいて活動するものだとされており，こうした前提にもとづいて組織行動や組織構造は解釈されてきた。しかしながら，そもそも同一の組織構造を導入することがすべての組織において効率的なのか，種々の規則や手順はどのような組織でも有効に機能するのかについては十分に説明されていなかった。このことについて，Meyer & Rowan（1977）は組織構造の形成において制度的環境が重要な役割を担っていると体系的に論じた (Scott, 1995: x, 訳 xii)。

Meyer & Rowan（1977）は，なぜ近代社会において，同じような組織形態や

慣行をもつ公式組織が普及していったのかという命題を論じている。Thompson (1967) によれば，公式組織は複雑な技術環境に対処するための調整・統制活動システムとして存在し，組織と環境の相互作用によって構造が決定されるとされた。一方，Meyer & Rowan (1977) は技術的な環境要因よりも，むしろ高度に制度化された環境要因こそが組織構造や手続きを形成する主要な要因であり，組織の存続や成長にとっても決定的な要因となると主張した。

近代の脱工業化社会 (Bell, 1973) において，公式組織構造は非常に制度化された文脈に置かれている。近代化により人々や組織間の社会関係ネットワークがより密接かつ複雑化すると，それを効率的に扱うための社会的な機能が必要となるため，高度に制度化された環境が形成される。そして，制度的環境に置かれた組織は，社会において組織化された営為や，一般的で制度化された合理的な概念によって定義された慣行や手続きを取り入れる。こうした典型 (typifications) や解釈が交換され，社会に作られた類型 (Berger & Luckmann, 1967: 54) である制度的ルール，つまり近代社会の規範として社会的に作られた合理性という神話 (norms of myths) に従うことによって，組織は準拠した慣行や手続きの有効性を問わずに合理的な効率性を有したものであるという仮定にもとづき，自身の正当性 (legitimacy) を獲得し，生存の確率を高めるのである (Meyer & Rowan, 1977: 340, 342)。彼らの主張を換言すると，Thompson の理論では正当性は所与のものとされ，技術的効率性という経済合理性の規範にもとづいて組織構造が決定されるととらえられていたが，そのような視点は制度化された社会構造に伴う規則，理解，意味の重要性を軽視している。公式組織が技術的効率性を有するということは近代社会の規範としての合理化された神話であり，こうした制度的神話を取り入れることによって，組織は正当化されるのであると主張したのである。

制度的環境において制度的ルールに従った組織群は，次第に同型化 (isomorphic) していく。同型化が生じる説明として，①技術的・取引の相互依存関係によって，組織が置かれる環境に準拠するようになる技術的環境要因 (e.g., Thompson, 1967) と，②組織は，社会的に構成された現実を構造的に反映

するという制度的環境要因 (Berger & Luckmann, 1967) があげられる (Meyer & Rowan, 1977: 346)。制度的環境において組織が制度的ルールに準拠する場合，組織は以下の問題に直面する可能性がある。第1に，実際の活動は特殊で非標準にもかかわらず制度的ルールは過剰に一般化されているため，制度と実践の不一致をもたらす。第2に，相容れない儀礼的ルールを取り入れたために，一方のルールは他方のルールとコンフリクトや不一致を生じさせる可能性がある。その結果として，組織行動の十分な調整やコントロールを困難とさせうる。制度的神話というルールに従う公式構造は，効率よく行う構造とは必ずしも一致しないのである (Meyer & Rowan, 1977: 355)。

　Meyer & Rowan (1977) は，こうした儀礼的ルールとしての構造と活動，すなわち制度と実体が乖離した状態は，2つの相互に関連付けられた「デカップリング (decoupling)」[3]と「信頼と誠意の論理 (the logic of confidence and good faith)」の概念によって解決することが可能であると主張している (Meyer & Rowan, 1977: 356-357)。デカップリングとは，公式構造は活動から切り離され，そして活動は公式構造の効果から切り離される (Meyer & Rowan, 1978: 79) ことを意味する。効率性にもとづく組織は，構造と活動の間をタイトカップリングに維持しようとする。それによって，組織はルールに適合しているか否かの検査が強要され，アウトプットされた製品の品質は断続的に監視され，さまざまなユニットの効率性が評価され，さまざまな目標が統一化に向けて調整される。しかし，タイトカップリングは，単に非効率性や不一致が存在するということを公にするだけである。それゆえに，組織は，制度的ルールを反映させた公式構造へ形式的に準拠しながらも，実際の活動は公式構造から切り離す。そして，実際の活動における不確実性は，公式構造のルールに囚われずにインフォーマルに処理する。こうして公式構造が実際に機能しているかの体裁を保つことで組織の正統性は維持されるため，組織行動の検査，評価，コントロールは緩和され，組織は外部の利害関係者の広い範囲からサポートを得ることが可能となる。つまり，デカップリングは組織が標準化され正当性を得た公式構造を維持することを可能とするのである (Meyer & Rowan, 1977: 356-357)。

このような制度的ルールと実際の活動の間にデカップリングが存在する組織は，無秩序な状態に陥りかねない。それにもかかわらず組織が有用であるという外観を可能としているものは，組織内外の参加者たちの信頼と誠意であると，彼らは論じている (Meyer & Rowan, 1977: 357-358)。公式構造への信頼は，「回避 (avoidance)」，「配慮 (discretion)」，そして「(意図的な) 見て見ぬふり (overlooking)」という3つの実践を通じて維持されている (Goffman, 1967: 12-18, 訳 15-23)。組織成員も外部の利害関係者もこの実践に協力している。つまり，個々の参加者たちは信頼を維持するために面子を保ち，組織の存在を合理化する神話によって信頼を究極的に強要する。デカップリングと面子の繕いは，「人々は誠意ある行いをしている」という意図的な見て見ぬふりを維持するメカニズムである。実際の活動における不確実性を回避し，信頼を維持するためには，物事は見た目通りであるという思い込み，組織成員も経営者も役割を全うしているという思い込み，誰もが誠意をもって活動しているという思い込みをもたなければならない。組織内外の参加者たちは，舞台裏でこうした面目を保つインフォーマルな調整に従事することによって，組織の外見的な体裁を保とうとする。一見すると不適切と思われるこうした行為が，組織の日常的なルーティンをデカップリングな構造によって円滑に遂行することを可能とし，人々の困惑を回避するのである。Meyer & Rowan は，この意味において，こうした儀礼的行為によって生み出される信頼と誠意は決して詐欺的なものではなく，それは目前の技術的要求と矛盾する制度化された神話によって生み出された問題が生じる状況において，参加者にベストを尽くさせるうえで最も適切な方法であると指摘している (Meyer & Rowan, 1977: 358)。

　また DiMaggio & Powell (1983) は，なぜ多くの組織は似ているのだろうかという疑問に言及した。こうした視点は，組織構造だけでなく，たとえば成果主義，会社機関構造，ISO 規格，あるいは用紙のサイズに至るまで，さまざまな仕組みや慣習なども含めて考えることができるであろう。彼らは，制度的環境から影響を受け，組織が構造を形成していく様相を明らかにすることによって，組織構造や組織行動がどのように普及していくかについて検討した。従来

図表4-2　企業の同型化メカニズム

要因	同型化の類型		内　容
効率性	競争的同型化		市場競争や適応を強調する合理的システム
正当性	制度的同型化	強制的同型化	組織が依存している他の組織からの圧力 社会における文化的期待からの圧力
		規範的同型化	職業的専門化に起因する
		模範的同型化	より正統的ないしより成功していると認識されている組織をモデルにする 不確実性は模範を助長する

出所）DiMaggio & Powell（1983）をもとに筆者作成

の経営学ないし経済学の領域では，合理性や効率性の概念を用いることによって，その帰結としての組織構造や組織行動の同質性を説明してきた。しかし，彼らは現実には組織が類似した構造をもつことが必ずしも効率性に繋がらないことに注目し，合理性や効率性に代わる説明が必要であると指摘した。そのうえで，同一の業界や産業が構造化されていくと，そこに属する組織群は制度的環境の影響を受けて類似した組織形態や慣習を採用することを，制度的影響が組織フィールドを通じて広められる3つの同型化（institutional isomorphism）メカニズムとして，図表4-2のように類型化している。

このように，初期の新制度派組織論はシステム全体の規範，信仰，規則への適合によって組織は正当性を獲得することが可能であることを示した（DiMaggio & Powell, 1983; Meyer & Rowan, 1977; Scott, 1995）。また，DiMaggio & Powell（1983）が制度的圧力により組織が同型化していく構造的な異種同形を強調するように，新制度派組織論は既に存在する制度が組織群に対して及ぼす影響力について説得力のある分析を行っている。

Ⅲ. 近年における新制度派組織論

　初期の新制度派組織論は，組織は制度的環境から正当性を獲得することによって存続が可能になるという，組織が組み込まれている社会的文脈とそれが組織に対して与える影響を強調する。一方，初期の議論は組織が創発的な行為をしたり，制度自体を変化させていく行為主体性や制度変化を過小評価しているという指摘を受けている⁴⁾。現実の社会において制度ロジックは多様であり，また制度に埋め込まれた行為者は制度ロジックを変化させる遂行的側面を有する。近年における新制度派組織論では，こうした制度ロジックの多様性や制度変化を反映した議論が展開されている。そこで以下では，組織ルーティンがなぜ変容するのかについて着目することで，制度と行為の遂行的変化について検討をすることとしよう。

　組織ルーティンの変化について検討を行った代表的な研究者としてあげられるのが，PentlandとFeldmanである。彼らは「組織ルーティンを組織メンバーによって行われる，認識可能で常軌的な，相互作用関係にある行動群のパターンである (Feldman & Pentland, 2003 : 96) と定義づけたうえで，「慣性や硬直性を生み出す要因である組織ルーティンが何故変容するのか」を明らかにするためにルーティンの明示的側面 (ostensive aspect) と遂行的側面 (performative aspect) という組織ルーティンの二重性に着目した。

　彼らによると，明示的側面とは，「標準化された手続きや自明視された規範」(Feldman & Pentland, 2003: 101) のことをいい，組織成員に対してルーティンを認識させる役割を担う。しかしながら，明示的側面は抽象的であるがゆえにさまざまな人々によってさまざまに解釈される。そのため，画一的な存在として人々に現前しない。むしろ，すべてを規定しない行為の資源として生ずることとなる (Giddens, 1984; Taylor, 1993)。すなわち，明示的側面によって，人々のすべての行為を規定することは困難なのである。

　一方で遂行的側面とは，「組織ルーティンに従事している際の特定の時に特定の人々によって担われる特定の行為」(Feldman & Pentland, 2003: 101) であると

される。この行為は明示的側面が抽象的であるがゆえにその場面によって新たな意味を見出す，いわば「即興的な (improvisational)」行為である。彼らは楽譜と実際の音楽の演奏との関係について示しながら，明示的要素である楽譜が遂行的にさまざまに読み解かれることにより，さまざまなセッションが生じることになると述べている。このように組織ルーティンには2つの側面が存在しており，その相互作用によってルーティンが多様に生じ変容することを論じている[5]。

このことから読み解けることは，新制度派組織論とは決して制度偏重でそれにもとづき組織は同型化していくというような単純な議論ではなく，むしろ制度をきっかけとした多様な行為が生じるという組織のダイナミクスをも射程にとらえているということが理解できる。

本章では，組織論において非常に重要であり，そしてさまざまな論者がさまざまな視点から議論を重ねてきた組織と制度について，その理論的展開を示した。もちろん紙幅の関係ですべての議論を紹介することはできないが，研究者が制度をどのような視点で分析してきたのか，そして近年の研究展開については理解できたのではなかろうか。

今後も組織論において制度が重要なトピックとして存在し続けることは間違いないことであろう。読者には，ぜひともさらに深くこの制度と組織との関係について検討を重ねていってもらいたい。

注
1) TVA (Tennessee Valley Authority) は，世界恐慌の克服のためフランクリン・ルーズベルト大統領のもとで行われた経済政策 (ニューディール政策) の一環であり，雇用拡大を目的とした公共事業である。
2)「深刻な内部危機を覚悟せずには変えることのできないような作用と反応の様式」(Selznick, 1957：40, 訳57) を意味する。
3) Meyer & Rowan (1977) のデカップリングの概念は，Weberが描いた官僚制組織に内在するタイトカップリングによる逆機能を指摘したMerton (1949, 1968)，Gouldner (1954a, 1954b)，Selznick (1949, 1957) など旧制度派組織論者たちの

議論，そして，March & Olsen（1976），Weick（1979）によって提唱されたルースカップリングの概念に影響を受けている。
4) このことは Meyer & Rowan に対する誤解ではあるのだが，彼らの記述にも問題があったため，このような通説が広まったともいえる。
5) しかしながら，「私たちは観察者として現象を切り取っているがゆえに，ルーティンの境界は簡単に自明視される」（Pentland & Feldman, 2005：798）と述べているように，観察者である研究者は，そのままに記述することはしない。むしろ，自身の問題関心にもとづき，記述する際のスタートラインとゴールラインを設定する。すなわち，研究者がその対象に対して何がしかの上塗りを行うこととなる。さらに記述する際，研究者はそのようにして何らかの観点から現象を切り出しているということについて無自覚的であり，その結果，自身が構築した理論を自明視してその有効性について述べている（Pentland & Feldman, 2005）。そのため，抽象的な明示的側面により多様に生成する遂行的変化をパターン化しシンプルなラベルづけを行い，自明視することによって説明可能であるということを仮定することとなる。

さらに学習すべき事柄
・コンティンジェンシー理論（組織と技術）と制度派組織論（組織と制度）を比較すると，組織と環境の関係性のとらえ方が異なることを理解できます。
・また文化論と制度との関係についても検討すると，制度をますます深く理解できるでしょう。

読んでもらいたい文献
佐藤郁哉・山田真茂留（2004）『制度と文化—組織を動かす見えない力—』日本経済新聞出版社
　　企業を中心とした組織と，組織内外の制度や文化との関係について論じられており，特に，新制度派組織論について詳しく解説されている。制度や文化が呪縛を生み出すとする，クリティカルな視点がユニークだ。
桑田耕太郎・松嶋登・高橋頼徳（2015）『制度的企業家』ナカニシヤ出版
　　制度派組織論において，近年，盛んに論じられているのが「制度的起業家」の概念である。この概念がどのような理論的な基盤をもち，また，展開されてきているのか，豊富な事例を用いて，論じられている。

引用・参考文献

Bell, D.(1973) *The Coming of Post-Industrial Society: A Venture in Social Forecasting*. New York: Basic Books.（内田忠夫他訳『脱工業化社会の到来―社会予想の一つの試み―』ダイヤモンド社，1975 年）

Berger, P., & Luckmann, T.(1967) *The Social Construction of Reality : A Treatise in the Sociology of Knowledge*. New York: Doubleday and Co.（山口節郎訳『知識社会学論考　現実の社会的構成』新曜社，2003 年）

DiMaggio, P.J.(1988) "Interest and Agency in Institutional Theory," in Zucker (ed.), *Institutional Patterns and Organizations*. Cambridge. MA : Ballinger : 3-22.

DiMaggio, P., & Powell, W.(1983) "The iron cage revisited : Institutional isomorphism and collective rationality in organizational field," *American Sociological Review*, 48(2): 147-160.

Feldman, M, S., & Pentland, B, T.(2003) "Reconceptualizing Organizational Routines as a Source of Flexibility and Change," *Administrative Science Quarterly*, 48 : 94-118.

Giddens, A.(1984) *The constitution of society*. Oxford : Polity Press.

Goffman, E.(1967) *Interaction Ritual : Essays on Face-to-Face Behavior*. New York : Doubleday Anchor.（広瀬英彦・安江孝司訳『儀礼としての相互行為―対面行動の社会学―』法政大学出版局，1986 年）

松嶋登・浦野充洋(2007)「制度変化の理論化：制度派組織論における理論的混乱に関する一考察」『国民経済雑誌』196(4): 33-63

Merton, R. K.(1968) *Social Theory and Social Structure*. New York: Free Press (enlarged edn.).（森東吾・森好夫・金沢実・中島竜太郎訳『社会理論と社会構造』みすず書房，1961 年）

Meyer, J., & Rowan, B.(1977) "Institutionalized organizations : formal structure as myth and ceremony," *American Journal of Sociology*, 83(2) : 340-363.

Meyer, J., & Rowan, B.(1978) The structure of Educational Organizations. *Environments and Organizations*, Marshall W. Meyer (eds.), San Francisco : Jossey-Bass : 78-109.

Parsons, T.(1951) *The Social System*. The Free Press.（佐藤勉訳『社会体系論』青木書店，1974 年）

Pentland, B.T., & Feldman, M.S.(2005) "Organizational Routines as a Unit of Analysus," *Industrial and Corprate Change*, 14(5)：793-815.

Perrow, C.(1972) *Complex Organization : A Critical Essay*. Illinois : Scott

Foresman and Company.（佐藤慶幸監訳『現代組織論批判』早稲田大学出版部, 1978 年）

Scott, W. R.（1995）*Institutions and Organizations*. Sage Publications, Inc.（河野昭三・板橋慶明訳『制度と組織』税務経理協会, 1998 年）

Selznick, P.（1949）*TVA and the Grass Roots*. Berkeley.

Selznick, P.（1957）*Leadership in Administration*. Harper and Row.（北野利信訳『新訳 組織とリーダーシップ』ダイヤモンド社, 1970 年）

Taylor, C.（1993）*To follow a role*. In C. Calhoun, E. Lipuma and M. Postone (eds.), Bourdieu : critical perspectives. Chicago : University of Chicago Press : 45-60.

Weber, M.（1968）*Economy and Society : An Interpretive Sociology*. 3, edited by Roth, G., & Wittich, C., New York: Bedminister.（Original work published 1924）

第5章　組織構造

> 　組織目的を達成するためには，その目的に即した組織構造の設定を行う必要がある。この組織構造については，「構造は戦略に従う（Chandler, 1962）」や「戦略は構造に従う（Ansoff, 1979）」のような表現で示される通り，経営学において非常に重要なものとなっている。そのため本章では，この組織構造について，構造と機能，分業と協業，組織構造を考える際に参考となる管理原則，組織の基本的形態（ライン組織，ファンクショナル組織，ライン・アンド・スタッフ組織），そして実際の企業の組織形態（職能部門制組織，事業部制組織，マトリックス組織）をとりあげ検討する。

　キーワード：分業と協業，管理原則，職能部門制組織，事業部制組織，マトリックス組織

　すでに前章までで，組織は「共通目的を達成する」ために存在していると理解できたであろう。では，その目的を達成するためにはどうすればいいのだろうか。組織目的を達成するために考えることは，戦略構築（第13章）や環境適応（第3章）など多々存在する。本章のメインテーマである「組織構造」も，組織目的達成のためには非常に重要である。なぜなら，組織目的を達成するためには，その目的や環境に即した組織構造を採用する必要があるためだ。そのため本章では，まず「構造」とは何かについて検討する（第Ⅰ節）。そのうえで組織構造を機能的にするためには，どのように仕事を分けるのか，それらの仕事をいかにまとめるのかについて示す（第Ⅱ節）。次に，組織構造を考える際に参考となる管理原則について紹介する（第Ⅲ節）。その後，組織の基本的形態について代表的な形態（ライン組織，ファンクショナル組織，ライン・アンド・スタッフ組織）について示していく（第Ⅳ節）。最後に，ライン・アンド・スタッフ組織の知見にもとづいて構築される実際の企業の組織形態（職能部門制組織，事業部制組織，マトリックス組織）について論じるとともに，事業部制組織を補完する組織形態としてプロジェクトチーム（タスクフォースやクロスファンクショナルチームなどとも呼ばれる）についても考察していく（第Ⅴ節）。

I. 構造と機能

　組織構造をなぜ考えなければならないのだろうか。この基本的かつ、重要な問いに答えるために、まずは「構造」そして「機能」とは何かについて検討する必要がある。

　経営学で用いられる構造という言葉は、そもそも社会学の構造機能主義 (分析) で用いられていたものである。Giddens (1997) によると、構造とは個人や集団の間での相互行為の様式であるとされる。われわれの行為は行き当たりばったりに生起するのではなく、むしろ規則的に繰り返される形で生起することが多い。なぜなら、われわれの行為はほとんど形式化されているためである。このような安定的パターンのことを構造としている。たとえば、家族という構造は、(国によってその形式は異なってはいるが) 安定的で変化しないことが多い。

　この構造にもとづき行為が生じるのであるが、行為を把握する際、先にあげた構造に対して貢献をなしているか否かを測ることが必要となる。構造を促進する場合には、行為は機能的であると考えられ、他方でそれを阻害する場合は逆機能的であると考えられてきた (Merton, 1968)。先にあげた家族構造にもとづいた父・母・子という役割が機能的かどうかは、その家族構造の維持において貢献をなしているかどうかによって把握される。もちろん、先にも書いたがその構造は、国や地域によって大きく異なるため、ある行為が機能的かどうかはその構造によって異なるが、その有効性を把握するのは行為が機能的かどうかによる。

　この構造と機能は「構造→機能」という一方向的に決定されるものではない。もちろん構造にもとづき機能的か否かを理解するが、他方である行為によりその構造が変化することもある。このことについて述べたのが、構造化理論 (Giddens, 1976) である。Giddens によると、構造とは行為の条件なるものであるため、行為は構造を条件とし成立するが、同時に構造はこの行為によって再生産される。Giddens はこのことを「構造の二重性」と呼び、この一連の構造の生成プロセスのことを「構造化」とした。

これらのことを経営学の観点から検討すると，組織において何らかの行為（たとえば戦略的行為等）が生じる際は，そこにそれを生成する組織構造が存在しており，当該行為はそれにもとづいて生起しているといえる。さらに，その行為がなされることにより，組織構造は書き換えられていく可能性もあるといえる。そのため，この組織における行為を生起させる組織構造について検討していくことが必要となる。

Ⅱ．分業と協業

　では，組織構造を有効なものとするためには何をすればよいのか。この疑問に対して答えるために，本節では「分業」と「協業」の観点から検討していこう。
　そのために，少々むずかしくなるが，まずは Barnard が定義する組織について考えてみよう。彼によると，「2人以上の人々の意識的に調整された活動や諸力のシステム」(Barnard, 1938：訳76) が組織であると定義づけている。そして，組織が成立するためには，①共通目的，②協働意欲，そして③コミュニケーションの3要件が必要であると述べる。このことから考えると，共通の目的を達成するために大きな目的を小さな目標へと分割し，それらを達成するために組織内の個人の活動を調整するということが読み取れる。すなわち，組織において行うべき活動を分割して個々人に行わせる（分業）。それと同時に考えなければならないことは，その個々の活動は全体としてまとまりがあるものでなければならない（協業）。
　では具体的にどのように行うのだろうか。このことに答えるためには，より具体的な活動をイメージするとよい。たとえば，鉛筆を作るという作業をイメージしてみよう。鉛筆は，鉛筆の芯として使われる黒鉛，粘土，そして軸となる木からできている。黒鉛と粘土を練り，また木を軸の形に成形し，それらを組み合わせて鉛筆にする，この作業をすべて1人の人間が行ったとしたら，非常に時間がかかることは容易に想像できるだろう。ではどうすればより簡単に

迅速に鉛筆が作れるだろうか。おそらく多くの読者が，芯を作る者，木を成形する者，それらを組み合わせる者に分けるとよいと考えるだろう。このことがまさに「分業」である。

しかしこのような分業を行うと，それぞれの工程でのスピードに差が出てしまうことがある。たとえば，芯を作る者は1時間当たり10個作成でき，木を成形する者は5個，組み合わせる者は20個行うことが可能とした場合，全体としては何とも整合性が取れないものになる。そのため，このようなことが発生しないようにするために，芯を作る者をもう1名，木を成形する者を3名追加雇用し，それぞれの工程で作業を分担し仕事を行う。その結果として，いずれの工程も時間当たり20個作成できるようになる。このように，それぞれの工程に従事する者が仕事を分担し合い行動することを「協業」という。

組織はこのような分業と協業を行い，組織目的を達成するために組織構造を作る必要が生じてくるのだ。

Ⅲ．組織構造の構築と維持のための管理原則

では組織構造の構築を行うためにはどうすればいいのか。あなたが管理者で，より分業と協業に適した組織構造を考えなければならないという状況に置かれたとき，何か頼りになる指針が必要だと思うのではなかろうか。実はこのことについて，100年以上前に検討したのがフランスの鉱山会社の経営者であったFayolである。

Fayol（1916）は，自身の経験をもとに，組織を健全に機能させるためには14の原則があると示した。それは，分業，権限，規律，命令の一元性，指揮の一元性，個人的利益の全体的利益への従属，報酬，権限の集中，階層組織，秩序，公正，従業員の安定，創意，従業員の団結である。ここでは，とりわけ組織構造の構築と維持に関連する5つの原則を示していくこととしよう[1]（髙木，2012）。

① 分業：経営目的を達成するためには，必要な業務を分業することが必要

である。なぜなら，組織がその目的を達成するためには多様な作業がそこに存在しており，それらすべてをあるメンバーが担当することは非効率なためである。
② 専門化：分業化することにより，メンバーは特定の業務のみに集中（専門化）することができ，その結果としてその業務に対して熟練化することとなる。
③ 命令の一元性：同時に複数の上司から命令をうけると混乱するため，組織メンバーはただ1人の上司からのみ命令をうけ，複数からの命令をうけてはならない。
④ 統制の範囲：1人の上司が管理できる部下の数には限界があるため，部下の人数を限定し，適切に保たなければならない。なお，その範囲はその組織が置かれている状況によって異なる（たとえば部下の能力や管理方法など）。
⑤ 階層：組織階層のトップからロワーまで命令のラインが明確に設定されていなければならない。

このような原則にもとづき組織構造を検討することで，まったく無の状態から検討を重ねるよりも組織目的を達成する可能性が高まるとファヨールは考えた。次節以降では，この原則にもとづき組織構造について検討していくことにしよう。

Ⅳ．組織の基本構造

実際の企業の組織構造を考える前に，まず基本的な組織の構造について検討していく。基本的な組織構造としては，① ライン組織，② ファンクショナル組織，そして③ ライン・アンド・スタッフ組織の3つがあげられる。これらは，先にあげたFayolの原則，それぞれに合致するものである。たとえば，ライン組織は「命令の一元性」の原則に則ったものであり，またファンクショナル組

織は「専門化」の原則にもとづいている。そして、ライン・アンド・スタッフ組織はそれらの原則を組み合わせたものといえる。以下では、それぞれの特徴を説明し、そしてライン・アンド・スタッフ組織がこんにちの実際の企業で用いられていることを説明していく。

1. ライン組織

ライン組織は、トップからロワーまで単一の命令系統によって結び付けられており、命令の一元性の原則によって貫かれている。

ライン組織の長所として、①指揮・命令系統が一元化しているので、権限と責任の所在が明確である、②組織の秩序を維持しやすいことがあげられる。一方で短所として、①上司は部下の面倒全般をみなければならず、管理に関するオールマイティの能力が必要になってくるが、それは管理者に対する過重な負担となる、②階層が積み重なってくるにつれ、上下のコミュニケーションに時間がかかるようになる、③そもそも上司―部下の指揮・命令にもとづき構築されているため、部門間の横の連絡がとりにくいことがあげられよう。

図表 5-1　ライン組織

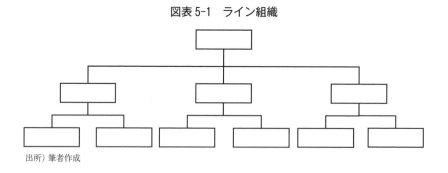

出所）筆者作成

2. ファンクショナル組織

ファンクショナル組織は、作業の科学化を目指し、後に科学的管理法の祖と呼ばれることになる Taylor の職能別職長制に起源をもち、専門化の原則にもとづき構築されている。Teylor (1911) は職能別に分業化することにより、す

図表 5-2　ファンクショナル組織

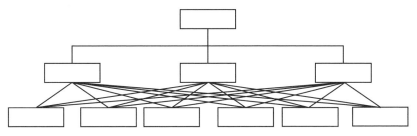

出所）筆者作成

べての業務を担当する万能型の職長制度に比べ，熟練化が早期に達成できると考えた。

　ファンクショナル組織の長所として，① 上司が管理を担当する分野が専門化されているので，上司の負担が少なく，専門分野での管理の熟練を図りやすいこと，② 仕事の標準化が可能であるということがあげられる。一方で短所は，① 部下は複数の上司からの指示・命令をうけることになるので，指示・命令の混乱が生じやすく，責任関係が不明確になりやすいこと，② 上司が専門に特化しているため，意見のかみ合わないことも多く，調整がむずかしいことがある。

3. ライン・アンド・スタッフ組織

　そして，命令の一元性と専門化の原則を同時に生かし，相互に補強し合うことを目指した組織形態としてライン・アンド・スタッフ組織が存在する。ライン・アンド・スタッフ組織は，ライン組織とファンクショナル組織，それぞれの長所を組み合わせて構築されたものである。この組織では，執行機能や管理機能など直接的に関係する部門はラインが担当し，組織全体の視点からサポートが必要な機能はスタッフによって担当される。

　この組織の長所として，① 指示・命令の統一性を確保しやすい，② 専門化による仕事の質と能率の向上を図れることがあげられる。短所は，① スタッ

図表 5-3　ライン・アンド・スタッフ組織

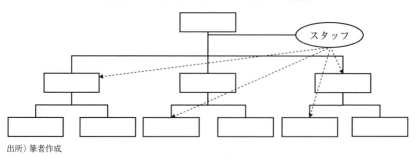

出所）筆者作成

フ部門が助言・サービスの提供にとどまらず，権限を逸脱してラインの仕事にまで介入しコンフリクトが生ずるということがある。そのため，ラインとスタッフとの関係や責任の所在と権限の範囲を明確にする必要がある。

V．実際の企業組織

　前節で組織の基本的な構造について説明を行ったが，実際の企業組織は，基本的にライン・アンド・スタッフ組織の知見にもとづいて構築されている。その理由としては，現在の企業のラインは専門分化（職能分化や部門での分化）されていることと，企業を取り巻く環境は複雑になっているため，このことに対抗するために企業は専門知識を有するスタッフ（たとえば人事など）をもつことが必要不可欠になっているためということがあげられる。

　本節では，実際の企業ではどのような組織形態が採用されているのかについて，職能部門制組織，事業部制組織，そしてマトリックス組織をとりあげて説明するとともに，事業部制組織を補完する組織形態としてプロジェクトチームについても考察していく。

1．職能部門制組織

　職能部門制組織は，経営活動の流れに沿って職能別に専門化させた部門を設

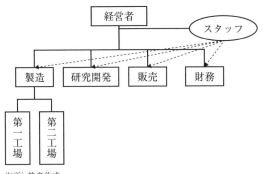

図表5-4 職能部門制組織

出所）筆者作成

け，組織全体で事業の完結化を図ろうとするものである。この組織形態では，それぞれの職能（たとえば，研究開発部，製造部，販売部門など）が独立し，その業務のみを自身の活動としている。そのため，職能間の調整を行う場合には，基本的にトップ・マネジメントがその業務を担うことになる。たとえば，研究開発部が開発した製品を製造部で製造させるためには，トップ・マネジメントによる指示が必要となり，またそれを販売する際にもトップ・マネジメントが命令を下すことになる。そのため，調整に必要な命令権限はトップ・マネジメントに集中して置かれる。このため職能部門制組織は，一般的に集権的組織となる。

このような職能部門制組織には，次のような特徴が存在する。長所として，① 専門化によって，当該職能における知識・経験の蓄積が容易，② 資源の共有化により規模の経済を得やすいことがあげられ，また短所として，① 過度の専門化，職務志向により部門ごとに独自の考え方や物の見方が育ちやすく，部門間コンフリクトが生じやすい，② 権限がトップに集中し，意思決定に時間がかかるだけでなく，部門間の調整作用もトップに委ねられトップの負担が大きい，③ 企業全体で事業が完結しているので，部門ごとの業績評価が困難で責任が不明確，そして④ 全社的な視野をもった管理者の育成がむずかしい，ことがあげられる。

このような特徴，とりわけ意思決定や部門間コンフリクトに対するトップの

第5章 組織構造　95

調整業務が多大になるゆえに，職能部門制組織は事業内容がシンプルで比較的小規模の企業組織（たとえば，単一製品のみの製造であったり，ある限られた地域のみでの販売であったり，または従業員規模が小さい会社）においてみられることが多い。

2. 事業部制組織

しかしながら，こんにちの大企業をみると，先ほどあげたようなシンプルな事業内容とは大きく異なる状況であることが理解できよう。たとえば，パナソニックをイメージしてほしい。パナソニックはどれだけの種類の製品を製造しているだろうか。パソコン等の小型製品から住宅用設備のような大規模なものまで，数え上げることができないほどの製品を作っている。このような大企業において職能部門制組織を採用した場合，トップ・マネジメントは，それぞれの製品の職能間調整で疲弊してしまうことだろう。そもそもトップ・マネジメントが行うべきことは何か。それは，全社的な戦略を構築し，それを実行するためのプロセスを構築することであろう。しかしながら職能部門制組織では，このことを行うことができない。では，どうすればよいのだろうか。

実は，このような悩みは，20世紀初頭に米国の企業で生じていた。ゼネラル・モーターズ（GM），デュポン，ゼネラル・エレクトリック（GE）などの現在でも有名な企業は，①合併による企業の大規模化・多角化，②顧客となる都市人口の増大，③高度な技術をもつ新規産業の誕生（Chandler, 1962）といった悩みを抱えていた。たとえば，デュポンは当初，化学薬品，特に黒色火薬を製造・販売する小規模な家族経営のビジネスを行っていた。しかしながら，規模の経済効果を享受するためにデュポンは積極的にM&Aを行い，企業規模を拡大していった。企業規模の拡大は，トップ・マネジメントが行うべき業務を増加させ，彼らは研究，製造，流通，財務といった多様な職能の成果に対し絶えず注意を払うのみならず，さまざまで多様なビジネスを評価する必要に迫られていった。そのため，デュポンのトップ・マネジメントは組織構造を職能部門制組織から事業部制組織へと変化させることとなった（Chandler, 1962）。

では，その事業部制組織についてみていこう。事業部制組織は，製品別・地

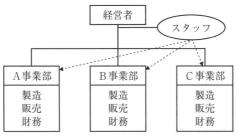

図表 5-5 事業部制組織

出所) 筆者作成

域別・顧客別などで事業部を構築し，それぞれの事業部の内部を職能別に部門化して自己充足的な活動単位とした組織である。各事業部は，トップ・マネジメントに対して利益責任を負うプロフィット・センター（利益責任単位）となっている。利益責任を果たすためには，各事業部長に対して担当事業に関する大幅な権限の委譲がなされることが必要となるため，通常，事業部制組織は分権的となる[2]。

　この組織形態が大企業において採用された理由として，① 決定権限をもつ者と現場情報との距離が短くなるため現場の状況に即した意思決定が可能となり，市場対応的に機動性を発揮しやすい，② 事業部ごとの業績評価が明確である，③ トップ・マネジメントが全社的意思決定に専念できる，④ 後継者の育成が容易である，⑤ 事業部間の競争を通じて組織の活性化を図ることができるためであるといえる。

　しかしながら，事業部制組織にも短所が存在する。それは，① 全社的には資源の重複が起こりやすい，② 事業部間の競争が激しくなり，セクショナリズムが拡大しやすい，③ 各事業部の独立性が強いため，事業部をまたがるような総合的な製品や新しい技術への対応がむずかしくなることなどがあげられる。

3. 事業部制を補完する組織形態

　今日の大企業において事業部制組織が最も一般的な形態となっているが，一方で事業部制組織はセクショナリズムが生じやすいという問題点も存在している。さらに既存の事業部制では解決できない課題，たとえば事業部をまたぐような新製品開発や問題解決も実際の企業では多々生じる。この問題点を解決するために構築された組織形態として，マトリックス組織やプロジェクトチームがある。

　職能部門制組織は，全社的に資源が共有化され，知識・技術が全般的に伝達されるため，効率性という点において優れている。一方，事業部制組織は，事業部ごとに機動性が発揮されるため，市場対応性という点において優位性が存在する。これら2つの長所を生かしていこうとして考えられた組織形態が，マトリックス組織である。

　マトリックス組織は，1960年代にNASAの宇宙開発計画に参加する企業に対し，プロジェクトを円滑に進めるために導入させた組織形態であり，職能部門制組織と事業部制組織とを格子状に組み合わせたものである。そのため，職

図表5-6　マトリックス組織

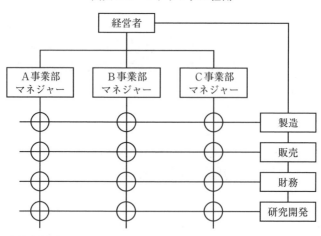

出所）筆者作成

能別の上司からと事業部の上司からとの2つの指示・命令系統を備えたツー・ボス・システム (two-boss system) となる。職能別の上司は主にその専門知識についてアドバイスを行い，一方で事業部の上司は製品や地域別といった事業にもとづき管理を行う。

この組織形態の長所として，① 効率と市場対応の同時達成が可能となる，② 人材の流動的活用が容易となる，③ 専門的な知識・経験の蓄積，全社的活用が容易となる，といった事業部制組織がもつ問題点に対し，一定の解決を提示している。

一方で短所として，① 命令系統間の権力争いが生じやすい，② コンフリクトや調整のために，意思決定に時間がかかりやすい，③ 責任・権限関係があいまいであるということがあげられる。とりわけ，古典的組織論において重要視されていた命令の一元性の原則に反して，マトリックス組織において組織メンバーは2人以上のマネジャーをもつこととなり，指示・命令の整合性が問われることとなる。

なお，Davis & Lawrence (1977) によると，マトリックス組織が有効となるためには3つの条件が必要であるとされ，それは，① 職能別や目的別など2つの編成基準が組織に必要とされるような外部からの圧力の存在，② 高度の情報処理能力が必要な状況，③ 資源の共有が必要，である。

また，プロジェクトチームとは，事業部で行われる業務とは異なり，新製品開発や新事業の構築など新しい業務を担うために構築される臨時的なチームのことを指す。人材などの資源を部門を超えて集めるため，部門内では解決できないような課題を遂行することが可能となる。たとえば，日産自動車は1999年にルノーとの資本提携を決定し，カルロス・ゴーンが日産自動車のCOO (最高執行責任者) として就任した。当時の日産自動車はセクショナリズムが非常に強く，そのため他部署との協業が十分行われているとは言えない状況であった。そこで彼は，さまざまな部署で働く従業員を集め，① 事業の発展，② 購買，③ 製造・物流，④ 研究開発，⑤ 販売・マーケティング，⑥ 一般管理，⑦ 財務・コスト，⑧ 車種削減・部品の共有化，そして⑨ 組織について検討する「クロ

スファンクショナルチーム」を構築した (Ghosn, 2002)。そして，ここで各部署を超えた全社的な視点からの提案を作らせた。これらチームからの提案は400を超え，その提案をもとにして，ゴーンは日産リバイバルプランを発表した。[3] なお，通常は課題の達成後，プロジェクトチームは解散となり，そこに参加した人々は所属部門へと戻ることとなる。

　本章では，組織目的を達成するための組織構造について説明した。特に分業と協業，それを成立させるための組織の基本的な仕組み，そして実際の企業組織について検討した。しかしながら，ここで示した組織構造，特に実際の企業組織については，その企業が置かれている環境によってバラエティに富んだものとなっている。このことについては，ぜひとも自分自身で調べてもらいたい。

注
1) Fayol も述べているように，これらの原則は灯台のようなものであり，何か問題が生じたときの参照するポイントとして用いるべきものであり，そして組織形態を考える際の指針となるものであるため，これらを絶対に行わなければならないというものではない (Fayol, 1916)。
2) さらに，事業部制組織の各事業部に独立会社に近い権限を与えたものとして，カンパニー制組織が存在する。カンパニー制組織において各カンパニーはそれぞれに資本をもち，本社に利益配当するとともに，経理，人事，企画を独立で行う。すなわち，事業部制組織をさらに分権化させた形態であるといえる。また，1997年の独占禁止法の改正により，純粋持株会社および金融持株会社が解禁されたが，これもまた事業部制組織の発展形態といえる。
3) このほかにも，1970年代にGEで導入された戦略的事業単位 (Strategic Business Unit：SBU) もプロジェクトチームの一形態としてとらえることができる。

さらに学習すべき事柄
・企業のウェブサイト等で実際の企業組織を調べ，職能部門制組織と事業部制組織について理解するとともに，企業によってどのような違いがあるのかを検討してみよう。

読んでもらいたい文献

Fayol, H.（1916）*Administration Industrielle et Generale*. Vulletin de la Societe de l'Industrie Minerale.（山本安次郎訳『産業ならびに一般の管理』ダイヤモンド社，1985 年）

　　著者の Fayol は，経営管理論の父，あるいは管理原則の父と呼ばれ，100 年以上前に彼が提唱した 14 の管理原則と，5 要素からなる管理過程は，後の経営学や経営実践に大きな影響を及ぼした。管理を通して，組織構造がどのように構築され，維持されるのか，この古典から学んでほしい。

Chandler, A. D.（1962）*Strategy and Structure*. MA：MIT Press.（有賀裕子訳『組織は戦略に従う』ダイヤモンド社，2004 年）

　　20 世紀前半のアメリカにおいて，デュポンや GM などの大企業によって採用された事業部制組織。この事業部制がどのように生まれてきたのか，詳細なケーススタディによって描かれており，アメリカの大企業の経営史としても読み応えがある。また，本書のタイトル「組織は戦略に従う」は，経営戦略論の基本命題として有名である。

引用・参考文献

Ansoff, H. I.（1979）*Strategic Management*. London. UK：MacMillan Publisher.（中村元一訳『戦略経営論』産業能率大学出版部，1980 年）

Barnard, C. I.（1938）*The Functions of the Executive*. MA：Harvard University Press.（山本安次郎・田杉競・飯野春樹訳『経営者の役割』ダイヤモンド社，1968 年）

Burns, T., & Stalker, G. M.（1961）*The Management of Innovation*. London：Tavistock.

Chandler, A. D.（1962）*Strategy and Structure*. MA：MIT Press.（有賀裕子訳『組織は戦略に従う』ダイヤモンド社，2004 年）

Davis, M., & Lawrence, P. R.（1977）*Matrix*. MA：Addison-Wesley.（津田達男・梅津祐良訳『マトリックス経営』ダイヤモンド社，1980 年）

Fayol, H.（1916）*Administration Industrielle et Generale*. Vulletin de la Societe de l'Industrie Minerale.（山本安次郎訳『産業ならびに一般の管理』ダイヤモンド社，1985 年）

Ghosn, C.（2002）"Saving the Business without Losing the Company," *Harvard Business Review*, Januray：37-45.

Giddens, A.（1976）*New Rules of Sociological Method: A Positive Critique of Interpretive Sociology*. Cambridge, UK: Polity.（松尾精文『社会学の新しい方法

規準―理解社会学の共感的批判―』而立書房, 2000 年)

Giddens, A. (1997) *Sociology*. (3rd ed.). Cambridge, UK: Polity Press. (松尾精文他『社会学第 3 版』而立書房, 1992 年)

Lawrence, P. R., & Lorsch, J. W. (1967) *Organization and Environment : Managing Differentiation and Integration*. Boston : Division of Research, Harvard Business School. (吉田博訳『組織の条件適応理論』産業能率短期大学出版部, 1977 年)

Merton, R. K. (1968) *Social Theory and Social Structure*. New York : Free Press. (森東吾他訳『社会理論と社会構造』みすず書房, 1969 年)

Simon, H. A. (1976) *Administrative Behavior*. (3rd ed.), New York : Free Press. (松田武彦・高柳暁・二村敏子訳『(新版)経営行動―経営組織における意思決定プロセスの研究―』ダイヤモンド社, 1989 年)

Taylor, F. W. (1911) The Principles of Scientific Management. New York & London : Harper Brothers. (上野陽一訳・編『科学的管理法』産業能率大学出版部, 1969 年)

Thompson, J. D. (1967) *Organizations in Action*. New York : McGraw-Hill. (高宮晋監訳『オーガニゼーション・イン・アクション』同文舘, 1987 年)

Woodward, J. (1965)*Industrial Organization : Theory and Practice*. London : Oxford University Press. (矢島鈞次・中村寿雄訳『新しい企業組織』日本能率協会, 1970 年)

第6章　組織と技術

> 　組織における技術の重要性は，古くから組織論において重視され，検討されてきた話題（問題）である。本章では，この組織と技術に関する研究がどのように変化していったのかについて，① 技術が組織構造を規定するという技術決定論，② 技術は社会的に構築されていくという視点，そして③ 近年の技術研究の3つの点から検討することとしよう。

キーワード：技術決定論, ソシオ・テクニカルアプローチ, コンティンジェンシー理論, 技術の社会的構築, MOT

　2000年代に経営学で盛り上がったひとつのトピックとしてMOT（Management of Technology：技術経営）がある。MOTが注目された理由として，日本企業はよい技術をもっているが，しかしそれを有効に用いるすべを知らないため，売れる商品を作れない（出川, 2004）ことや，コアとなる技術とその利用について検討することが必要（Collins, 2001）といったことがあげられる。

　このように書くと，技術とは近年の経営学の議論において注目された概念のように感じるかもしれないが，実は，技術は経営学草創期から検討され，重視されてきた概念である。たとえばFordが率いたフォード自動車は，移動組み立て法（現在の流れ作業による自動車生産の原型）という技術を導入し，その後の自動車の大量生産を可能にしている。さらに技術変化は組織のイノベーションとも密接にリンクしており，それらの研究も多々存在する。そのため本章では，この技術と組織との関係について歴史的観点から検討していくこととする。具体的には，第1節において1950年代から1960年代にかけての初期の技術研究（技術決定論）を示し，次に技術の社会的構築の研究（社会決定論）について検討する（第2節）。第3節では，技術決定論と技術の社会的構築の議論の問題点を明らかにしたうえで，技術研究の近年の研究について説明する。

I. 経営学における技術研究

　組織における技術の研究は，技術が組織のあるべき行為を規定するという視点から研究が進んできた。この理由として，技術の特性を重要な規定要因ととらえて，それに適合する戦略や組織構造を探索するという立場に経営学が立脚してきたためである。つまり，技術が組織構造，職務内容，そして組織成員の行動・態度を決定すると考えてきたのである。このような視点からの研究として，まず，英国タヴィストック研究所で行われたソシオ・テクニカルアプローチ（socio-technical approach）があげられよう。また，ソシオ・テクニカルアプローチに影響をうけたコンティンジェンシー理論[2]（contingency theory），特に技術をコンティンジェンシー要因として取り上げたWoodwardおよびPerrowがあげられる。

　ソシオ・テクニカルアプローチは，1950年代にタヴィストック研究所で実施された一連の研究がもとになっている。この研究は，組織を開放的なソシオ・テクニカルシステム（open, socio-technical system）とし，クローズドなシステムとしての組織観ではなく，外部環境との間で資源の交換・取引を行うことで成長存続していくシステムとして組織をとらえることを提唱した。

　たとえばEmery（1971）は，社会システムにおける多くの問題が技術システムに起源をもつものであり，それらはTaylor以降の経営学の議論が組織を技術的要請によって設計しているからではないかと考えた。すなわち，組織全体のパフォーマンスを最適化するには，技術システムが仕事の役割配分や産業間の関係を決定し，それらを通じて，社会システムの性格を規定する。したがって，社会システムに問題があるにしても，社会システムは技術システムの要請によって決定されている以上，簡単に社会システムを変化させることはできない（Herbst, 1974）。しかし，このような議論は，タヴィストック研究所の初期の議論であり，その後ソシオ・テクニカルアプローチは，組織は主体的に環境（社会および技術システム）を選択するという組織選択論にもとづいた議論を呈していった（風間，1983）。だが，彼らの議論は実際には，「どちらの組織形態が選択

されるのかということはどうでも良い問題ではない。技術システムはその社会システムにある要求を課し，生産システム全体の有効性は社会システムが適切にこうした要求に対処しうるか否かにかかっている。代替的な社会システムそれらが十分よいとして受け入れられているがゆえに存続するであろうが，このことはそれらの社会システムが有効性において相違しているという可能性を排除するものではない」(Emery & Trist, 1965；風間, 1983：25) として，同一技術下における組織形態の余地を示しながらも，変数を導入すると最適解が生ずることを明らかにしている。したがって，タヴィストックで行われたソシオ・テクニカルアプローチは，技術による組織構造の決定とみることができよう。

　また，Woodward (1965) は，英国サウス・エセックス地区の製造企業を対象として，実証的研究を行った。その結果，生産技術を，① 単品生産および小規模バッチ生産，② 大規模バッチ生産および大量生産，③ 装置生産の3種に分類した。一方，組織構造は，① ライン・アンド・スタッフ組織，② 有機的組織の2種に分類した。そのうえで，技術が単品・小規模バッチ生産から大規模バッチ生産・大量生産を経て装置生産というように複雑化していくにつれ，組織構造が変化していくと論じた。この結果，「技術が組織構造を決定する」という命題で人口に膾炙されるようになっていったのである。[3]

　また，Perrow は技術を，「例外頻度 (search)」，「分析可能性 (expectations)」という2軸でとらえている。例外頻度とは，作業する上で生ずる例外の頻度であり，前もって規定された方法で処理できない問題がどの程度生ずるのかを意味する。この頻度が高いほど，対象技術は非日常的な技術であるということになる。他方，分析可能性は，例外的な問題が生じたときに，それがどの程度分析・解決可能かということをさす。このように技術を4類型に分類したうえで，彼はそれぞれに適合する組織構造を導き出した。すなわち，Woodward 同様，それぞれの組織構造は技術の影響を受けるということであった。

　しかしながら，これらの研究に共通する技術が組織構造を規定するという視点には，根本的かつ非常にシンプルな問題が存在する。それは，「同一の技術を用いた場合，同一の組織構造が生じるのか」というコンティンジェンシー理

論が陥った問題と,「そもそもそのような技術は普遍なのだろうか」という点である。換言すれば,どのような技術も,社会的に構築されたネットワークに埋め込まれ,ネットワークは相互に分離できるものではなく (Latour, 1987；上野, 1999),また,技術は社会的・組織的ネットワークの中で存在しているという社会構築主義的観点からの指摘である。そのため,次節では技術の社会的構築について検討することにしよう。

Ⅱ. 技術の社会的構築というパースペクティブ

社会構築主義の観点から技術を論じた「技術の社会的構築 (social construction of technology)」(e.g., Pinch & Bijker, 1987；Grint & Woolgar, 1997) の明確で共通する定義を示すのはむずかしいが,そのスタンスを簡単に述べると以下のようにいえよう。技術はさまざまなプロセスを経て成立するが,直線的な技術の論理によって規定されている発展を遂げるのではなく,さまざまな要因,たとえば,社会的・政治的・文化的・価値的な要因によって影響をうけ,方向づけられるプロセスとして考える。また,このようなプロセスゆえに,その技術が何であるかという技術がもつ意味は,上述の要因によって決定されるということになる。そのため技術の社会的構築の研究は,科学的発見ないし科学的真実には複数の解釈がありえるとし,「解釈の柔軟性 (interpretative flexibility)」の存在を仮定している。技術はさまざまな行為主体によって社会的に意味づけられることで,多様な方向に発展する可能性があるという点が強調される。

このような視座に立つ「技術の社会的構築」の議論は,その対象物 (技術) それ自体に存在する客観的および絶対的な基準や規定要因の存在を否定している。このことは,技術とは徹頭徹尾,解釈の争いの過程から生まれたものであり,解釈抜きの技術というものは考えられないということを意味している (松嶋・高橋, 2003)。

ここでは,技術イノベーションにおける技術決定論の研究と,技術の社会的構築の研究を比較することで,それらの違いについてみていくことにしよう。

技術決定論にもとづく技術イノベーション研究は,「なぜイノベーションが成功したのか」を徹底的に要素分解する。その要素は全体で経済に関係するマクロ経済要因に伴う革新企業 (R & D, コア・コンピタンスなど) のさまざまな側面を含んでいる。しかしながら技術決定論は, 技術的イノベーションを要素分解する一方で, イノベーションの影響を当然視し, 技術それ自体を議論しない。たとえば, Layton は次のように述べている。「必要であるものは一連の知識体系と社会システムからの技術の理解であり, 技術はしばしばコンテンツが周知の事実であると仮定する『ブラック・ボックス』として扱われる」(Layton, 1977 : 198)。

イノベーションの内容を考慮に入れない場合, そのプロセスについて説明するには非常にシンプルな線形 (linear) モデルで論ずることができる。このような研究は確かに技術イノベーションプロセスの分析にはかなり貢献したが, しかしながら技術的な内容を議論することなくプロセスを論じるため, なぜそのイノベーションが生じたかについての説明はできない。

他方,「技術の社会的構築」の議論においては, 技術開発の過程は変化と選択の交互として記述される。ここでは, さまざまな行為主体によって社会的に意味づけられることで多様な方向に発展する可能性があるということが強調される (Pinch & Bijker, 1987)。たとえば Pinch & Bijker は, 技術の「多方向 (multidirectional)」モデルを提唱する。このモデルは上述した線形モデルに比べ, さまざまな行為主体による, さまざまな解釈が生ずる可能性を切り開くことができるとしている。彼らは, 技術的イノベーションのプロセスにはさまざまな政治的・社会的要因が絡み合っていると述べている。

たとえば, 前輪が大きく直接駆動する初期の自転車では, 若い男性が「女性に強い印象を与える乗り物」として解釈する一方で, 女性は転びやすいため,「危険な乗り物」であるという解釈をしていた。そのため, ある自転車製造会社は潜在的な顧客である女性を獲得するために, サドルをより後ろにし, タイヤを小さくするという革新を生み出した。すなわち, 自転車という人工物はさまざまな集団によって影響をうけているということがいえよう。

このような視座に立つ「技術の社会的構築」の考え方は，対象技術に対して多用な解釈が可能であり，その解釈の相違が技術の発展方向性に変化をもたらすと考える。そのため，技術決定論の主要な考えと大きく対峙すると考えられてきた。

III. 組織における技術研究のさらなる展開

このようにこれまでの技術研究においては，相対立すると考えられてきた2つの概念が存在するが，しかしながら，これらは真っ向から対立する見方なのであろうか。技術決定論に関しては，技術自体に内在する固有の論理や推進力が存在しているということは，先の議論で論じた。しかしながら，その点を批判することによって，異なった地平を切り開いてきた「技術の社会構築」の議論は果たして耐えうるだけの理論展開をさせているのであろうか。ここでは，Grint & Woolgar，村田の技術の本質主義に関する議論を援用して，この見解に対する問題を提起していくこととする。

Grint & Woolgar (1997) は，「技術の社会的構築」の議論は，社会的コンテクストを強調しようとするあまり，当該技術そのものについては「ブラック・ボックス」化された状態として放置していると指摘する。特に社会的コンテクストを強調するために，正当化される技術を代替技術よりももともと技術的に劣っていたという想定をおくという図式が利用されてきた。つまり一方の技術に対し，その問題点を論じる一方で，他方ではすでに優位性が存在しているという「純粋な技術」の議論をもちこんでいるのである (Grint & Woolgar, 1997；松嶋・高橋，2003)。

また，村田 (1999) は，Grint & Woolgar とは異なった視点から「技術の社会的構築」の本質主義的視点を論じた。彼は技術の社会的構築の議論が，「技術の展開を導くのが技術固有の論理ではなく，社会的関心や権力などの社会的要因であるとすれば…技術を導く要因として技術の論理に代わって社会の論理を据えたもののようにも見える」(村田，1999：157) と主張した。そうすると技術

の社会的構築の議論は，技術についての新たなる本質を提示したこととなり，技術に関する本質主義を否定したものではないということになる。もしこのように理解するならば，技術決定論は，技術自体の自律性を認めることにより，技術の内在的論理が存在するという技術本質論を採用するのと同様，社会が技術のあり方を決定するという社会決定論の色彩を帯びることとなる。

　技術研究における社会的構築主義の展開は，これまで所与としてきたブラック・ボックス（技術）を開き，その中身が空であったということを示し，技術は社会的なアクター，プロセス，イメージなど社会的インタラクションによって成立しているという点を詳細に分析し，「解釈の柔軟性」を示した功績はある。しかしながら，「解釈の柔軟性」を述べるのみであり，建設的な批判を提起しないままでいるとし，技術研究における社会構築主義の貢献は空虚なものであるという批判もある（Winner, 1993）。

　では，このような技術に本質が存在する理解と社会に本質が存在するという，一見対立しているが，本質主義を採用し，技術と社会という極を設定して問題を立て，一方でそれ自体を「ブラック・ボックス」とすることで，対象を分析するという点で共通の視点が存在している議論を，組織における技術研究はどのように解決していけるのだろうか。この点について考えるためには，技術が社会においてどのように構築され，安定化し，自明視されるのかについて検討することが必要となる。このことにより，技術と社会的コンテクストとの関係性が理解できる。すなわち，技術と組織など社会的コンテクストとの相互作用によって，技術が構築され，さらに再構築するプロセスを示し，また，技術が自明のものとして「ブラック・ボックス」化されたことにより，逆に社会的コンテクストに影響を与えるという点も記述することで，これまでの技術研究とは異なる視点を示していこう。

　図表6-1は，技術の構築および再構築のプロセスを図示したものである。このプロセスは，次のように説明できる。技術は，技術に携わる技術者，消費者などによって，ある解釈が複数の行為者間において共有され，解釈の安定性が生じてくる。安定性が生ずることにより，対象技術に対する解釈およびその技

術を用いたシステムの構成は自明視されることにより，技術自体がブラック・ボックスとして理解されていく（図表6-1の「技術a」）。そして，ブラック・ボックス化された技術は，今度はあたかも技術から社会的コンテクストに向けて技術的影響をもって影響力を及ぼす。

しかし，技術は，何らかの社会的要因によって規定されているのではなく，社会的コンテクストの解釈にもとづいて構築されている。実際の状況では，社会的コンテクストに影響や制約をうけつつ，しかしながら潜在的に多様な発展方向性が存在している。そのため，異なる行為主体で異なった技術の解釈の可能性が開かれている（解釈の柔軟性）。ゆえに社会的コンテクストから解釈の提示が行われることにより，技術は再構築されていくこととなる（図表6-1の「技術a'」）。

そして，再構築された技術は社会的コンテクストからの支持により，時間の経過とともに複数の行為者間で共有され，解釈が固定化・安定化され，新たなる技術として成立することとなる（図表6-1の「技術b」）。その結果，技術はそれ自体を問われることなく，社会的コンテクストに対し，影響を及ぼすこととなる。

すなわち，技術は社会的コンテクストに影響を与える一方で，社会的コンテクストからの新たなる解釈の提示により，変化する可能性も存在する相互作用

図表6-1 技術の構築および再構築プロセス

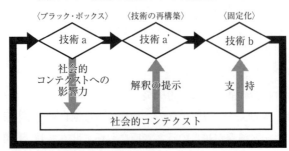

出所）加藤（1999）をもとに筆者作成

のプロセスの結果であると理解することができよう。そして,これまでの技術研究はその一側面のみを分析し,技術を定義してきたがゆえに決定論的視座に立脚することとなっていったのではなかろうか。

しかしながら,決定論的視座で説明可能な状況にあっても当該技術は社会コンテクストからの解釈と支持によって構築されているだけであり,絶対的な要因によって規定されているわけではない。それゆえ,前提となる解釈が変化する可能性は常に存在している。この解釈の変化が受け入れられると,当該技術は新たな方向への可能性が開放されることとなる。すなわち,このプロセスが技術革新であり,技術革新とは技術システムの関係性を変化させるものとして理解できよう。

本章では,組織と技術について,技術によって組織構造が変化するという非常にプリミティブな議論からスタートし,その後,技術の社会的構築の議論,さらに近年の技術研究について示した。具体的には,既存の技術研究は技術変化のプロセスの一側面をみ,その影響力を中心に議論してきたがゆえに,技術／社会決定論的視座になっているとの見解を示した。このように既存研究を理解したうえで,第3節では技術発展をひとつのプロセスとして理解することにより,社会的コンテクストと技術との相互作用によって,新たなる技術が構築され,そしてそれが自明なものとして「ブラック・ボックス」になっていく過程を検討した。

これらの議論からいえることは,ある技術をビジネスに活用したとしても,その技術は社会的コンテクストによってその状況において安定化されているのであって,常に解釈の開放性を萌芽している存在である。そのため,技術を自明な存在として用いることは,技術に内在する社会的コンテクストの存在を理解せず用いることとなる。近年の経営学における技術の議論はまさにこの点に注目しており,技術をいかに有効的に用いるかは,どの企業においても普遍に利用可能ではないということに注意を払う必要がある。

注
1) 本章は，髙木 (2005)「『意味づけされた技術』の再構築—組織論に基づく技術革新研究の新たなるパースペクティブ—」で発表した内容を，学部学生学習用テキストに沿う内容・形式に変更している。
2) ソシオ・テクニカルアプローチとコンティンジェンシー理論との関係については，風間 (1983) および赤岡 (1989) を参照のこと。
3) しかしながら，ウッドワードの議論を詳細に検討すると，単に技術が組織構造を決定するという点から執筆されているわけではない。だが一般的には，ウッドワードはコンティンジェンシー理論家であり，それが故に技術決定論者として認識されるようになっていった。

さらに学習すべき事柄
・近年の技術変化の実例（AI，ビッグデータ，スマートフォン等）をウェブサイト等から探し，技術と組織が密接にリンクしていることを理解してみよう。

読んでもらいたい文献
クレイトン・クリステンセン著，玉田俊平太監修，伊豆原弓訳 (2001)『増補改訂版 イノベーションのジレンマ—技術革新が巨大企業を滅ぼすとき—』翔泳社
　　著者の Christensen によれば，業界を支配している偉大な企業はすべてを正しく行うが故に失敗するという。その鍵になるのが「破壊的イノベーションの法則」である。持続的技術をもつ大企業を淘汰していく破壊の技術のイノベーションについて，アメリカ企業の豊富な事例を用いて述べている。
ジョン・ウッドワード著，矢島鈞次・中村壽雄訳 (1970)『新しい企業組織—原点回帰の経営学—』日本能率協会
　　著者の Woodward は，イギリス・サウス・エセックス地方の製造企業 100 社の調査において，生産システムなどの技術が組織の有効性を決定づける要因の 1 つであることを明らかにし，技術決定論を導き出した。また，この研究は，後のコンティンジェンシー理論に大きな影響を及ぼすこととなった。

引用・参考文献
赤岡功 (1989)『作業組織再編成の新理論』千倉書房
Collins, J. (2001) *Good to Great : Why sometime Companies makes leap ... and Others Don't*. Harperbusiness.（山岡洋一訳『ビジョナリーカンパニー 2—飛躍の法則—』日経 BP 出版センター）
出川進 (2004)『技術経営の考え方—MOT と開発ベンチャーの現場から—』光文社

新書
Ellul, J. (1967) *The Technological Society*. Random House.（島尾永康・竹岡敬温訳『技術社会』すぐ書房）
Emery, F.E., & Trist, E.L. (1965) "The Causal Texture of Organizational Environment," *Human Relations*, 18(1) : 21-31.
Emery, F.E. (1971) "Democratization of the work place : A Historical Review of Studies," *International Studies of Management & Organization*, 1(2) : 181-201.
Grint, K., & Woolgar, S. (1997) *The Machine at Work*. Cambridge Polity Press.
Herbst, P.G. (1974) *Socio-technical Design : Strategies in Multidisciplinary Research*. London, UK: Tavistock Publications.
加藤俊彦（1999）「技術システムの構造化理論—技術研究の前提の再検討—」『組織科学』33(1) : 69-79
風間信隆（1983）「ソシオ・テクニカル・システムズ・セオリーの展開と問題点—タヴィストック学派とウッドワードの『サウス・エセックス研究』を中心として—」『明治大学社会科学研究所紀要』第 22 集 : 1-27
Latour, B. (1987) *Science in Action : How to Follow Scientists and Engineers though Society*. Harvard University Press.（川崎勝・高田紀代志訳『科学が作られているとき—人類学的考察—』産業図書，1999 年）
Layton, E. (1977) Condition of technological development. Spiegel-Rösing, I. & Solla, D. (eds.), *Science technology and society : A cross-disciplinary perspective*. Sage.
松嶋登・高橋勅徳（2003）「『純粋な技術』の神話—技術系ベンチャーの創業を巡る技術ネットワークのマネジメント—」『日本認知科学会「教育環境のデザイン」研究分科会研究報告』9(2) : 85-96
村田純一（1999）「解釈とデザイン—技術の本性と解釈の柔軟性—」『文化と社会』マルジュ社 : 154-179
Perrow, C. (1967) "A Framework for the Comparative Analysis of Organizations," *American Sociological Review*, 32(2), 194-208.
Pinch, T., & Bijker, W. (1987) The Social Construction of Facts and Artifacts : Or How the Sociology of Science and the Sociology of Technology Might Benefit Each Other. Bijker, W., Hughes, T., & Pinch, T. (eds.), *The Social Construction of Technological Systems*. MIT Press.
髙木俊雄「『意味づけされた技術』の再構築—組織論に基づく技術革新研究の新たなるパースペクティブ—」『経営学研究論集』23 : 53-66
上野直樹（1999）『仕事の中での学習—状況論的アプローチ—』東京大学出版会

Van de Ven, A. (1993) "The Development of an Infrastructure for Entrepreneurship," *Journal of Business Venturing*, 8, 211-230.

Winner, L. (1993) "Upon Opening the Black Box and Finding It Empty : Social Constructivism and the Philosophy of Technology," *Science, Technology, & Human Values*, 18(3), 362-378.

Woodward, J. (1965) *Industrial Organization : Behaviour and Control.* Oxford University Press.（矢島鈞次・中村壽雄訳『新しい企業組織―原点回帰の経営学―』日本能率協会）

第7章　組織デザイン

> コンティンジェンシー理論以降，組織をオープン・システムとしてとらえようとする立場が主流となるにつれて，組織デザインが重要な組織の課題となるようになった。本章では，代表的な組織デザイン論として，テクニカル・コアの防衛を通した組織デザインを提案した Tompson の議論，情報処理パラダイムから組織デザインを提案した Galbraith の議論，そして 21 世紀型組織の組織デザインについて概観していく。

キーワード：組織デザイン，不確実性，テクニカル・コア，情報処理，イノベーション

1960 年代にコンティンジェンシー理論（条件適合理論）が議論されるようになり，組織が環境と密接に関係していることが明らかになって以来，組織デザインもまた重要視されるようになってきた。コンティンジェンシー理論では，組織のオープン・システムという性格に焦点が当てられ，組織は① 外部から何らかの資源が投入され（インプット活動），② その投入物を変換し（テクノロジー活動），③ 変換したものを放出する（アウトプット活動），という 3 つの活動から成り立つと考えられる。この観点からすれば，組織は外部環境と密接に関係しており，「組織は環境に適合しなければ存続しえない」という命題が成り立つのである。

ここで強調されるべきは，第 1 に「唯一最善の組織は存在しない」ということであり，第 2 に「いかなる方法もあらゆる組織にとって等しく効果的であるということはありえない」ということである。コンティンジェンシー理論以前，伝統的組織論においては，組織にとって唯一最善の方法の存在が前提とされ，あらゆる状況下においても組織の目標を効率的に達成できる普遍的な原理原則を導き出すことが求められていた。しかし，コンティンジェンシー理論では唯一最善の方法は存在せず，ある条件に適合する解が存在するのみであるという前提のもと，条件付き最善解が求められるようになった。そこから，「環境に適合しうる組織構造はいかに設計されるべきか」との問題意識が共有されるよ

うになり,「組織デザイン論」が注目されるようになったのである。すなわち,組織デザインとは組織の構造と組織が関係している環境との適合を考えて,組織の成果を最大化することである。

本章では,組織デザイン論に先鞭をつけた Thompson の議論と Thompson に影響を受け組織デザイン論を精緻化した Galbraith の議論を概観する。その後,コンティンジェンシー理論にもとづく組織デザイン論の限界について考察し,それらを超克しようと試みるいくつかの議論について記述していく。

Ⅰ. テクニカル・コアの防衛を通した組織デザイン

Thompson にしても,Galbraith にしても,組織デザインについて議論するうえで焦点が当てられるのは組織の「不確実性への対処」である。組織がクローズド・システムであったならば,組織の構成要素はすべてコントロール可能なものであるため,「不確実性」というものそのものが問題となりえない。しかしながら,実際には組織はオープン・システムであり,常にコントロール不可能なものを組織に持ち込む環境と接しているのである。すなわち,コンティンジェンシー理論をベースとした組織デザインにおいては,常に環境から組織に持ち込まれる不確実性にいかに対処するかが非常に重要な問題となるのである。

Thompson の議論は,組織とは「オープン・システムとして,それゆえ不確定で不確実性に直面すると同時に,合理性の基準に従い,それゆえ確定性と確実性を必要としている存在」であるとの前提から始まる。組織を,合理性の基準に従い,確定性と確実性を必要としているものとの考え方を「合理的モデル」という。他方で,組織をオープン・システムとして,不確定で不確実に対応するものとの考え方を「自然システムモデル」という。この2つのモデルは,往々にしてパラドックスとして扱われてきた。「合理的モデル」は科学的管理法や伝統的管理論,官僚制の理論にみられる組織モデルであり,基本的には「計画化」や「コントロール」を通して,組織の合理化を達成しようと試みている。

他方で，それらのやり方を「自然システムモデル」において援用することは困難である。「自然システムモデル」は組織が完全にはコントロールできない変動要因に焦点をあわせているため，「合理的モデル」の枠組みで論じることは不可能であるとされてきたのである。

　Thompsonは，この2つのモデルを両立させることが重要であると考えた。そのうえで，Thompsonはこの2つのモデルを両立させるために，組織は2つの要素を考慮する必要があるとした。まずもって，オープン・システムとして不確定で不確実に直面する存在としての組織は「タスク環境」に考慮しなければならない。第2に，合理性の基準に従い，確定性と確実性を必要としている存在としての組織は「技術（テクノロジー）」に考慮しなければならない（組織のテクノロジーについては第6章参照）。Thompsonは，このタスク環境とテクノロジーが組織にとっての不確実性の源泉であるとし，これらの問題に対処することで不確実性を削減し，組織の合理性を達成することができると考えたのである。

　組織の内部のイシューである技術的な合理性は，組織の合理性をもたらすのに必要な構成要素ではあるものの，それだけでは不十分である。なぜなら，テクノロジー活動は，テクノロジーを発揮するのに必要なインプットの確保と十分なアウトプットがなければ，合理的に発揮できないからである。いわば，インプット活動，テクノロジー活動，アウトプット活動という3つの組織の活動は，相互に依存していると考えるべきであり，組織の合理性はこれらが適切に連動しあうことで達成されるのである。

　組織の内部のイシューであるテクノロジー活動については，テクニカル・コアという概念が重要になってくる。組織におけるテクノロジーの中でも，組織の目的達成における核心を構成しているひとつ以上のテクノロジーをテクニカル・コアという。テクニカル・コアは組織内部にあり，組織におけるテクノロジー活動を支えているという点において，組織の生存そのものを担保している。

　Thompsonによれば，組織デザインの根幹をなすのは，テクニカル・コアと組織のタスク環境との間にある境界連結担当部門をテクニカル・コアからいかに分離させるかということである。関連性をもつ変動要因が多くなれば，それ

だけ不確実性の可能性が高くなるため，合理性を追求する組織としては，テクニカル・コアに影響する変動要因の数を減らすことができれば，それだけ多くの不確実性を取り除くことができ，より有利になると考えられるのである。すなわち，インプットとアウトプットの要素部門をして環境の変動に対処させ，テクニカル・コアにとっては安定的な状況を提供することが重要である。それを達成するためにThompsonは4つの方策が考えられるとしている。

　組織が採りうるテクニカル・コアと環境を分離させる方法の第1は「緩衝化」である。すなわち，テクニカル・コアをインプットとアウトプットの要素部門で取り囲み，環境からの影響を緩衝化するのである。たとえば，製造テクノロジーの生産性を最大化するためには，たとえ実際に安定したインプットやアウトプットがなされていなかったとしても，「あたかも」安定したインプットやアウトプットがなされているか「のように」，テクニカル・コアが作動してさえいればよい。具体的には，原材料や物資を備蓄しておいたり，機械や設備を計画的に点検するなどして，突発事態の発生による混乱を最小限に留めることなどがあげられる。組織は「緩衝化」を採ることによって環境の変動そのものに対処することができる反面，常に緩衝化するためには何らかのコストが必要である。故に，そのコストと組織の効率性を達成するための条件との間の妥協が必要となる。特に変動の激しい環境化では「緩衝化」のコストは膨大になるため，そのような環境下の組織は別のテクニカル・コアの防衛方法を考える必要がある。

　テクニカル・コアを防衛する第2の方法は，「平滑化」である。平滑化とは環境の諸変動によって変化するインプットやアウトプットを安定化させることであり，環境の諸変動を減少させようとする試みに関わるものである。具体的には，需要が少ない時期には，割引価格や販促活動を行い，需要喚起を促したり，需要がピークの時期には割増料金などを設定して，需要を抑制したりすることがあげられる。取引量を安定化することで，テクニカル・コアを環境の変動から防衛することができる。しかし，平滑化を完全に行うのは不可能である。平滑化は，安定的で反復的な環境下におけるテクニカル・コアの防衛に適する

が，環境の絶え間ない諸変動を減少させることは困難である。

「緩衝化」，「平滑化」することが困難な環境変化に対して，組織は「予測活動」という第3の方法を通してテクニカル・コアを防衛する。予測活動とは，環境変動や環境変動に伴うテクニカル・コアへの影響を予測することである。環境変動やその影響が予想される程度のものであれば，それはテクニカル・コアに対する制約条件として対処でき，そうなればクローズド・システムの論理を用いることができる。組織が特定期間の需要を正確に予測することができれば，スケジュール化することができ，その期間中はテクニカル・コアを安定して運用することが可能となる。しかし，環境変動にパターンがなかったり，複雑で予測できない場合，テクニカル・コアは環境の変動からの影響を受けることになり，不確実性にさらされることになる。

「緩衝化」，「平滑化」，「予測活動」のどれをもってしても，テクニカル・コアの防衛が不可能である場合，組織は第4の方法として「割当て活動」を採る。「割当て活動」とは，変動する環境に対して組織への影響が最小限になるように対応するものに優先順位をつけることである。割当て活動自体は環境の変動からテクニカル・コアを防衛する方法というよりはむしろ，環境の変動による影響を受けた後に組織への影響を最小限にする方法と考えるべきである。それ故，Thompsonによれば，割当て活動は「喜ばしくない解決法」である。なぜなら，この方法を採る限りにおいて，テクニカル・コアは防衛されてはいないからである。しかしながら，複雑な状況下においても諸能力を配分できるような優先順位づけのシステムは組織にとっては不可欠なものであろう。

以上の4つの方法が目指そうとしているのは，組織にとって適切な「ドメインの設定」である。ドメインとは，組織の活動範囲のことである。組織は，自らのコントロール下に置かなければテクニカル・コアが防衛できないような諸活動の周囲にドメインを設定する必要がある。Thompsonは組織とはテクニカル・コアとドメインの境界領域に存在する境界連結担当部門の結合成果であると考えている。つまり，組織構造は，テクニカル・コアと境界連結担当部門の関係によって規定され，境界連結担当部門はタスク環境の変動に対応し，テク

ニカル・コアを防衛していると考えるべきである。

　ドメインのデザインによって定められた組織体の主要な構成要素は，細分化されたり部門化されたりする。その際，部門内と部門間に諸関係が設定される。このように組織内には，2つ以上の部門が存在し，それらは相互依存していると考えられる。組織が合理性を達成するためには，組織内の複数部門の相互依存関係とその調整のあり方を考える必要がある。

　Thompsonによると，組織内部の相互依存関係には，単純でコストのかからないものから順に，① 共有的相互依存関係，② 連続的相互依存関係，③ 互恵的相互依存関係の3つのタイプが存在する（図表7-1 参照）。

　これらの相互依存関係には，それぞれに調整方法が存在する。共有的相互依存関係は，「標準化」という方法で調整される。標準化とはルーティンやルールを設定し，相互依存関係にある他部門の行為と整合的な道を示すことである。連続的相互依存関係は，「計画」により調整される。部門間におけるスケジュールなどを設定し，各部門の諸行為はその計画によって支配されることになる。互恵的相互依存関係は，「相互調節」によって調整される。相互調節による調

図表7-1　組織内部の相互依存関係

	① 共有的相互依存関係	② 連続的相互依存関係	③ 互恵的相互依存関係
形　態	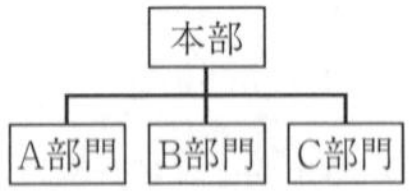 本部／A部門　B部門　C部門	 A部門 → B部門 → C部門	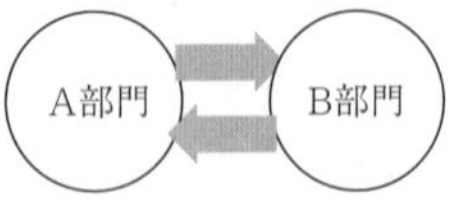 A部門 ⇄ B部門
特　徴	・A部門，B部門，C部門それぞれ直接的な関係はないが，間接的に他部門に影響を与える ・各部分が全体に対し別々の貢献を行い，かつ各部門は全体によって支えられている相互依存関係	・A部門はB部門の，B部門はC部門のインプットを供給する ・各部門が，連続的に配置され，ある部門での問題が，それ以降の他部門に影響を与える相互依存関係	・A部門のアウトプットはB部門のインプットであり，その逆の関係も成り立つ ・各部門が互恵的関係にあり，お互いにコンティンジェンシーを課している相互依存関係
調　整	標準化	計画による調整	相互調節による調整
コスト	低い ←		→ 高い

出所）Thompson（1967）をもとに筆者作成

整とは，話し合いやコミュニケーションを各部門双方の行為のプロセスを通じて新しい情報を伝達しあうことを通して調整されることである。標準化，計画，相互調節の順に調整コストが高くなる。

　実際，組織はこの3つの種類の相互依存関係が混在しており，組織の部門化と階層化に大きく影響する。合理的であろうとする組織は，基本的に調整コストが最小となるように部門化・階層化しようとする。そのため，まず調整コストが高い互恵的相互依存関係を相互調節によって調整する。それが完了した後に，連続的相互依存関係を計画により調整し，最後に共有的相互依存関係を標準化により調整し，部門化・階層化を行う。つまり，組織内部の部門の調整の優先順位は，「互恵的相互依存関係」→「連続的相互依存関係」→「共有的相互依存関係」の順になるということである。

　以上のことを組織に影響を与える環境との関係でみてみることによって，Thompsonの組織デザインの議論は明確になるだろう。

　タスク環境が安定的であり，計画による調整を通してテクニカル・コアと境界連結担当部門の活動が分離できるならば，組織は職能別部門とそれをまとめる包括的な支配層によって集権的に支配されることによって合理性を達成することができる。タスク環境が安定的であれば，テクニカル・コアは環境からの影響を受けにくい。そのため，境界連結担当部門とテクニカル・コアは連続的な関係としてとらえても問題なく，計画にもとづいた調整が可能なのである。

　他方で，タスク環境が変動的である場合，標準化や計画による調整は通用せず，境界連結担当部門が常にタスク環境の変動を察知し，それをテクニカル・コアへとフィードバックしなければならなくなる。その場合，テクニカル・コアと境界連結担当部門は互恵的依存関係になる。そのような状況では，テクニカル・コアと境界連結担当部門を分離することは困難であるため，これらをひとつの単位として自己充足的なクラスターを形成し，独自のドメインをもつようになる。これは，一般的には分権的事業部とよばれ，いわゆる事業部制組織の形を採ることによって組織は合理性を達成することができる。

　最後に，高度に複雑で変動的な環境にいる組織，たとえば，個別的あるいは

受注型の課題を請け負う組織は，一方で専門家を組織の「維持運営」目的のために同質的な部門のなかに配置しておき，他方で専門家たちを業務所の目的のために，タスク・フォースへと動員する。この場合，相互調節による調整はタスク・フォース内で行われ，スケジュール化などの計画は専門家たちを派遣する側の同質的な部門内で行われる。標準化などは，多くの場合，専門家集団で共有されていることが多い。

　Thompsonは以上のように，組織のテクニカル・コアに注目し，テクニカル・コアの防衛を基軸に，経営組織のオープン・システムの側面とクローズド・システムの側面を融合した形で，組織デザインを議論した。Thompsonは自然システムモデルと合理的モデルの両方の側面を併せ持つ組織について100以上の命題を提起しており，Thompsonの議論はコンティンジェンシー理論の集大成と評されることもある。

II．情報処理パラダイムによる組織デザイン

　以上に述べてきたThompsonの議論に影響を受け，より組織デザイン論を精緻化したのがGalbraithの議論であろう。Galbraithも，ThompsonとGalbraithと同様に組織はいかに不確実性に対応するべきかという問題意識から議論を開始している。Galbraith (1973) によれば，組織の不確実性は，「組織がタスクを遂行するのに必要なすべての情報量と組織がすでに所持している情報量の差」(Galbraith, 1973：5) と定義することができる。そして，組織とは，自らが必要とする情報量と自らがもっている情報量の差をできるだけ0に近づけようとする情報処理システムと考えることができる。このように，組織と不確実性を情報処理という観点からとらえたGalbraithの議論は情報処理パラダイムによる組織デザイン論と呼ばれる。

　さて，Galbraithの不確実性の定義に従えば，組織がタスクを遂行するのに必要な情報量と組織がすでに所持している情報量の差が大きければ，組織は多大な不確実性にさらされていることになり，この差が小さければ小さいほど，

組織は確実な環境にいることになる。つまり，組織の合理性は，この情報量の差を最小限にすることによって達成される。

Galbraithは，不確実性を削減する方法として，① 機械的モデルによる対処，② 組織のタスク遂行に必要な情報量を削減する方法，③ 情報処理能力を増大させる方法の3つをあげている。

第1の機械的モデルによる対処とは，環境の不確実性に対して伝統的な経営組織論が採ってきた方法である。この方法にはさらに3つの方策があげられる。第1に「規則やプログラム，手続きの明確化」である。環境が安定的で反復的である状況において，とるべき行動について前もってルール化，プログラム化しておくことが最も合理的である。また，規則や手続きが決まっていれば，それについて組織全体が一貫性をもつことが可能である。

しかし，タスク環境が不安定になってくると，規則やプログラムでは対応しきれない事態が頻発するようになる。このような状況において，第2の方策として「階層化」がある。規則や手続きによって手に負えない事態が発生した場合，当該の問題に関連する上役に解決を委ねることによって，事態を収束させるのである。このためには，組織を階層化させ，組織の利害を代表する階層を作る必要がある。

課業が複雑になると，事前に決めておいたルールや上役への上申を通じても対応しきれない，または対応に時間がかかる問題が発生することもある。その場合，第3の方策として，「目標設定」がある。目標設定とは，前もって下位目標を設定しておくことである。事前の規則や上役への上申によって対応しきれない問題がある場合，前もって下位目標を設定しておけば，各自の裁量で目標を達成できるような行動を自ら選択することができるのである。

機械的モデルによる3つの方策は基本的に「規則やプログラム，手続きの明確化」→「階層化」→「目標設定」の順番で用いられる。これは環境の不確実度が高くなる順番であり，またコストもこの順番で高くなるからである。

しかし，不確実性が大きくなればなるほど，機械的モデルによる方策だけでは対応しきれなくなる。そこで，② 組織のタスク遂行に必要な情報量を削減

する方法，③情報処理能力を増大させる方法が採られるようになる。Galbraithによれば，組織デザインとは，これらの2つの方策のいずれか，あるいは，これらの方策を組み合わせたもののことを指し示す。

まず，組織のタスク遂行に必要な情報量を削減する方法には，2つの方策がある。第1の方策は，スラックを捻出することである。スラックとは，通常時には必要ないものの，いざとなった時に使用することのできる余剰資源のことである。スラックの捻出とは，たとえば，緩衝在庫の確保や，注文の繰り返し，納期の延長，あるいは業績水準の引き下げなどが考えられる。これらは，組織の業務に余裕をもたせることが可能となる方策であり，その余裕によって相互依存する活動を調整するために必要な情報量を削減することができる。

組織のタスク遂行に必要な情報量を削減する第2の方策は，自己完結型の職務を形成することである。単一の職能や資源に特化した部門は，他の職能部門などとの調整のために必要な情報をもたなければならない。製品やプロジェクトなどのアウトプットの周辺に多くの職能を集め，自律的な職能単位を形成すれば，他の職能部門などとの調整に必要な情報を削減することができるのである。

図表7-2　Galbraithの組織デザイン戦略

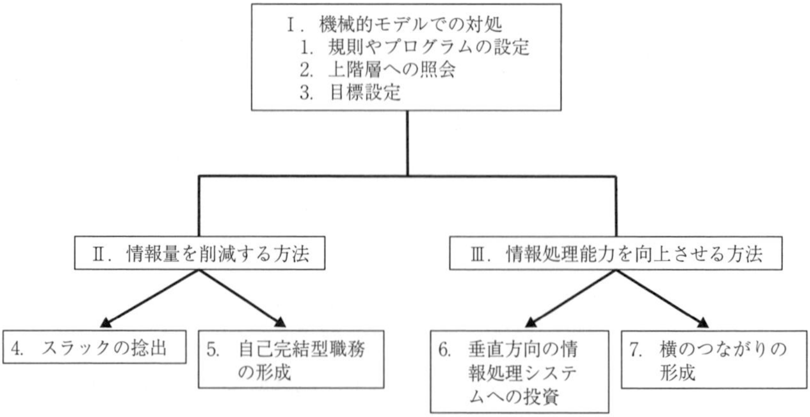

```
┌─────────────────────────┐
│ Ⅰ. 機械的モデルでの対処      │
│   1. 規則やプログラムの設定  │
│   2. 上階層への照会          │
│   3. 目標設定                │
└─────────────────────────┘
           │
     ┌─────┴─────┐
┌──────────────┐  ┌──────────────────────┐
│ Ⅱ. 情報量を削減する方法 │  │ Ⅲ. 情報処理能力を向上させる方法 │
└──────────────┘  └──────────────────────┘
    │      │              │          │
┌───────┐ ┌──────────┐ ┌──────────────┐ ┌──────────┐
│4. スラック│ │5. 自己完結型│ │6. 垂直方向の情│ │7. 横のつながり│
│  の捻出  │ │   職務の形成│ │  報処理システ │ │   の形成     │
│          │ │            │ │  ムへの投資   │ │             │
└───────┘ └──────────┘ └──────────────┘ └──────────┘
```

出所）Galbraith（1973：15）に筆者加筆修正

他方で，情報処理能力を増大させる方法にも2つの方策が考えられる。第1の方策は，垂直方向の情報処理システムへの投資である。この投資を通して，コンピューター化やデータベース化を促進し，情報収集と処理能力を増大させることが可能である。

　情報処理能力を増大させる第2の方策は，横のつながりの形成である。横のつながりの形成とは，タスク遂行に関わる問題に直接関係する事業部や部門間の協力体制を確立することである。ここで確立された協力体制によって，共同で問題解決にあたるのである。この横のつながりの確立には，幾つかの形態がある。最も単純で低コストなのは，問題が発生した場合に影響を受ける部門の管理者たちによる直接交渉である。次は，タスク・フォースを形成することである。タスク・フォースとは問題が発生したときのみ，その問題を解決することを目的に集められた専門家たちによるアドホックなチームである。次に，タスク・フォースをより永続的な形にしたチームを形成する場合もある。また，マトリックス組織のように，組織形態として横のつながりを確保するということも考えられる。

　Galbraithの情報処理パラダイムにもとづく組織デザインは図表7-2のように表すことができる。

Ⅲ．21世紀の組織デザイン

　ThompsonもGalbraithもコンティンジェンシー理論を理論的ベースとした組織デザイン論を展開しており，彼らの組織デザイン論は「適応型組織デザイン論」と呼ばれることもある。ゆえに，彼らの議論はコンティンジェンシー理論がもつ特有の貢献と問題点を包括している。

　コンティンジェンシー理論をベースとした組織デザイン論は，コンティンジェンシー理論が看破したように，唯一最善の組織デザインを前提としない。組織は環境との関係から，それに適合するようにデザインされるべきである。

　そのうえで，彼らの議論は合理的モデルと自然システムモデルという2つの

組織観を別々に扱うのではなく，それらを統合させようとした点で，コンティンジェンシー理論をより進展させたといえる。彼らの組織デザイン論の肝要は，コンティンジェントな要因は，組織に不確実性をもたらすため，できるだけコンティンジェントな要因を排除する形で組織をクローズド・システムに落とし込むことである。このようにして，組織のオープン・システムとしての側面と，クローズド・システムとしての側面を両立させようと試みたのである。

　他方で，彼らの議論はコンティンジェンシー理論がもつ特有の問題点を包含している。適応型組織デザイン論は，環境に合わせて組織を構築することに焦点が当てられているという点で，環境決定論的傾向が非常に強い。しかし，Miles & Snow (1978) が明らかにしたように，組織は自らの活動領域を戦略的に選択することができる。Miles & Snow に続くダブル・コンティンジェンシー理論 (ポスト・コンティンジェンシー理論) の発現により，組織は一方的に環境に適合するばかりの存在ではなく，組織は環境に対して働きかけ，自らが置かれた環境を自ら創り出す存在であると仮定されるようになったのである。

　適応型組織デザイン論は，ダブル・コンティンジェンシー理論が想定するような，自らが置かれた環境を自ら創出するような組織デザインにはなっていない。これの意味するところは，適応型組織デザイン論に従って組織デザインをしても新たな知識や価値を創出する，あるいは，イノベーションを起こすことはむずかしいということである。この限界はイノベーションや新たな知識を創出する組織が重要視される今日においては致命的である。

　このような問題意識から，近年，新たな知識を生み出したり，イノベーションを起こしたりすることを考慮した組織デザイン論が出現しつつある。新たな21世紀型の組織デザインとして，その例となる議論を以下に3つ記述する。

　たとえば，Tushman & O'Reilly (1997) は「両刀使いできる組織 (ambidextrous organisation)」という組織デザインを構想している。両刀使いできる組織とは，効率性と創造性という矛盾するパフォーマンスを同時に発揮することを目指した組織デザインである。すなわち，両刀使いできる組織は，組織が競争優位を持続的に確保するために，一方で安定的なオペレーションを通じた短期的な効

率性を目指すと同時に，他方では，長期的な目線で将来の組織を支える事業を模索するために，リスクを犯し学習しながら創造性を発揮しイノベーションを目指すのである。

　また，野中ら (1993) は知識創造をいう観点から，「ハイパーテキスト型組織」という組織デザインを提案している。ハイパーテキスト型組織とは，3つの機能を併せ持った「3次元構造」により，ビューロクラシーの効率性とタスク・フォースの柔軟性を併せ持った組織となっている。ハイパーテキスト型組織のもつ第1の機能は「知識創造機能」である。知識創造機能は，既存の知識体系を再構築し，新たな知識の創造を戦略的に行う機能である。第2の機能は「ビジネス・システム機能」であり，既存の知識体系を活用し，連鎖的な価値創造を行う機能である。そして，第3の機能は「知識資産蓄積共有機能」である。この機能は，創造した知識を組織全体の共有財産として貯蔵しておく機能である。これらの3つの機能により，組織は必須の知識を創造し，活用し，蓄積し，共有し，そこからさらに新しい知識を創造するという一連の有機的な連関を創り出すことが可能となる。結果，有効性と能率を確保しつつ，将来の競争優位性を確立すべく新たな知識を常に生み出すことができるのである。

　また，近年，Galbraith (2002) は情報パラダイムを超えて，「フロントエンド・バックエンド組織」を構想している。フロントエンド・バックエンド組織とは，高付加価値型企業が採る組織デザインであり，顧客や地域別に組織された企業のフロントエンドと，製品や技術に応じて組織されたバックエンドの活動を分離した組織デザインとなっている。この組織は，単一事業の形態と事業部制のプロフィットセンター・モデルを統合したハイブリッド型組織であるといえる。フロントエンド・バックエンド組織は顧客対応に特化したフロントエンドと，そのフロントエンドに対して，技術や製品を供給するバックエンドを分離することにより，2つの異なる性格の業務を同時並行することができるだけでなく，非常に柔軟に顧客のニーズに対応できるようになるのである。この組織形態は利益が期待できる部門にはある程度分権化するものの，戦略や業務を強く統制する部門が本社に存在するという特徴をもっている。

以上，3つの新出の組織デザインについて記述してきたが，これらの組織デザインにはいくつかの共通点がみられる。この共通点が21世紀の組織デザインにとって重要なポイントになるだろう。第1に，組織内にまったく異なる，時には矛盾する編成原理を同時にもっているという点である。組織は自らが置かれる環境を自ら創出するために，常に新たな価値を創り出したり，発見したりする必要がある反面，効率性を度外視してそれらを追求してしまっては，現在の組織の生存が危うくなるというパラドックスを有している。たとえば，Christensen (1997) の「イノベーションのジレンマ」概念が有名であろう。このようなジレンマ解消のために，効率性を追求する部門と，創造性を追求する部門の並立が，新たな組織デザインには欠かせないのである。
　第2に，高付加価値を創り出すことに焦点が当てられている点である。21世紀型の組織のアウトプットには高付加価値が要求される。これは標準化，極大化に代表される少品種大量生産大量消費時代から，価値観が多様化し，多品種少量生産時代へと時代が移り変わりつつあることを反映していると考えるべきであろう。少品種大量生産大量消費時代における組織においては，組織のアウトプットに対する価値は自明であり，組織が自ら規定するものではなかった。しかし，今や組織のアウトプットに対する価値は多元化しており，それは組織がアウトプットに対していかなる価値を付与するかにかかっているのである。このような組織の価値観に関する研究は，組織文化や組織学習の研究へと受け継がれている。
　第3に，非常に複雑な組織デザインになっているということである。これは，第1と第2にあげた共通点に起因する。組織内に異なる編成原理をもつ部門が存在し，インプトもアウトプットも非常に多様化しているが故に，これらに対処するために組織は複雑にならざるをえない。この複雑な組織デザインは，21世紀型組織デザインの問題点となるかもしれない。このような複雑な組織を，果たして，人間は扱うことができるだろうか。

さらに学習すべき事柄

・組織デザインを行ううえで，組織の合理的モデルの側面と自然システムモデルの側面を両立させる必要があると述べてきたが，果たして組織にはその両側面しかないのであろうか。あるとすれば組織には他にどのような側面が存在し，それをどのように考慮して組織デザインを行えばよいのだろうか。

読んでもらいたい文献

Galbraith, J. R. (1973) *Designing Complex Organizations*. Addison-Wesley. （梅津祐良訳『横断組織の設計』ダイヤモンド社，1990 年）

Thompson, J. D. (1967) *Organizations in Action*. McGraw-Hill. （大月博司・廣田俊郎訳『行為する組織―組織と管理の理論についての社会科学的基盤―』同文舘，2012 年）

　両文献共に，本章で取り扱った議論の原著となるものである。本章では，組織デザインに関連した部分のみを参照しているが，両文献共に，経営組織論や組織のコンディション理論，さらには組織のポリティカルな側面など，更に深い議論がなされており，経営組織論の学習者にとっては必須の文献といえる。また，それだけではなく，両書とも議論の展開が非常に秀逸であり，研究の進め方や議論の作法を学習するのにも役立つ良書である。

引用・参考文献

Christensen, C. M. (1997) *The Innovator's Dilemma: The Revolutionary Book that Will Change the Way You Do Business*. Reading MA : Harvard Business School Press. （伊豆原弓訳『イノベーションのジレンマ―技術革新が巨大企業を滅ぼすとき―』翔泳社，2001 年）

Galbraith, J. R. (1973) *Designing Complex Organizations*. Addison-Wesley. （梅津祐良訳『横断組織の設計』ダイヤモンド社，1990 年）

Galbraith, J. R. (1978) *Strategy Implementation: The Role of Structure and Process*. St. Paul: West Publishing Co. （岸田民樹訳『経営戦略と組織デザイン』白桃書房，1989 年）

Galbraith, J. R. (1993) The Value-Adding Corporation: Matching Structure with Strategy. In Galbraith, J. R., Lawler Ⅲ, E. E., & Associate (eds.), *Organizing for the Future: The New Logic for Managing Complex Organizations*. San Francisco: Jossey-Bass : 15-42. （寺本義也監訳『21 世紀企業の組織デザイン―マルチメディア時代に対応する―』産能大学出版部，1996 年）

Galbraith, J. R. (2002) *Designing Organizations: An Executive Guide to Strategy, structure, and Process : New and revised ed.*, Wiley, John & Sons. (梅津祐良訳『組織設計のマネジメント―競争優位の組織づくり―』生産性出版, 2009 年)

Miles, R. E., & Snow, C. C. (1978) *Organizational Strategy, Structure, and Process.* McGraw-Hill. (土屋守章・内野崇・中野工訳『戦略型経営』ダイヤモンド社, 1983 年)

Nonala, I., & Takeuchi H. (1995) *The Knowledge Creating Company: How Japanese Companies Create the Dynamics of Innovation.* Oxford University Press. (梅本勝博訳『知識創造企業』東洋経済新報社, 1996 年)

Thompson, J. D. (1967) *Organizations in Action.* McGraw-Hill. (大月博司・廣田俊郎訳『行為する組織―組織と管理の理論についての社会科学的基盤―』同文舘, 2012 年)

Tushman. M. L., & O'Reilly Ⅲ, C. A. (1997) *Winning Through Innovation.* Reading MA: Harvard Business School Press.

野中郁次郎・紺野登・小坂優 (1993)「知識ベース組織―ソフトウェア企業の競争優位性の源泉―」一橋大学産業経営研究所『ビジネス・レビュー』41(6) : 59-73

第8章 組織コンテクスト

> 「組織コンテクスト」や「コンテクスト」が重要であると述べる経営学の論文や書籍は非常に多い。経営学の学会誌などでも「コンテクスト」をテーマとした特集号が数多く発刊されている。しかしながら、そもそも「コンテクスト」、または「組織コンテクスト」とは何か？ 実はこのことについて明確に定義している文献はそれほど多くない。多くの論者は「コンテクスト」とは何かを問うことをせず、その重要性や「コンテクスト」をいかに変化させイノベーティブな組織にするかを述べている。しかしながら、それでは何とも気味が悪い。そこで、本章では「コンテクスト」について、組織論で話題となっている「実践」の観点から検討していくことで明らかにしていこう。[1]

キーワード：コンテクスト,実践,実践ベース・アプローチ,論理実証主義,エスノメソドロジー

近年,「実践（practice）」に着目した研究が組織論で数多くみられる。たとえば、知識の獲得や組織の学習は実践において可能であるという研究（Orr, 1996; Gherardi & Nicolini, 2001; Nicolini, Cherardi & Yanow, 2003）や、企業の会議室や経営者の頭脳ではなく、経営実践の中で生み出される「実践としての戦略（Strategy as Practice）」（Johnson et al., 2003; Whittington, 1996, 2003; Whittington & Melin, 2003）といった研究など枚挙にいとまがない。

しかし、なぜ組織論において「実践」の観点からのアプローチに対し関心が向けられているのであろうか。このことについて3つの点を提示することが可能であろう。第1に、行為者の多様な意味世界を読み解くことが可能となるためである。第2に、組織の行為や知識などを相互作用を伴った通時的プロセスから解釈することが可能となる点があげられる。第3に、理論が拠って立つ位置、すなわち組織論の研究方法論を再考するきっかけを示すことが可能となるからである。このうち、1、2は行為の背景を探るという解釈に対する視点の提示であるが、第3は研究者が実践をいかに理解していくかという研究者の解釈・記述であると換言することができよう。

そのため本章では，まず，既存研究の問題点を社会的文脈との関連から考察し，既存研究が拠って立つ理論的背景を示す。そのうえで，実践をベースとした研究の有効性を，行為と実践，および実践ベース・アプローチの観点から提示する。そして最後に，「実践」の観点からの研究を進展するといかなる研究方法論を示すことができるのかについて考察していくこととする。

I. 組織分析から「実践」へ

組織論の多くは，組織行為や環境を変数システムとして取り扱うことが多い[2]。たとえば，近年の組織論においては，客観的な要素からなる組織理論を構築すべきだとして，変数システムにもとづいて組織論を行い，何らかの線形回帰モデルに落とし込もうとする研究が存在する。このような研究においては，変数間の関係を精緻化するため，より詳細な変数を設定し，分析を行っている(図表8-1参照)。たとえば，Pennings (1975) は，コンティンジェンシー理論における分析の質を高めるため，より客観的な測定尺度の構築を目指した。また，近年わが国における研究の多くも，より詳細な調査を行うための尺度の作成，検証を行っている。

しかしながら，このような研究は次の点で問題があるといえよう。第1に，行為者の視点が軽視されているという点である。たとえば戦略論におけるResource Based View (RBV) の研究においては，組織を取り巻く環境や組織

図表8-1 組織論における変数システムの発想

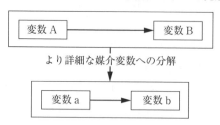

出所) 沼上 (2000：85) にもとづき筆者作成

内部の資源を客観的に分析することによって「科学的」に戦略を立案したり分析したりできると考えられている。そこでは戦略の策定と実行に関する合理的概念が前提とされ，普遍性・一般性にもとづいた戦略論の構築を目指しているといえる (Clegg et al., 2004; Ezzamel & Willmott, 2004; 星, 2006)。そのため，戦略家が何を行っているのか，また何を行おうとしているのかという点に着目していないということがあげられる[3)]。

　第 2 に歴史的，社会的文脈に注意が払われていないという点である。そもそも研究は，なぜ当該行為が生じたのか，またはなぜそのような結果が生じたのかという疑問から提起され，行為者はなぜある行為を生じさせたのかを探求するために環境などの社会的文脈へと興味が深化していく。その疑問を解明するためには，行為の背景にある状況を理解する必要があり，そのために研究は常に歴史的，社会的文脈を読み解き，理解しようとするのである。しかしながら，近年の研究が当該主体と文脈との相互作用に注目するのではなく，当該主体を分析するツールの精緻化に比重を置いている現状においては，主体を取り巻く文脈は制約要因ではあっても，主体との相互作用関係に位置づける発想はないと考えられよう。

　だが，なぜこのような研究が進展してきたのであろうか。このことに対するひとつの視点として，社会科学における論理実証主義 (logical positivism) という科学方法論が存在しているのではなかろうか。論理実証主義は，社会科学における研究に正当性を与える根拠となった。このような論理実証主義の特徴は，① 科学の主な役割は，観察可能な現象の間の関係に関する普遍的法則や原理を構築し，② 普遍的法則や原理は経験的事実と一致し，③ 科学的探求とは，理論体系の客観的基盤を確立し，④ 理論的命題を経験的・実証的に評価し命題からの演繹をし続けることによって科学は進歩する，といえよう (杉万・深尾, 1999)。

　このことを組織論において考えてみると，研究者は組織のフィールドの外に存在しており，それゆえ組織は客観的に分析可能で，しかもその分析から何らかの理論的命題を構築する可能性を有すると考えられている。すなわち，組織

図表 8-2　論理実証主義のメタ理論（仮説演繹法）

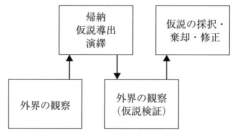

出所）Gergen（1994：20）にもとづき筆者作成

もまた図表 8-2 で示されるような仮説演繹法によって分析可能であると考えられてきた。

このような研究に対し，近年，組織行為の「実践」に注目した研究が展開されている（Lave & Wenger, 1991; Wenger, 1998; Nicolini, Gherardi & Yanow, 2003; 青木，2005）。そのため，次節では組織研究において「実践」の観点から考察するとどのような視点を見出すことができるのかについて論じていくこととする。

Ⅱ．組織論における「実践」

「実践」とは，端的に定義するならば，「ある特定の状況下で行われている行動」（Wenger et al., 2002）と示すことができよう。すなわち，特定のコンテクストにおいて生じている行為そのものが実践であると考えられる。このような定義のうえで，「実践」を組織論において用いる意義について本節で示していくこととする。まずは，組織論の対象としての行為と実践がいかに分かちがたく関連しているかについて論じていく。

研究を進める場合，研究者は研究対象の行為からその動機や目的を推測することが必要となる。しかしながら，Bateson（1951）が述べているように，外的出来事をどうコード化したかについての材料は，行為者の（内省的報告たる）反応をみることでのみ得られる。第三者には 2 段階（コード化と変形）が重なり合

った時の「積」としてしかわからない。この積から独立したプロセスとしてのいずれの段階かを知ることは不可能となる。そのため，行為研究が重要となるのである。たとえば西本 (1999) は，Bateson (1951) を援用して社会科学における行為研究の重要性について次のように述べている。

> 社会科学において対象者の動機を理解する際に考慮しうるマテリアルは行為のみである。(中略) 人間の社会的行為を研究する際に現実化されて行為のみが対象となる理由はわれわれが互いにコミュニケーションパートナーの動機，目的，認知を直接知りえないことにある (西本, 1999: 196)。

また，Suchman (1987) は，行為研究には3つの視点が存在すると指摘している。それは，① 行為は文化に依存する，② 行為は個人または活動の質に依存する，③ 行為は状況に依存するという理解である。

「行為は文化に依存する」とは，行為は文化によってまったく異なり，文化によってどんな行為が好まれるのかも異なるという理解である。合目的的な行為は学習されるものであり，文化が違えば当然違ってくるはずだという考え方である。また，「行為は個人または活動の質に依存する」とは，行為者の行為が偶発的 (ad hoc) なものか，それとも計画的なものかは，活動の性質あるいは熟達の程度に依存しているということである。

上記1，2は客観的な分析対象として行為を理解する試みであるが，一方，第3の理解は，いかにプランがなされても，目的的行為は状況に埋め込まれた (situated) 行為を採用する考えを示すものである。状況的行為というのは，特定の具体的な状況の文脈の中でとられる行為のことを指している。なぜなら，われわれの行為の状況は決して完全には予測できないし，それらは絶えずわれわれのまわりで変化し続けているからである。その結果，行為は体系立ったものであっても，決して認知科学が提起するような決定論的にプラン化されているのではない。むしろプランは，本来的にはアドホックな活動に対しては弱い影響しか与えない。前もって記述されるときには，特定の状況での与件不可能

な偶発的出来事に対応せざるをえない限り，プランは必然的に漠然としたものになる。しかしながら，それが内省される際には，行為者のなかで再構成され，プランに従ったものとみなしうる行為の側面の方が優先され，状況に埋め込まれた行為を特徴づける細部の特殊性が取り除かれることとなる (Bratman, 1987)。そのため行為は，さもプラン化されたものとして構築されることとなる。

　このことは，行為は本質的に当該行為者が組み込まれている社会的ネットワークによって決定され，また社会的ネットワークによって構築されているものと大いに関係しているということを示しているのではなかろうか。すなわち，行為は，当該行為の「実践」にもとづくことにより認識可能となる。「文脈一般なる概念が存在しないだけではなく，例外なくすべての文脈の使用はそれ自体本質的にインデックス的でもあるとしたならば，文脈的行為の分析可能性をもたらすのはまさにこれらの実践」(Garfinkel, 1967: 10) であるといえる。インデックス性とは，代名詞や指示語のようなその言葉が用いられている場所に埋め戻さなければ，その示す対象の意味がわからないという意味であり，Garfinkel & Sacks (1987) はこのことを行為に拡張して論じている。すなわち，行為は，当該行為の「実践」にもとづくことにより認識可能となる。

　この視点から考察すると，組織論の多くは，「実践」の観点からあらためて研究する必要が生じてくることとなる。しかしながら，既存の組織論は，有効性や目的に議論が終始しており，いかにある理論が構築されたのか，またなぜそのような組織形態を構築したのかという議論は隅に追いやられている[4]。そのため今日，実践ベース・アプローチ (practice-based approach) に示されているように，「実践」における理論の有効性が求められている (Lave & Wenger, 1991)。

　実践ベース・アプローチとは，人間および組織の行為を社会的あるいは文化的な状況に埋め込まれたものとしてとらえるという方法である。ある行為者は，ある状況下において問題を構築するのであり，いわば行為者がその一部として埋め込まれている関係の形態によって決定されているととらえるのである (Callon & Law, 1997)。そのため，実践は状況に依存していると考えられ，状況に制約されていると理解できる。このような研究は，単に行為の一貫性を理解

するための別の解釈や要因を探求することとは異なり,行為の意味や理解はローカルな相互作用ないし文脈の中で,実践的に組織化されていくという前提に立っている(西阪,1997)。

そのため,実践ベース・アプローチの論者らは状況的社会実践(situated social practice)という立場を表明している(Lave, 1991)。この状況的社会実践では,組織行為として実現される「活動」と,そのことにより経験される「状況」の相互作用的関係に歴史軸を導入することにより,主体の認知過程の変化を「活動」と「状況」との関係の変化と関連づけてとらえようとしている。すなわち,認知(主体の内部変化)もコミュニケーション(環境を含んだ主体の相互構築)も,社会的歴史的状況に組み込まれているととらえ,主体の外部だけ,主体の内部だけで議論が完結すると考える視点に対して批判を投げかけている。

このことから明らかになることは,ある行為者は,ある状況下において知識を得ていったり,問題を構築したりするのであり,いわば行為者がその一部として埋め込まれている関係の形態によってある特定の行為を決定していくということを示している(Callon & Law, 1997)。また,個人,組織そして知識は特定の関係性の中で構築されるということである。そのため,これらは状況に依存していると考えられ,「実践」の視点なくしてはこれらの現象について議論することは困難であると理解できるがゆえに,実践ベース・アプローチが組織論において有効となりえるのである。

次節では,このような「実践」はいかにして記述可能なのかという研究者の記述スタイルの観点から考察していくこととする。

Ⅲ. 実践を記述するということ

実践ベース・アプローチで組織論を展開すると,類型化の議論は意味をもたなくなる。なぜなら,先にも述べたように組織はそれぞれおかれている状況により社会的フレームワークが異なり,一般化された議論で語ることが困難となるためである。そのため,既存の議論とは異なった視点が必要となる。実際に,

組織活動は一連の通時的プロセスにおかれており，また，組織に参加する行為者は組織の変化の過程で変更されていくため，その組織がおかれている社会的フレームワークから分離して議論することは困難である。

このような実践ベース・アプローチは，同時に次のような研究者の記述の変化を導くこととなる。すなわち，ある特定の対象（企業や業界）に対し，Geertz (1973) が主張する「厚い記述 (thick description)」を行うことにより，行為の背後に存在する多様な意味世界をとらえることが重要となろう。そのため，多数の企業の共通項を分析によって導き出すのではなく，主として個別の事例研究を行うことが必要となる。

しかしながら，このことは近年の研究では等閑視されてきた課題を生じさせることともなろう。それは，いかに客観性を担保しつつ研究を行うかという点である。しかしながら Burr (1995) が述べているように，研究における客観性はそもそも存在せず，研究者が記述することそれ自体，その研究者が位置する視点（perspective）から対象をみているに過ぎないのである。

たとえばエスノメソドロジーでは，構築的分析 (constructive analysis) という概念でこのことについて示している。構築的分析とは，人々の生の日常生活は，人々が実際に行為し，それを実際に人々が見て話す，すなわち説明している中で作られるものなのである。したがって，人々の説明の合理的特性は，「その説明の社会的に組織化された場に，相互反映的に結び付けられている」(Garfinkel, 1967: 4)。すなわち，文脈に依存しているのである。しかしながら，このことは客観的説明を目指す研究者にとっては理論化する際に問題となる。そのため，従来の研究は，たとえば人々の会話をデータ化することにより客観的表現に置き換えることを行っていた。研究者が論文執筆などによって文書化するというのは，まさに客観的表現のことをさしている。Garfinkel & Sacks (1970) は，この問題を構築的分析と名づけ，これまでの社会学理論の大部分は何らかの客観的・普遍的理論を探求してきたと論じている。[5]

では，反対に研究者は行為者の世界に入り込めばよいのであろうか。つまり，実践アプローチは，グランデッドセオリーのように行為者世界に入り込み，行

為者と同じ視点で記述するという主観主義的立場に立脚するものではないかとの疑問も呈されている。主観主義は，個々人の主観性から出発して，社会の問題を考える立場であると理解されている。そして，社会構造や社会制度を客観的に，あるいは機械論的に把握するのではなく，個々人の社会構造や社会制度に対する意味づけを問題にし，さらに個々の主観の反省作用や意味付与作用から社会的行為や社会関係のあり方を把握する立場である。だが，観察者は当事者と同じ視点から物事を観察することはできないし，もし観察者が当事者と同じ視点に立つならば，そのとき観察者は当事者となるのである。

このようなことから，「実践」の観点で研究するということは，できうる限り対象者の近くで調査をしつつ，一方でアカデミックな世界においては研究者に共有された表現で示さなければならないという2つを求められているといえよう。たとえばBourdieu (1980) は，「客観主義に内在する論理主義（論理実証主義）は，学問上の構築物が実践の論理の諸原理を把握する際に必ず原理的に性質の変化を蒙らせる，ということを見落とすきらいがある」(Bourdieu, 1980: 訳148) という。すなわち，客観主義者や論理主義者は第三者的な観点をとることを前提とし，自らの視点を理論的に内在させないことにより現象を記述していると理解できる。しかし，Bourdieuによると，客観主義者や論理主義者が「見落とすきらいがある」のは，学問上の構築物が実践とは原理的に性質が異なるにもかかわらず，そのことに彼らは気づきにくいということなのである。そのため，「実践」に注意を払い研究をすすめる際に，研究者は自身が生じさせる性質の変化に注意を払うことが必要なのである。

これらのことから導き出せることは，研究者と当事者は決して同じ視点から物事を理解することはできないこと，そして研究者はつねに理論付加的な存在であるということである。研究者は行為者の理解プロセスを経たうえで（すなわち，バイアスがかかった状態）の結果を分析対象としていることとなる。だが一方で，Bateson (1951) が示したような社会記述は対象者の行為から省察するしかないとも論じられている。このことから，研究者は行為者の行為を注意深く観察し，その背後に存在する意図を読み解こうとする努力を続けるとともに，

常に観察者自身が理論汚染されていることに注意深く配慮することが重要となる。先述した「厚い記述」も行為者を観察する有効な手法ではあるが，つねにこのことを内省しつつ記述することが必要となるであろう。

　このように「実践」を注意深く読み解き，そして記述するということは，一方で理論の有効性を減じてしまうのではないかという危惧を生じさせることにもなる。すなわち，実践ベースの理論が組織論，とりわけ経営活動において「役にたつ」とは一体どのようなことなのかという問題である。

　そのため，経営学という学問がいだいている理論的有効性とは何かを再度検討し，研究が拠って立つ位置を示す必要があろう。近年の研究においてこうした問題がそれほど生じてこなかった理由として，企業においてヒト・モノ・カネ・情報をいかに有効的に用いるかという社会からの要請も存在していたためであろう。しかしながら，近年の企業環境の複雑化・多様化によって経営学という学問が企業において「基礎的」なものとして等閑視することができなくなっている今日，理論的視点から経営活動を振り返ることも必要ではなかろうか。

　すなわち，組織論における「実践」の視点からの研究は，既存研究の限界に対して「実践」にもとづいた行為の視点を提供するが，同時にこのことは「実践」をいかに記述するかという新たなる課題も提示することとなった。しかしながらこの新たなる課題は，理論展開において必ずしも負の側面を生じさせるのではなく，組織論における異なった地平を切り拓くものとなろう。なぜなら，研究者が行為者とは切り離され，そして行為者の行為を一段高い位置から客観的に記述するという「大きな物語」の提供者として存在するのではなく，「実践」を通じ，研究者と行為者との相互行為によって理論的・実践的言説を生じさせることが可能となるからである。

注
1) 本章は，髙木（2007）「組織研究における『実践』の意義」で発表した内容を，学部学生学習用テキストに沿う内容・形式に変更している。
2) もちろん，組織を変数システムではなく行為に注目して論じた研究も存在する。た

とえば，その代表的著作として，Weick（1979），Silverman（1970），Whittington（1992），Pennings（1992）らがある。
3）このような問題点に対し，近年，戦略論においてはミクロ・パースペクティブという観点から研究が進められている。ミクロ・パースペクティブは戦略形成に関して，戦略家が実際にどのような活動（社会的実践）を行っているのにかまで戦略論の焦点を拡げて研究を行っている（Clegg et al., 2004; Ezzamel & Willmott, 2004; 星，2006）。
4）すなわち，主体が保有する内部と外部を論理的に切り離して考えることができる立場（cognition plus view）で研究が進展していったといえよう（Lave, 1991）。
5）しかしながら，エスノメソドロジーは当事者と観察者が同じ視点をもつことを目指したものではない。そもそもエスノメソドロジーは，社会学者がいかに現実世界を観察し，考察するための概念を構成し，理論化するという問題から出発している（山崎，2004）。

さらに学習すべき事柄
・本章の議論のベースとなっている社会構築主義について理解すると，組織論におけるコンテクストや実践の重要性についてより理解できます。

読んでもらいたい文献
ヴィヴィアン・バー著，田中一彦訳『社会構築主義への招待』川島書店，1997年
　　近代主義（モダニズム）や伝統的科学，実証主義などにおける自明の知識を疑問視し，対話を中心とした人々の関係性によって，世界や人々のリアリティが構築される。これが社会構築主義（社会構成主義ともいう）の考え方であり，本書はその入門書である。
ゲリー・ジョンソン，レイフ・メリン，リチャード・ウィッティントン著，高橋正泰監訳『実践としての戦略』文眞堂，2012年
　　近年，経営戦略論において大きな注目を集めているのが「実践としての戦略（Strategy as Practice: SAP）」の研究である。この SAP 研究では，組織生活における日々の活動に注目し，組織現象の1つとして，経営戦略を捉えている。

引用・参考文献
青木克生（2005）「組織学習における実践ベース・アプローチ」岩内亮一・高橋正泰・村田潔・青木克生『ポストモダン組織論』同文舘
Bateson, G.W. (1951) Information and codification. Ruesch, J. & Bateson, G. (eds.), *Communication, the social matrix of society*. New York: Norton: 168-211.（佐藤

悦子．ロバート ボスバーグ訳『精神のコミュニケーション』新思索社，1995 年）
Bourdieu, P. (1980) *Le sens Pratique*. Paris Minuit. (今村仁司他訳『実践感覚 1・2』みすず書房，2001 年)
Bratman, M. E. (1987) *Intention, Plans, and Practical Reason*. Cambridge : Harvard University Press. (門脇俊介・高橋久一郎訳『意図と行為—合理性，計画，実践的推論—』産業図書，1994 年)
Burr, V. (1995) *An Introduction to Social Constructionism*. London & New York : Routledge. (田中一彦訳『社会構築主義への招待』川島書店，1997 年)
Callon, M., & Law, J. (1997) "After the Individual in Society: Lessons on Collectivity from Science, Technology and Society," *Canadian Journal of Sociology*, 22(2).
Clegg, S., Carter, C., & Kornberger, M. (2004) "Get Up, I Feel Like Being a Strategy Machine," *European Management Review*, 1: 21-28.
Ezzamel, M., & Willmott, H. (2004) "Rethinking Strategy: Contemporary Perspectives & Debates," *European Management Review*, 1: 43-48.
Garfinkel, H. (1967) *Studies in Ethnomethodology*. NJ: Polity.
Garfinkel, H., & Sacks, H. (1970) On formal Structures of Practical Actions. McKinney, J., & Tiryakian, E. (eds.), *Theoretical Sociology*. Appletion Century Crofts.
Geertz, C. (1973) *The Interpretation of Cultures*. NY: Basic Books. (吉田禎吾他訳『文化の解釈学 I・II』岩波書店，1987 年)
Gergen, K. J. (1994) *Realities and Relationships Soundings in Social Construction*. Cambridge : Harvard University Press. (永田素彦・深尾誠訳『社会構成主義の理論と実践—関係性が現実をつくる—』ナカニシヤ出版，2004 年)
Gherardi, S., & Nicolini, D. (2001) The Sociological Foundations of Organizational Learning. Dierkes, M., Antal, M. A., Child, J., & Nonaka, I. (eds.), *Handbook of Organizational Learning and Knowledge*. Oxford University Press: 35-60.
Lave, J. (1991) Situated Learning in Communities of Practice. Resnick, L. B., Levine, J. M., & Teasley, S. D. (eds.), *Perspectives on Socially Shared Cognition*. APA: 63-82.
Lave, J., & Wenger, E. (1991) *Situated Learning: Legitimate Peripheral Participation*. Cambridge University Press. (佐伯胖訳『状況に埋め込まれた学習—正統的周辺参加—』産業図書，1993 年)
星和樹 (2006)「戦略論におけるミクロ・パースペクティブ」『経営戦略学会第 6 回大会報告要旨』経営戦略学会
Nicolini, D., Gherardi, S., & Yanow, D. (2003) Introduction: Toward a Practice-

Based View of Knowing and Learning Organizations. Nicolini, D., Gherardi, S. & Yanow, D. (eds.), *Knowing in Organizations: A Practice-Based Approach.* M. E. Sharpe.

西本直人（1999）「社会的関係と行為の組織論—中條秀治のWeick理論批判に関する考察—」『法政大学大学院紀要』43：189-204.

西阪仰（1997）『相互行為分析という視点—文化と心の社会学的記述—』金子書房

沼上幹（2000）『行為の経営学』白桃書房

Orr, J. E. (1996) *Talking about Machines.* NY: Ilr Press.

Pennings, J. M. (1975) "The Relevance of Structural-Contingency Model for Organizational Effectiveness," *Administrative Science Quarterly*, 20：393-410.

Pennings, J. M. (1992) Structural Contingency Theory: A Reappraisal. Staw, B. M., & Cummings, L. L. (eds.), *Research in Organizational Behavior*, 14: 267-309.

Silverman, D. (1970) *The Theory of Organisations.* New York: Basic Book.

Suchman, L. (1987) *Plans and Situated Actions: The Problem of Human Machine Communication.* NY: Cambridge University Press.（佐伯胖監訳『プランと状況的行為—人間 - 機械コミュニケーションの可能性—』産業図書，1994年）

杉万俊夫・深尾誠（1999）「実証から実践へ—ガーゲンの社会心理学—」小森康永・野村直樹・野口裕二編『ナラティヴ・セラピーの世界』日本評論社

髙木俊雄（2007）「組織研究における『実践』の意義」『経営論集』57(3)：187-196.

Weick, K. (1979) *Social Psychology of Organizing.* (2nd ed.), Mcgraw-Hill College.（遠田雄志訳『組織化の社会心理学（第2版）』文眞堂，1997年）

Wenger, E. (1998) *Communities of Practice.* New York: Cambridge University Press.

Whittington, R. (1992) "Putting Giddens into Action: Social Systems and Managerial Agency," *Journal of Management Studies*, 29(6)：693-712.

Whittington, R. (1996) "Strategy as Practice," *Long Range Planning*, 29(5): 731-735.

Whittington, R. (2003) "The Work of Strategizing and Organizing: For a Practice Perspective," *Strategic Organization*, 1 (1): 117-125.

Whittington, R., & Melin, L. (2003) "The Challenge of Organizing/Strategizing" Pettigrew, Andrew M., Whittington, Richard, Melin, Leif, Sanchez-Runde, Carlos, Van den Bosch, Frans A. J., Ruigrok, Winfried and Numagami, Tsuyoshi (eds.), *Innovative Forms of Organizing.* London: Sage.

山崎敬一（2004）『社会理論としてのエスノメソドロジー』ハーベスト社

第9章　組織文化

> 　企業には「文化」がある。たとえば，トヨタにはトヨタの文化があり，ソニーにはソニーの文化がある。文化があるのは企業だけではない。スポーツ・チームも同様に，読売ジャイアンツにはジャイアンツの文化，阪神タイガースにはタイガースの文化がある。それらは平たくいえば，チームカラーや企業の風土，体質とも言えるもので，その企業やチームの独自性を際立たせ，表現されるものである。本章では，企業を中心とした組織の文化（＝企業文化）について学んでいく。

―― キーワード：企業文化，強い文化，前提認識，機能主義，解釈主義 ――

　「文化」という概念は，文化人類学や社会学で長らく研究されてきたものである。文化人類学で最も有名な文化の定義は Tylor (1871) の文化とは，知識，信仰，芸術，道徳，法律，慣習，及びその他の社会の成員としての人間によって獲得されたあらゆる能力や習慣の複合体であるとみるものであろう。この意味での文化が意味するところは，特定の社会や集団の生活様式の全体像を指し示すものである。

　こうした「文化」という概念が経営学に導入され，企業文化という言葉が使われるようになったのは，1980年代に入ってからである。1980年にアメリカの *Business Week* 誌で「コーポレート・カルチャー（企業文化）」の特集が組まれたのをきっかけに，企業文化をテーマにした書籍が次々と発売され，なかでも Peters & Waterman (1982) の『エクセレント・カンパニー』と Deal & Kennedy (1982) の『シンボリック・マネジャー』の2冊は世界的なベストセラーとなり，1980年代前半はこの企業文化／組織文化がひとつのムーブメントとして取り上げられていた。

　文化概念がこのように幅広い歓迎を受けた背景には幾つかの理由がある。まず，当時のアメリカにおいて，戦略を中心に据えたマネジメントへの見直しが迫られていたことがあげられる。それまでの経営学，そしてビジネスの世界で

は，戦略経営や分析的戦略論といったものに関心が注がれていた。すなわち，環境のなかの機会や脅威を徹底的に分析し，それに適合した資源展開を行う手法を開発することを主な目的としていたのである。それは経験曲線やPPM（プロダクト・ポートフォリオ・マネジメント）などの実践的な戦略手法を生み出したものの，その数字偏重の戦略手法は，他方で「分析麻痺症候群」（Peters & Waterman, 1982）と呼ばれる逆機能を発生させ，組織の環境適応能力を低下させてしまった。こうした戦略経営を見直すような概念が当時，求められていたというわけである。

次に，当時のアメリカでは，日本企業の文化やマネジメント・システムに対して，非常に高い関心がもたれていたことがあげられる。1970年代終盤から80年代序盤にかけて，アメリカ市場で競争優位性を高めつつあるのは日本企業であった。経営戦略や組織構造といった組織のハードウェア的要素に関して，常に優位性を誇っていたアメリカ企業が，日本企業に対して，その地位を失いつつある状況を受けて，日米の企業間の格差を説明するための変数として，日米それぞれの企業の文化というソフトウェア的概念に注目が集まったのである。すなわち，日本企業に優位性をもたらしていたものが，日本企業の独自のマネジメント・システム（日本的経営）であり，また，そのパフォーマンスと行動の背景にあるものが「企業文化」あるいは「組織文化」と考えられていたわけである。その結果，日本文化と日本企業のマネジメント・システムの関係性に強い関心が寄せられ，Pascale & Athos (1981) の『ジャパニーズ・マネジメント—日本的経営に学ぶ—』では，日本企業の強さの秘密を日本の文化的・社会的要因に求め，また，Ouchi (1981) の『セオリーZ（ジー）—日本に学び，日本を超える—』では，日本の組織（Jタイプ）とアメリカの組織（Aタイプ）のそれぞれの文化的側面に注目し，日米双方のマネジメント方式の長所を兼ね備えたハイブリッド型のZタイプの組織が提案されたのであった。

I.「強い文化」論

　こうして，1980年代初頭に企業文化／組織文化論が興隆し，学術界のみならず，ビジネス界においても，もてはやされることになったわけであるが，その先鞭を付けたのが，先の Peters & Waterman（1982）の『エクセレント・カンパニー』(*In Search of Excellence*) である。Peters & Waterman は，優れた業績をあげている企業の共通点とは何か，また，何が優れた企業とそうでない企業を分けているのかということに注目した。そして，先端技術産業，消費財産業，一般工業製品産業，サービス業，エンジニアリング会社，資源関連企業の6つの業界において，「成功しているアメリカ企業」として過去20年に渡って，優良さ (excellence) を保持してきた企業43社（DEC，ヒューレット・パッカード，IBM，インテル，ジョンソン＆ジョンソン，P&G，3M，デルタ航空，マクドナルド，ディズニー，ウォルマート等々）を選び出し，それらの企業に共通している8つの経営的特質を「超優良企業（エクセレント・カンパニー）の条件」と呼んだ。

　その超優良企業の経営的特質とは，① 行動の重視：「やってみよ！だめなら直せ！試してみよ！」を行動指針として，実験精神が旺盛であり，フットワークが軽い，② 顧客に密着する：最良の製品のアイディアは顧客の声に常に熱心に耳を傾けて，顧客から学ぶことによってはじめて可能になる，③ 自主性と企業家精神：非常に創意に溢れ，その雰囲気は大企業というよりも実験室に近く，実践的なリスクを冒すことが奨励され，"惜しい"失敗が支援される，④ "ひと"を通じての生産性向上：現場にいる社員たちが品質，および生産性向上の源泉であり，すべての労働者を単なる労働力ではなく，アイディア源としてみなす，⑤ 価値観にもとづく実践：自社の価値体系や経営理念を確立し，言葉ではなく行為によって，それらの価値観を体現するとともに組織へ浸透させる，⑥ 基軸から離れない：経営の多角化は十分に管理できる規模で行い，それがうまくいかなければ，いつでも手を引き，基本に戻る，⑦ 単純な組織・小さな本社：より頻繁に柔軟かつ流動的に組織を組みかえることができるように，管理階層を薄く，本社管理部門を小さくしている，⑧ 厳しさと緩やかさ

の両面を同時にもつ：本社管理部門による中央集権と現場主導の自立分散を兼ね備え，企業の中核となる価値観については厳しくコントロールされるが，業務では現場の自主性が強調されている。これらの8つの共通の特質が，独自の思考様式・行動様式としての企業文化，特に「強い文化」を形成し，組織メンバーのものの見方や行動に一定のパターンをとらせることになる。それは，企業活動のあらゆる局面や経営戦略の策定に大きな影響を及ぼすこととなり，エクセレント・カンパニーとして優れた業績をもたらしていたのである。

　Deal & Kennedy（1982）も，こうした「強い文化」が成功しているアメリカ企業の持続的な推進力になっていると『シンボリック・マネジャー』（*Corporate Cultures*）のなかで述べている。組織の文化が非常に強い場合，組織全体に影響を及ぼし，事業の成功だけではなく，それは社員の服装から彼らの好むスポーツ・チームに至るまで支配することになる。Deal & Kennedyによれば，企業文化は，文化形成に大きな影響を及ぼすことになる「企業環境」，企業の性格を決定し，文化の中核となる「理念」，文化の主役であり，理念の象徴的存在で文化の伝達者でもある「英雄」，価値理念の表現機会としての「儀礼・儀式」，そして，伝達の媒介としての「文化のネットワーク」の5つの要素によって構成される。

　まず，「企業環境」とは，広義の社会的・経済的環境のことであり，それらは文化形成に影響を与えるだけでなく，企業がその環境で成功するために必要なものを文化に反映させることになる。

　次に，「理念」とは組織の基本的な考えや信念のことである。そこで述べられている価値は，社員たちに「成功」の意味するところを具体的に示し（「こうすれば，きみも成功者になれる」），組織内での成功の基準を設定することになる。「強い文化」の会社では，最下層の作業員から上級経営層まで，この価値体系を共有している。たとえば，IBMの「IBMはサービスを意味する」やGEの「進歩こそは我が社の最重要製品」，デュポンの「科学を通して，よりよい生活のためのよりよい製品を」といったものが，この「理念」である。

　「英雄」とは，その文化の理念の体現者であって，目に見える形で理念を実

践してみせ，従業員たちの手本である役割モデルとなる。従業員たちは，英雄を通して「ここで成功するためには，こうしなければならない」ということを知るのである。また，英雄たちが成し遂げてきた数々の物語は「神話」として，企業の中で語り継がれていくことになる。GEであれば，トーマス・エジソンやジャック・ウェルチの英雄譚が，IBMであれば，トーマス・ワトソンの英雄譚が，そして，Appleであれば，スティーヴ・ジョブズの英雄譚が語り継がれ，それは組織の誰もが知るところとなっている。

「儀礼と儀式」は，組織内の人間の行動原理を示し，社内の日常生活のなかで体系的に，あるいは行事として執り行われる慣例のことである。なかでも，社員にどのような行動様式が期待されているのかを示す習慣的行為にあたるのが「儀礼」である。社内の公の場での礼儀作法や言葉遣い，会議の進め方，上司から部下への指図の仕方と部下から上司への報告の仕方，あるいは，業務作業における社内での決め事など，これらは組織ごとに独自のやり方で行われるものであり，その組織の儀礼なのである。他方で，会社の標榜する理念や理想が目に見える形で力強く表現され，念入りに演出されたセレモニーやイベントのことを「儀式」という。具体的には，会社の入社式や朝礼，好成績をあげた者を称える表彰式，社内でのクリスマス・パーティ，そして，年末年始の仕事納め式と仕事始め式などが儀式にあたり，経営者や管理者がその会社で重要としている価値理念を厳かに語るのである。

最後に「文化のネットワーク」とは，組織における非公式な人間関係と役割のことであり，企業の理念と英雄の神話の伝達機構（キャリヤー）となる。Deal & Kennedyによれば，このネットワークには6つの役割が存在する。「語り役」は，会社にまつわるさまざまな物語を新入社員に伝えることによって，会社の慣例や価値理念を人々の記憶に保存する。「聖職者」は，社員が挫折し，落胆しているときに力になり，多くは解決策を用意している人のことである。彼は長年勤務していて，会社の歴史の生き字引でもある。「耳打ち役」は，社内で公式的な地位は与えられずとも，玉座の背後にいる実力者のことで，トップや職場のマネジャーに対して，助言をすることが許されている人物である。「う

わさ屋」は，真偽はともかく，組織内で起こっているさまざまな出来事を知っており，大抵の人はこのうわさ屋の言葉に用心するものの，彼の語るうわさ話は面白いことが多いので，喜んで聞く。「スパイ」は，有能な経営幹部に対して，組織内の実状を知らせる忠実な人間である。ときに，彼は組織内の対立派閥に関する詳細な情報を提供することもある。優秀なスパイは，人に好かれ，さまざまな人々と接触をすることができる。「秘密結社」は，社内における自分たちの地位を高めるために，密かに策動するグループである。こうしたグループは似たような価値観や考え方をもっていたり，同じような経験をしてきたりすることで育まれることが多く，内部での仲間に対する信頼と忠誠心が高いのが特徴である。

　Deal & Kennedy はまた「シンボリック・マネジャー」(象徴的管理者) という概念を打ち出している。組織では本来，目的を合理的に達成させることを主とした合理的管理者が重視されてきたが，彼らの言うシンボリック・マネジャーとは，企業文化を率先して維持・形成・変革する管理者のことである。そのために，シンボリック・マネジャーは，自らの役割を日常業務というドラマにおける演技者と考え，場合によっては，そのドラマの脚本家にも，監督にも，俳優にもなれる人物である。彼は，企業文化というドラマや舞台で脚光を浴び，自らの信念にもとづいて行動する勇敢さをもっている。そのうえで，シンボリック・マネジャーは，企業の価値理念についてのコミュニケーションと共有化を図るために，文化のネットワークへ働きかけ，そして，組織での日常行動を通じて，社員たちへ価値を伝播し，それらを表現する機会である儀礼と儀式を重視する。言い換えるならば，強い文化の醸成の鍵を握っているのが，この象徴的管理者としてのシンボリック・マネジャーなのである。

II．組織文化の次元

　1980年代初頭に登場し，一躍，注目を浴びることになった「組織文化」という概念であるが，その定義は多様であり，たとえば，Peters & Waterman

は「共通の価値観」と定義をし,また,Deal & Kennedy はマッキンゼー社の中興の祖として知られるマーヴィン・バウワーの言葉を借りて,文化を「ここでの仕事の進め方」としている。このように,この概念が経営学に登場した当時,「組織文化」はさまざまに定義されていたが,「組織メンバーに共有された価値や信念」として使われることが多かった。この価値や信念とは,個々の組織メンバーが個別にもっているものではなく,組織において共有され,誰からも信奉されるべき価値である。多くの場合,それは経営者の理念やビジョン,あるいは組織のリーダーの価値を色濃く反映したものであり,組織において何をどのようになすべきなのか,どのような行動が求められているのかということを組織メンバーに示すものである。

これに対し,組織文化を3つのレベルで考えたのが Schein である(表9-1)。まず,第1のレベルは「人工の産物(artifacts)」である。これは,直接,観察したり,経験したりすることのできるもので,物理的な建造物(本社ビルや工場,店舗など),企業が生産している製品や企業がもっているテクノロジー,企業のロゴマーク,その企業でよく使われている独自の言葉や言い回し,オフィスのレイアウト,会社の制服,挨拶の仕方や感情表現の仕方などの行動,組織のな

図表9-1 文化の3つのレベル

1. 人工の産物(artifacts) 　・可視的で,触ることができる構造とプロセス 　・観察された行動 　— 分析,解釈することは難しい 2. 信奉された信条と価値観(espoused belief and values) 　・理想像,ゴール,価値観,願望 　・イデオロギー(理念) 　・合理化(rationalization) 　— 行動やその他の人工の産物と合致することも,しないこともある 3. 基本的な深いところに保たれている前提認識(assumptions) 　・意識されずに当然のものとして抱かれている信条や価値観 　— 行動,認知,思考,感情を律する

出所)Schein(2010:訳28)

かで語り継がれた神話や物語，その企業の信条や価値観が書かれた社員手帳（これは手帳そのものを指すのであって，信条や価値観の内容のことではない），仕事の作業手順が書かれたマニュアル，組織のなかで日常的に行われている慣習，そして，特別なときに執り行われる種々のイベントといったものがこの「人工の産物」に含まれる。組織のメンバーであるならば，これらの「人工の産物」に込められた意味を理解して解釈することができるが，組織の外部の人たちにすれば，それを理解することは難しい。たとえば，商品を販売している店舗のフロアで，お手洗いに行くことを「1番に行ってきます」，お昼の休憩に入ることを「2番に行ってきます」などと表現するとき，他の従業員たちはこの番号を聞くだけで，その人が何をしようとしているかがわかるが，そこにたまたま居合わせたお客さんには，一体何のことやらわからないだろう。他にも，2017年に品質検査のデータ改ざんをしていて，大きな社会問題になった神戸製鋼所の現場では「メイキング」という隠語が使われていた。この「メイキング」とは，嘘を付くこと，つまり，品質検査の数値データをごまかすことであり，現場では40年以上も前から使われていたという。また，この話は，40年以上前から，現場では「メイキング」が行われていたことを物語るものであるが，その「メイキングする」という従業員の行動も，その現場では当たり前になっていて，この企業の組織文化における「人工の産物」となっていたのである。このように，誰でも観察することはできるが，その組織のメンバーでなければ，それが何を意味しているのかわからないものが「人工の産物」である。

　次の第2のレベルは「信奉された信条と価値観（espoused beliefs and values）」である。これは，先ほど説明した「組織メンバーに共有された価値や信念」のことであり，より具体的に言えば，その会社の経営理念や経営哲学，ビジョン，さらには，経営戦略といったものも含まれる。その会社の従業員として，いかにあるべきか，何をすべきか，あるいは何をすべきではないかについて，明示されたものであり，その組織のメンバーであるならば，誰もがそれを知っていて，従わなければならないものである。古い言い方をすれば，その会社の「社是」や「社訓」であり，職場によっては額縁に入れて掲げられていることもあ

る。その職場では，朝，すべての従業員たちでその社是・社訓を読み上げてから仕事を始めたり，新入社員研修で何度も斉唱して覚えさせられたりすることもある。

たとえば，トヨタ自動車にはこの信奉された価値としての「豊田綱領」というものがある。

「一，上下一致，至誠業務に服し，産業報国の実を挙ぐべし。一，研究と創造に心を致し，常に時流に先んずべし。一，華美を戒め，質実剛健たるべし。一，温情友愛の精神を発揮し，家庭的美風を作興すべし。一，神仏を尊崇し，報恩感謝の生活を為すべし。」

この豊田綱領は，トヨタの創業者である豊田佐吉の精神や事業経営における考え方，そして，個人的な生活信条を成文化したもので，1935年に発表された。以来，トヨタグループ各社に受け継がれ，全従業員の行動指針としての役割を果たしているという。

また，新入社員の自殺を招いたとして，社会からの大きな批判を呼んだ，電通の「鬼十則」も組織文化における「信奉された価値」である。

「1. 仕事は自ら創るべきで，与えられるべきでない。2. 仕事とは，先手々と働き掛けていくことで，受け身でやるものではない。3. 大きな仕事と取り組め，小さな仕事はおのれを小さくする。4. むずかしい仕事を狙え，そしてこれを成し遂げるところに進歩がある。5. 取り組んだら放すな，殺されても放すな，目的完遂までは……。6. 周囲を引きずり回せ，引きずるのと引きずられるのとでは，永い間に天地のひらきができる。7. 計画を持て，長期の計画を持っていれば，忍耐と工夫と，そして正しい努力と希望が生まれる。8. 自信を持て，自信がないから君の仕事には，迫力も粘りも，そして厚みすらない。9. 頭は常に全回転，八方に気を配って，一分の隙もあってはならぬ，サービスとはそのようなものだ。10. 摩擦を怖れるな，摩擦は進歩の母，積極の肥料だ，でないと君は卑屈未練になる。」

この鬼十則は電通の社員たちの仕事の心構えとして社員手帳に記載され，彼らの働き方を決定づけることになった。その結果，電通は広告業界において，

トップ企業のひとつとなり，また，数多くの有名なCMを生み出した。その有名なCMのキャッチコピーに「24時間戦えますか」というものがあり，電通の社員たちはまさにそれを地で行く働き方をしていて，会社の急成長に貢献していたわけである。だが，この鬼十則で述べられている仕事への心構えは，先の新入社員の過重労働による自殺を受け，今では時代にそぐわないとされ，社員手帳から削除されることとなった。

　Scheinの組織文化モデルの第3のレベルは「基本的な深いところに保たれている前提認識（basic underlying assumptions）」である（以下，「前提認識」と略す）。Scheinは，組織に関するこの前提認識こそが組織文化の中核であると述べている。これは組織メンバーが盲目的に信じているものであり，それ故に，彼らの考え方，感じ方，見方といったものの絶対的な基盤となる。それは無意識的に当然のこととみなしてしまうもので，人々がその前提認識に対して疑問に思ったり，他の組織メンバーと議論したりすることはほとんど起こりえないものである。この前提認識は，それほどまでに人々がもっているモノの見方や考え方を規定してしまう根源的なものである。なお，Scheinによれば，この「前提認識」には4つの次元がある。

　ひとつめの次元は「現実と真実の本質に関する前提認識」である。組織にとって，何が現実か，現実をどう規定するか，また，現実をどう見極めるかということをこの前提認識は定めることになる。たとえば，マーケットにおいて，自社の2位というポジションをどう評価するかについて，よく頑張っていると評価するのか，まだまだ頑張りが足りないと評価するのか。組織メンバーの誰もが後者の評価をするのであれば，うちの会社はこんなものじゃない，もっとやれるはずだという現実が構成されていることになる。組織のメンバーたちが何かを信じ，それを明らかに現実としてとらえているのであれば，それがその組織にとっての現実となるのである。他方，真実に関する前提認識については，真実とは何かを定める根拠を何に求めるかということに大きく関係する。たとえば，科学的な方法によって確立されたものを真実と呼ぶのか，経営者やリーダーが決めたことを真実とするのか，あるいは，絶対的な真実はありえないと

考え，合理的なやり方（多数決で決める）や法的なプロセスで対応しようとするのか，真実を決定する特定の根拠を当然のこととして規定しているものが前提認識なのである。

2つめの次元は「時間の本質に関する前提認識」である。時間をどう定義づけるのか，時間はどう測定されるのか，組織にとって重要視すべき時間は何かなどを規定するのがこの前提認識である。時間は絶対に守らなければならないものなのか，あるいは少々の遅延は問題ないとされるのか。たとえば，会社で会議が開かれるときに，開始時間に全員が揃っていることが当たり前とされているのか，全員が揃わずに遅れてくる人がいるために会議が定刻にスタートできないことが日常茶飯事になっているのか，この違いを生み出しているのが時間の正確性に関する前提認識である。また，自分たちがやっている業務を評価する際，それが年ごとに行われるのか，四半期ごとなのか，毎月なのか，毎週なのか，毎日なのか，これは時間を測定する前提認識によって決定される。あるいは，事業のプランニングをする際に，現在志向なのか，短期志向なのか，それとも長期志向なのか，組織がどの時間志向性を重要視するのかをこの前提認識は規定することになるのである。

3つめの次元は「空間の本質に関する前提認識」である。まず，ここでの空間という概念には，物理的な意味と社会的な意味の両方が含まれている。たとえば，会社のオフィスでミドルマネジメントのデスクがどのように配置されているか，考えてみよう。広いオフィスに各課・各係のグループ単位で机が並べられ，パーティションで区切られている（小中学校の職員室で，学年ごとに先生たちの机がグループを作っている様子に似ている）。そのときに，部長のデスクが同じスペース内の最も見晴らしがよく，何かと便利の良い場所に置かれているのか。それとも，部長には，そのスペースとは別の特設オフィスが用意されているのか。この相違には，組織における権力の大きさ，つまりは，部長がどれだけの権力をもちえるのかということが現れている。また，近年はテレワーク（インターネットに繋がったPCさえあれば，会社でなくても，自宅であろうが，スターバックスであろうが，仕事ができ，また，それが社内で認められていること）が導入されるように

なり，物理的な職場というものが必ずしも用意される必要がなくなってきた。従来は，同じスペースで仕事をしている職場という物理的距離が人間関係において，大きな意味をもちえたが，テレワークの導入による職場は，もはや物理的意味をもたず，社会的意味のみによって構成されることになる。

　最後の4つめの次元は「人間性，人間行動，人間関係の本質に関する前提認識」である。まず，人間性に関する前提認識としては，たとえば，人間はそもそも怠け者なのか，それとも働き者なのか，このどちらでみるのかということが考えられる。この考え方は，McGregor (1960) のX理論とY理論に代表されるものであるが，組織において，人間が怠け者であるという前提認識であれば，アメとムチによる管理が行われ，また，人間が働き者であるという前提認識であれば，人はやりがいのある仕事を与えると，ますます仕事を頑張ることができる。つまり，人間性をどのようにみているかによって，管理のあり方が変わってくることになるわけである。次に，人間行動に関する前提認識とは，たとえば，組織において，積極的に行動することが当たり前とされているのか，それとも受動的なことが当たり前とされているのかということに関係する。前者が当然視されているならば，画期的な新製品を投入することで，新たな市場や顧客を開拓することが組織において期待されることになるだろう。逆に，後者が当然視されているならば，そのようなリスクを孕んだ戦略は敬遠されることとなり，市場を慎重に観察し，しっかりと顧客のニーズをつかんでから，製品の開発や投入を行うことになるだろう。最後に，人間関係に関する前提認識については，たとえば，成果は個人であげることが期待されているのか（個人主義），それとも，職場単位のグループで成果をあげることが期待されているのか（集団主義）ということに関係する。もし，前者が当然視されているならば，隣のデスクに座っている同僚は仕事のライバルということになり，後者が当然視されているならば，その同僚とは協力し，助け合って仕事をしていくことになるだろう。

Ⅲ. 組織文化の機能

組織文化には，次の4つの機能がある。外的適応の有効性を高める戦略的補完機能，内的統合を促進する制度的補完機能，不確実性・不安の削減機能，そして，組織構成員のモチベーション醸成機能である。

1. 外的適応の有効性を高める戦略的補完機能

組織が環境において存続を図り，また，環境適応を行っていく際，一般にそれは戦略という形で行われる。組織はその戦略の実現を可能とするために，さまざまな組織での要件を準備しなければならず，また，組織の戦略が遂行され，組織目的を達成するためには，そうした戦略要件に対して，組織のメンバーたちのコンセンサスが必要となる。Schein（2010：訳88）はこれらの戦略要件に関して「外的適応と生存の問題」として，次の5点の文化的コンセンサスの構築がなされなければならないとしている。

(1) 使命と戦略：コアとなる使命，主要な課題，明示された機能と隠れた機能についての理解を共有すること。
(2) ゴール：コアミッションにもとづくゴールであることへのコンセンサスを高めること。
(3) 手段／方法：ゴール達成のための手段，方法についてのコンセンサスを高めること。たとえば，組織構成，労働の分業の格差，褒賞制度，権限規定など。
(4) 測定／評価：ゴール達成に向けてのグループの取り組みを測定，評価する基準についてのコンセンサスを高めること。たとえば，情報，統制のシステムなど。
(5) 修正／訂正：ゴール達成がおぼつかないとき，適切な修正，修復の方策についてのコンセンサスを高めること。

こうした組織の文化的コンセンサスは，組織内のあらゆるレベル，またあらゆる時点において，外的環境への戦略行動に統一性をもたらし，その実効性を

高めることになる。そして，その戦略行動に対する環境からのフィードバックに対して，組織的な学習を可能とし，将来，必要とされる適応能力をも強化することになるのである。

2. 内的統合を促進する制度的補完機能

　組織はメンバーたちを統合するために，規則体系，業績評価体系，報酬体系などといった諸制度を展開していることだろう。作られたばかりの組織では，これらは組織の創始者やリーダーの価値や信念が色濃く反映されたものであるため，それは彼らの「価値の制度化」となる。こうした制度化された価値に対して，組織のメンバーたちはその背後に存在する意味を考え出すだろう。そして，彼らによって意味づけられたもの，解釈されたものは組織の公式的な諸制度を超えて，組織のメンバーたちを内的に統合していくことになる。また，組織メンバーたちが同じ時間，同じ場所で日常的にさまざまな活動を行っていくなかで，共通の統合的ツールといったものが展開されていくことになる。それは組織が内的統合を可能とするために，解決しなければならない文化的側面なのである。Schein（2010：訳110）によれば，こうした文化的問題は次の6点があげられる。

(1) 共通言語と概念分類の創出：メンバーがお互いにコミュニケートできず，理解し合えなければグループは存在できない。

(2) グループの境界線の規定とメンバーの新規参入・除外の基準の設定：グループは自身を規定できなくてはならない。メンバーシップの基準は何か。

(3) 権力，権限，地位の委譲：委譲の順位，基準，規則と，その取得，維持，返還等の明文化など，メンバーからの挑戦のマネジメントのためのコンセンサスが不可欠である。

(4) 信頼感，親密さ，仲間意識，恋愛感情などに関する基準：仲間関係，異性関係に関するルール作り，あるいは，組織課題をマネジメントするに当たって，個人的オープンさと親密性に関するマナーなど。友好感情と

恋愛感情の区分のためのコンセンサスが不可欠である。
(5) 賞罰に関する規定と適用：模範的行為と不道徳行為についてのコンセンサスが必要。
(6) 説明困難なことの説明：グループを含めた一般社会においても，説明の困難な出来事について，少なくともその出来事の意味の説明が必要である。それによってメンバーは反応を考え，無用の心配を避けることもできる。

これらの文化的問題が解決されることによって，組織内の統合は一層促進されることになる。たとえば，共通の言語や概念分類，あるいは物事への意味づけができることで，組織内のミスコミュニケーションが抑制され，コミュニケーション効率が高められることになるだろう。組織のメンバーシップは，組織のメンバーになる基準と組織から除外される人間の基準を定めることになり，権力や権限についてのコンセンサスは，権力がどのように獲得，維持されるのか，また，権力はどのようなことで失われるのか，そのための基準や規則を定めることになるのである。信頼感や仲間意識などに関する基準は，仕事を行っていくうえでのルールと大きく関係する。特に，グローバル企業において，異文化を背景に生まれ育った人たちが同じ職務にあたる場合に，それは問題になる。つまり，職務に取り組む前に，お互いをよく知り合いたいと思う人たちもいれば，関係性を気遣うことなく，仕事と割り切って，即座に職務に取り組みたいと思う人たちもいることだろう。その際に，組織文化において，この関係性に関するコンセンサスが出来上がっているのであれば，この問題で衝突することなく，お互いにうまくやっていくことが可能になるのである。賞罰に関する規定は，組織において，どのような行動が望ましく，また，どのような行動が望ましくないのかを定めることになる。組織にとって望ましくない行為は，文化的な逸脱を意味することになり，然るべき罰則が適用されることになる。最後の説明困難なことの説明について，組織では，常に予測可能な問題やトラブルが起こるわけではなく，むしろ，複雑で想定外の問題に直面する場合が少なくない。人はそうした想定外の事態に対し，気持ちを脅かされ，また，混乱

することになるかもしれない。しかしながら，組織において語り継がれてきた物語や神話，伝説といったナラティヴは，そうした想定外であったり，理解困難であったりする状況に対し，説明や対応のための手がかりを与えてくれる。つまり，過去に同じような状況に陥った際，昔の人たちは，このようにして問題を解決してきたというナラティヴによって，人々はその現象の意味や対応の仕方を学ぶことが可能になるのである。

3. 不確実性，不安の削減機能

　組織は学習を通じて，環境の不確実性を削減し，その不安を解消していき，文化を形成していく。その結果，将来の不確実性や不安に対する防衛機能を文化は果たすことになる。それは，組織の個々のメンバーたち，あるいは組織が特定の方法で現実（リアリティ）を認識することによって可能となる。つまり，世界とはどういうものなのか，何が重要なことなのか，物事はいかに機能するのか，また，いかに振る舞うことが当然のことなのか，といった前提認識をもつようになるのである。こうした前提認識を組織のメンバーたちがもつことによって，世界は彼らに社会的に構成された現実として現前することになる。世界は不確実性の少ない単純化されたものへとなり，意思決定や行動選択を容易なものとしてくれるのである。また，その世界はメンバーが組織にとって合理的な行動をとることを可能なものとして見せてくれる。それ故に，組織メンバーたちは種々の不安から解放されるのである。文化を象徴する組織の英雄，神話などの物語，儀礼や儀式などといったものも，不確実性や不安を削減し，組織が自らの世界を構築するのを促進することに機能する。なぜなら，それらは組織メンバーたちが行うべき役割モデルを提供し，その組織世界において推奨されるべき行動を示してくれるからである。

4. 組織構成員のモチベーション醸成機能

　組織はメンバーたちを動機づけるために，ボーナスや昇進といった報酬や，減給や降格といった罰則を適用する外因的な手段をとる。もちろん，これらの

外因的な動機づけの手段も有効であるが，数々のモチベーション理論は，より効果的な動機づけが，組織メンバーに内因的に働く手段によって得られることを示してきた。すなわち，組織文化は，組織メンバーにとって重要なモチベーションの源となり，組織の能率と有効性に多大な影響を及ぼすのである。その典型は，理念的インセンティブの存在にみることができよう。組織の創業者やリーダーによって作られた経営理念や組織のビジョンが，組織のメンバーにとって，価値あるもの，自分たちがやりたい，実現したいと思うものであれば，動機づけを促すことになるのである。組織文化は，組織のメンバーたちに組織への貢献者としての認識を与え，また，文化的アイデンティティを提供することによって，彼らを動機づけることになるのである。そして，文化が用意する儀礼や儀式は，メンバーたちの帰属意識を高めることになる。この帰属意識の高揚それ自体も，メンバーたちにとっては報酬のひとつとして，モチベーションを高めることになる。

　こうした組織文化の機能性への着目は，経営学，そして，経営組織論に大きなインプリケーションをもたらした。文化という概念の導入によって，組織理解が広がることになり，文化の機能性がもたらすダイナミクスが解明されることで，文化のマネジメントへの道が開かれたことになったのである。文化の機能的な仕組みが明らかになれば，その仕組みは操作可能なものとなるだろう。たとえば，組織文化と企業の業績や生産性との間に有意的な関係が見出されれば，マネジメントにとっての望ましい文化像を描かせることになるのである。つまり，戦略や制度，構造といったこれまでのツールの他に，文化という新たなマネジメント・ツールが存在することになり，成功する企業の文化モデルが模索されることになるのである。そして，ひとつの理想的な文化モデルが想定されれば，それに向けて組織と文化はともに変革されていくことになるだろう。こうした機能性に着目した機能的組織文化論によって，組織文化は新たなマネジメントの対象として扱われることになったのである。

Ⅳ. 文化の解釈主義的アプローチ

　組織にとって，あるいはリーダーにとって，組織文化のマネジメントは大きな課題となり，とりわけ，組織メンバーに価値観をどれだけ共有させることができるか，あるいは浸透させることができるかということが問われることとなった。しかしながら，こうした価値観を強力に浸透させるマネジメントのあり方（それは「強い文化」を作り出す）は，ある組織目的に対して，組織メンバーを一体化させ，彼らに強いモチベーションをもたらすことはできるが，Kunda (1992) の有名な組織エスノグラフィーで描かれたように，組織メンバーたちが燃え尽き症候群に陥ったり，あるいはうつ病を引き起こしたりすることもありうる。組織文化を操作するということは，人々が当たり前にもっている根底的な考え方やものの見方を操ることでもあり，それは「洗脳」することにもつながる。日本でも「365日24時間，死ぬまで働け」，「朝起きてから寝るまで，起きている間が労働時間だ」などと書かれた，会社の会長の言葉を集めた『理念集』を社員に常に持ち歩かせ，また，これらの言葉が暗記できているか，確認のための筆記テストを行っている企業があった。この企業では，その言葉通り，過重労働をすることが当たり前という文化が作られ，ある女性従業員はこの過重労働のなかで「からだが痛いです。からだが辛いです。気持ちが沈みます。早く動けません。どうか助けてください。誰か助けてください。」と手帳に記し，投身自殺を図った。死ぬ前に，なぜ会社を辞めないのかと思うかもしれないが，文化マネジメントによる洗脳とはこういうことなのである。

　こうした「強い文化」や文化の機能性への偏重を批判し，組織メンバーたちの生々しい組織生活に着目する組織文化研究がある。この研究は，解釈主義的（解釈的）組織文化研究と呼ばれている。解釈主義的研究では，組織は，必ずしも目的合理性や機能性だけに支配されるものではなく，組織に所属する人々にとっての社会的生活の場であると考える。そのために，機能的であろうとなかろうと，組織で起こる多様な現象こそが，その組織の文化であり，それは，創業者やリーダーによって作り出されたものではなく，組織メンバーたちが常に

生産／再生産していくものとみる。そもそも、社会学や人類学では、文化という概念は、特定の地域、あるいはコミュニティのさまざまな生活様式を説明するために用いられてきた。他ならぬ、組織もこうしたコミュニティのひとつであって、独自のさまざまな人工の産物、慣習、儀礼、儀式、セレモニー、物語、神話、武勇伝、民話、言語、言説等々をもち、組織生活を彩っている。組織は、それ自体が個別の社会・文化的構造をもったものであって、パターン化された生活様式を有しているのである。

解釈主義的に文化へアプローチする場合、文化は意味の体系として扱われる。これを Geertz は次のように表す。「人間は自分自身が張り巡らした意味の網にかかっている動物であり、私は文化をこの網としてとらえる。従って、文化の研究はどうしても法則を探求する実験科学のひとつにはならないのであって、それは意味を探求する解釈学的な学問に入る」(1973：訳6)。これが意味するところは次のようなことである、社会のなかで営まれる生活について、それがどのようなものか人々は多少なりとも現実的な知識をもっている。その知識とは彼らの関心を満たすのに充分な内容と確実さをもつものであり、その知識は文化として構造化されている意味を源泉としている。この文脈において、文化は意味世界として存在するのである。そして、日常世界の現実として経験される世界は社会的に構成された現実でもあるのだ。こうして、解釈主義的なアプローチでは、意味世界としての文化に着目し、組織のさまざまなシンボル（意味がシンボライズされたもの）を手がかりに、文化がどのように構成されているのかを明らかにしていくのである。

さらに学習すべき事柄
- 自分が所属している組織（学校、部活、ゼミ、サークル）を Schein の文化の3つのレベルで、それぞれ分析してみよう。

読んでもらいたい文献
Kunda, G.（1992）*Engineering Culture: Control and Commitment in a High-Tech Corporation*. Temple University.（金井壽宏・樫村志保訳『洗脳するマネジメント―企業文化を操作せよ―』日経BP社、2005年）

強い企業文化を作り出すことは，企業文化による強力なマネジメントを実行することであり，それは人々を洗脳することでもある。優秀な技術者たちが会社のためにワーカホリック（仕事中毒）になり，燃え尽きていく。かつて，ハイテク企業として名を馳せた DEC のそうした生々しい様子が本書では描かれている。読み物（民族誌）としても面白い。

引用・参考文献

Deal, T.E., & Kennedy, A.A.（1982）*Corporate Culture*. Addison-Wesley.（城山三郎訳『シンボリック・マネジャー』新潮社，1983 年）

Geertz, C.（1973）*The Interpretation of Cultures*. Basic Book, Inc.（吉田禎吾・柳川啓一・中牧弘允・板橋作美訳『文化の解釈学』岩波書店，1987 年）

Kunda, G.（1992）*Engineering Culture: Control and Commitment in a High-Tech Corporation*. Temple University.（金井壽宏・樫村志保訳『洗脳するマネジメント―企業文化を操作せよ―』日経 BP 社，2005 年）

McGregor, D.（1960）The Human Side of Enterprise. McGraw-Hill Inc.（高橋達男訳『企業の人間的側面』産業能率短期大学出版部，1967 年）

Ouchi, W.G.（1981）*Theory Z*. Addison-Wesley.（徳山二郎訳『セオリー Z』CBS ソニー出版，1981 年）

Pascale, R.T., & Athos, A.G.（1981）*The Art of Japanese Management*. Simon & Schuster.（深田祐介訳『ジャパニーズ・マネジメント』講談社，1981 年）

Peters, T.J., & Waterman, R.H.（1982）*In Search of Excellence*. Harper & Row.（大前研一訳『エクセレント・カンパニー』講談社，1983 年）

Schein, E.H.（1985）*Organizational Culture and Leadership*. Jossey-Bass.（清水紀彦・浜田幸雄訳『組織文化とリーダーシップ』ダイヤモンド社，1989 年）

Schein, E.H.（2010）*Organizational Culture and Leadership*. (4th ed.). Jossey-Bass.（梅津祐良・横山哲夫訳『組織文化とリーダーシップ』白桃書房，2012 年）

Tylor, E.B.（1871）*Origins of Culture*. J. Murray.（比屋根安定訳『原始文化』誠信書房，1962 年）

第10章　組織プロセス

　本章の目的は，組織の「プロセス」について議論することにある。議論にあたり，組織のプロセスならびにプロセスとしての組織という2つの観点を示す。まず前者については，コンティンジェンシーセオリーなどを吟味し，静態的な環境適応の議論への有用性を指摘する。しかし，環境変化が目まぐるしい今日の組織理解においては，組織の動態性や常に変化し続ける視点が重要であり，その意味で後者の観点がさらに有用であることを示していく。

―― キーワード：組織のプロセス,プロセスとしての組織,Lewinの変革モデル,組織化,実践 ――

Ⅰ．組織「プロセス」の2つの観点

　組織について理解するうえで，組織のどの側面にフォーカスを当てるか，その観点はいくつかある。まず第1の観点は，組織構造であろう（第5章を参照）。組織構造は，組織成員の行為を規定し，組織全体の挙動やパフォーマンスに大きな影響を与えると推測される。しかし，経営戦略が計画だけではとらえきれない (e.g., Mintzberg et al., 1998；Weick, 1987) のと同じように，組織はその構造だけではとらえきれない部分がある (e.g., Feldman & Pentland, 2003)。つまり，組織構造は組織を理解するうえでの重要であるが，数ある観点のひとつに過ぎない。本章では，組織を理解するためのもうひとつの柱である組織の「プロセス (process)」に着目をしていく。

　組織の「プロセス」に焦点を当てる際，さらに2つのとらえ方がある。つまり，組織デザインの1要素としてプロセスをとらえる（「組織のプロセスをとらえる」）という観点と，組織自体をプロセスとしてとらえる（「組織をプロセスとしてとらえる」）という観点である。前者は，組織をシステム (system) としてとらえる組織論で王道の組織観から生じる観点であり，後者は組織を動態的に変容する流体ととらえる組織観から生じる観点である[1] (Morgan, 1986)。本章では，まず前者のとらえ方を理解し，そのつぎに後者のとらえ方を理解していくことに

しよう。さらに，とりわけ後者のとらえ方が，今日の組織理解ないし組織研究において非常に重要であることを明らかにすることにしたい。

II．組織のプロセスをとらえる─組織の構成要素としての「プロセス」─

　経営学が誕生して以来，その多くは，組織を機械的ないし有機的なシステムとしてとらえ，その有効性を高めるための「デザイン」を議論してきた。とりわけ，コンティンジェンシー理論 (e.g., Lawrence & Lorsh, 1967) や組織デザイン論 (e.g., Galbraith & Nathanson, 1978) においてそれは顕著である（組織デザインについては第7章も参照のこと）。それらでは，組織をさまざまな構成要素に分解し，組織を取り巻く環境と組織を構成する各要素間の適合的な関係が組織全体のパフォーマンスを向上させると考えた。

　この組織の構成要素への分解の仕方は，論者によってさまざまであるが，概ね組織構造，組織プロセス，組織成員の個人属性の3つに分けられる（野中他1978，図表10-1も参照のこと）。ここで，野中他(1978)によれば，組織構造とは，「組織の分業や権限関係の安定的なパターン」（野中他，1978：14）のことであり，個人属性とは，「組織成員固有の還元的特性（たとえば，欲求，モチベーション，価値，パーソナリティ）」（野中他，1978：14）のことである。また，本章の焦点である組織プロセスとは，上述の個人属性と組織構造を結びつけ組織として統合する構成概念であり，「行為の継続的・相互依存的連続」（野中他，1978：15）のことである。具体的には，リーダーシップ，意思決定，パワー，コンフリクト解消などがそれにあたる[2]。上述の通り，これらは，マクロレベル（組織構造）とミクロレベル（個人属性）を結びつける，簡単にいえば，人と組織を結びつける役割を果たし，互いに対して影響を与え，組織の有効性を規定する重要な要素とされている（野中他，1978）。たしかに，たとえば，リーダーシップは成員を鼓舞し，組織の目的の達成に向かって努力するよう影響を与える過程であり，人と組織を結びつけ組織パフォーマンスを高める鍵といえる。他の要素も同様である。つまり，組織プロセスは，組織というシステムを機能させるうえで，鍵となる要素群で

図表10-1 組織現象の統合的コンティンジェンシー・モデル

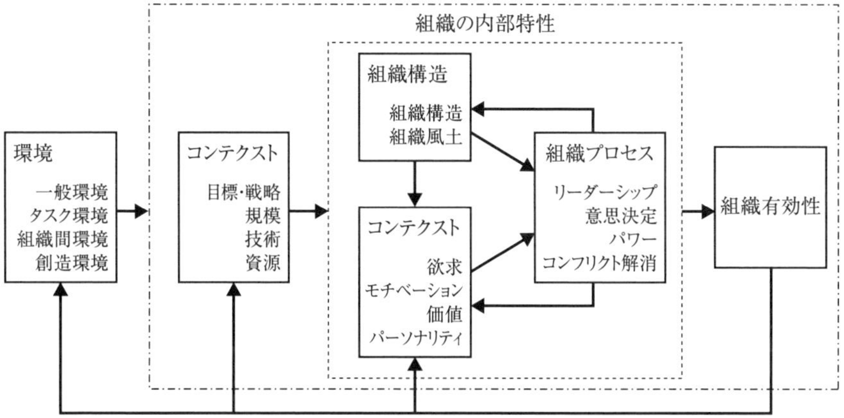

```
                          組織の内部特性
                                組織構造
                                 組織構造
    環境          コンテクスト     組織風土      組織プロセス
  一般環境         目標・戦略                   リーダーシップ
  タスク環境        規模                        意思決定        組織有効性
  組織間環境        技術       コンテクスト       パワー
  創造環境         資源         欲求         コンフリクト解消
                          モチベーション
                             価値
                          パーソナリティ
```

出所) 野中他 (1978:14) をもとに作成

あると言える。

　組織の有効性ないし機能性を理解するうえで，以上のような意味でプロセスをとらえることは非常に重要である。しかし，一方で，この観点は組織の一瞬を切り取ったような静態的な（スナップショット的な）観点であり，組織の共時的な有効性を理解するうえでは肝要であるが，その動態的な理解には向かない。すなわち，ICTの発展などによって目まぐるしく環境が変化しその不確実性が高いと思しき今日にあっては，組織を常に動きのある流体（たとえば，川の流れ）のように見立て，その中で組織の変化に目を向けること（どのようにして変化するのか，どうやって変化させるのかに注目すること）がさらに重要だと考えられるのである。

　通時的な組織の変化に目を向けるという意味では，組織の発展段階（ライフサイクル）モデル（Greiner, 1972；Kimberly et al. 1980；Quinn & Cameron, 1983；Daft, 2001）もそれに当てはまる。GreinerやQuinnらの議論をもとにDaftが図化したのが図表10-2である。このモデルは，各発展段階における組織の各構成要素と環境との適切な適合関係を示すものであり，それゆえ，上記の組織デザイ

図表 10-2 組織の発展段階モデル

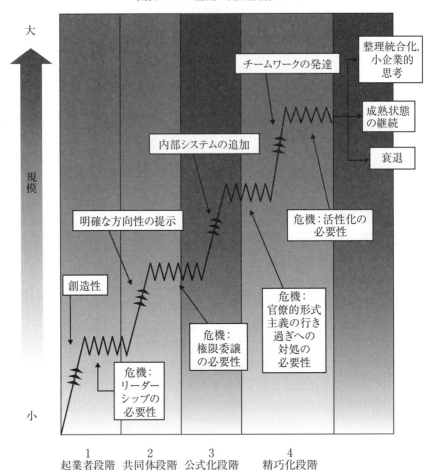

出所）Daft（2001：訳 167）をもとに作成

ン論の延長線上にある議論といえる。つまり，組織デザイン論のもつ苦手な観点，通時的視点や組織の動態性を取り込んだ議論であるといえる。もちろん，組織の発展プロセスを理解することも重要である。しかし，今日のような時代

においては，さらに流動的で常に変わり続けるものとして組織を理解する必要がある。

Ⅲ．組織をプロセスとしてとらえる―「組織化」という観点―

組織の一構成要素としてのプロセスに目を向けるのではなく，組織そのものをプロセスとしてとらえ，その変化の流れを理解するやり方には，大きく2つがある。LewinのそれとWeickのそれである。Lewin (1951) は，組織の変革を解凍 (unfreezing) →変化 (changing) →再凍結 (refreezing) という一連のプロセスで理解する (Lewin, 1951＝1979，図表10-3)。このモデルは，組織の「変革」に関するプロセスモデルであり，常に変わり続けるというより，意図的に変える際のプロセスを示している。すなわち，リーダーによって組織成員の既存の思考様式・価値が揺さぶられ，企図された新たなものに移行され，成功体験の積み重ねの中で再定着させる。このような意識的な変化のためのモデルである。それゆえ，前節で示した言葉を使うならば，「どうやって変化させるのか」を理解するのに適している。

図表10-3　Lewinの組織変革モデル

出所）Lewin (1951：訳223-229) をもとに作成

図表10-4　Weickの組織化 (ESR) モデル

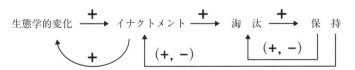

出所）Weick (1979：訳172) をもとに作成

一方，Weickのそれは，組織を川の流れのように，常に留まらない（変転していく）流体としてとらえ，それを組織化 (organizing) と呼んだ。Weickによれば，組織化とは，「意識的な相互連結行動によって多義性を削減するのに妥当と皆が思う文法」(Weick 1979：訳4) であり，イナクトメント (enactment) →淘汰 (selection) →保持 (retention) というプロセスを辿るものと理解される（図表10-4）。ここでイナクトメントとは，組織がなんらかの環境の変化（生態学的変化：ecological change）に対してそれに気づき，自身が適応すべき環境を見出し切り出していく（創り出していく）過程である。これは，見出された環境に対して，相互行為を通じて過去の経験（因果マップ）をあてがい，その環境がいかなるものか，意味を創造しようとする過程でもある。つぎに淘汰とは，組織成員間のコミュニケーションを通じて，イナクトメントによって創造された環境（イナクトされた環境）の多義性（いろんな意味付け・解釈が可能な状態のこと）を削減し，直面する環境の意味を収斂していく過程である。最後に保持とは，淘汰の果てに，腑に落ちる，合点のいく意味を貯蔵していく過程である。貯蔵された意味は，次の組織化にさらに利用されていく。Weickは，以上のように，組織を，成員の相互行為を通して意味の多義性を削ぎ落としながら，不断に目の前の環境を創造していく動態的な「流れ」のようなものであるとする[3]。

　また，Weickは，この「流れ」の観点から，2つの組織の問題を説明している。つまり，組織の硬直性の問題と柔軟性の罠の問題である。硬直性の問題とは，保持された因果マップの影響が強すぎる組織化（保持からイナクトメント・淘汰に伸びる矢印が共にプラスの状態）は，常に現在を過去と同じ仕方で理解し，その結果，環境に対する新たな意味の創造を拒否し，組織の変化を拒んでしまうという問題である。大企業病や成功体験埋没症のような組織の病理について説明するのに有用であろう。また，柔軟性の罠の問題とは，逆に因果マップの影響が弱すぎる組織化（保持からイナクトメント・淘汰に再帰的に伸びる矢印が共にマイナスの状態）は環境に対して常に新しい問いかけを行い，常に不安定な状態に陥ってしまうという問題である。この場合，常に革新的であろうとするため，硬直化に比べて有益であるようにも思える。しかし，常に現状を疑い，新たな解釈を

要するというのは，非常に手間がかかることであり，また心理的コストを伴うものである。Weickは，これらを回避するために，保持された過去の因果マップに対して，常にアンビバレントな状態を保つ（信じすぎない／疑いすぎない，いったんは信じ，いったんは疑う）必要性を訴えている。以上のように，Weickの議論は，組織を常態的に動き変わっていくものとしてとらえており，「どのようにして変化するのか」を明らかにするのに適した議論といえよう。

Ⅳ．組織をプロセスとしてとらえることで―組織の実践を理解する―

さて，組織をプロセスとしてとらえるという観点は，Weick以降，組織の変化を理解するうえでさまざまな研究で取り入れられている。たとえば，Barleyは，1980年代にはじめて病院にCTスキャンが導入されるという変化の中で，組織がどう変化していったのかを検討した（Barley, 1986）。それによると，CTスキャンという新しい技術の導入により，それまでの放射線専門医と放射線技師の制度化された役割関係（組織構造）に企図せずして変化が生じたのである。つまり，それまで（放射線画像診断装置，すなわちX線写真の時代）は，放

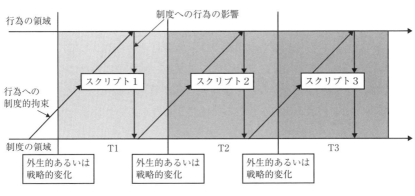

図表10-5　Barleyの組織の構造化モデル

出所）Barley（1986：82）をもとに作成

射線技師の有する知識（操作方法や写真の読み取りに関する知識）をすべて放射線専門医も有しているという状態の中で，専門医と技師の間に序列的な関係が構築されていた。しかし，CT スキャンというまったく新しい技術が導入され，その操作経験のある技師が雇用されることにより，従来の医師から技師への一方的な指示や命令という相互行為から，確認や相談，議論，場合によっては技師から医師への教育という相互行為へと変化し，その結果，役割関係や序列（つまり組織構造）に変化（再構成）がもたらされていったのである。このような何らかのきっかけから行為が変化し，組織構造も変化していくといった組織の変化のプロセスを Barley は図表 10-5 のように図示した。[4]

　また，近年の実践 (practice) に着目した研究も，組織をプロセスとしてとらえその変化に着目した研究のひとつに数えることができるだろう（第 8 章を参照）。たとえば，組織はその社会的影響力から倫理的であることを求められている。それに対して，組織は自身が倫理的になることを目指し，さまざまな取り組み（経営倫理の制度化の諸策）を行う。しかし，その組織や成員が置かれた状況によっては，それら倫理化の諸策が組織の社会的な正当性を獲得する（信用を得る）ための道具であったり，逆に非倫理的と思われる実践（パワハラ）や倫理とは関係のない実践（派閥間闘争）の道具として利用されたりし，マネジメント側の想定を超えた組織の変化（うわべだけ倫理的な組織や政治的な駆け引きに塗れた組織）を生成していく場合がある (Helin & Sandström, 2010 など)。もちろん，想定を超えた組織の変化は何も悪いものだけではない。Iedema & Rhodes (2010) によれば，オーストラリアのある病院では，感染管理を目的として，監視カメラを設置し，さらにその映像にもとづいてよりよい感染管理のためのミーティング（反省会）を実施した。するとその結果，感染管理の議論もさることながら，それを超えてよりよい病院をつくるにはどうしたらいいのかという議論へと繋がっていったことが明らかにされたのである。これらの議論は，「実践としての経営倫理 (business ethics as practice)」研究と呼ばれ，いわば，倫理の組織化（当該組織にとっての倫理の生成）がいかになされるのかに関する議論である。

　このような新しい技術や制度の導入が導入側の意図とは異なる組織の変化を

生成していくことがあり，なぜ／どのようにそうなったのかを明らかにするうえで，組織をプロセスとしてとらえることが有効なのである。ちなみに，実践に着目した研究は，倫理以外にも戦略研究の分野などでも盛んに議論されている（organizing になぞらえ strategizing と呼称される場合もある）。

　以上でみてきたように，組織「プロセス」という場合，組織の構成要素のひとつとしてのプロセスを指す場合と，組織をプロセスとしてとらえる「組織化」を指す場合とがある。組織の静態的な環境適合を明らかにする場合は，前者のとらえ方が有効であり，組織の動態的な環境創造やそれに伴う変化を明らかにする場合は，後者のとらえ方が有効であろう。いずれも非常に重要な観点ではあるものの，今日を語るうえでは，後者の「プロセスとして組織をとらえる」方法，特に実践に着目し組織の変化の流れを見出そうとするそれは，思い通りにいかない現実を見る目として肝要であると考えられる。

　もちろん，本章で取り上げたものが「組織プロセス」の議論のすべてではない。たとえば，もう少し鳥瞰的な視点から，組織個体群の群雄割拠（雑だが簡単にいうならば，業界内での同種企業の生存競争）を進化プロセスとして理解し，組織の変化を理解しようとする組織生態学（Hannan & Freeman, 1977）や組織進化論（Aldrich, 1997）などの生態学的アプローチ（ecological approach）や，さまざまな組織内外のアクターの関係性の変転から組織の変化を明らかにしようとするアクター・ネットワーク・セオリー（actor-network theory）を応用したアプローチ（e.g. Czarniawska & Sevón, 1996）など，ここで取り上げきれない議論がある。ゆえに，組織プロセスの意義の理解には，さらなる検討を必要とするが，それはまた別の機会に譲ることにしたい。

注
1) Morgan は，人々はみな組織に対してなんらかのメンタルイメージをもち，それにもとづいて理解しているとする。彼によれば，組織のイメージ（ある種のメタファー）の有力な候補として以下の8つがある。つまり，「機械」，「生物」，「脳」，「文化」，「政治システム」，「精神の刑務所」，「流れと変容」，「支配の道具」の8

つである（Morgan, 1986）。この組織に抱くイメージよって異なる行為がつくられていく。それゆえ，組織に対するイメージは，組織理論上のみならず，組織実践上も重要である。詳細は，第2章を参照のこと。
2) コンフリクト解消には，自身の中の葛藤に関する個人内，上司・部下間などの個人間，さらには部署間など組織間レベルのものなど多次元に渡る（野中他，1978）。また，「コンフリクト自体は悪ではなく，そのマネジメントによって建設的にも破壊的にもなる」（野中他，1978：206）。
3) 少し雑ではあるが別の言い方をするならば，組織成員たちの相互行為から環境に対する解釈（意味の形成）が定まり共有されていき（この中で組織のなすべきことや目指すべき方向も定まって共有されていく），それを通じてあらたな相互行為が生成される。そしてその相互行為によって同じあるいは新たな環境に対する解釈が定まりシェアされ，それを通じて……。という不断の一連の流れが組織化である。
4) Barley の議論は，社会学者である Giddens の構造化（structuration）理論に発想を得ている。また，同様に，技術の組織変化への影響に関する議論には，Orikowski らがいる。

さらに学習すべき事柄

　コンティンジェンシー理論や組織デザイン論を調べ，同研究のいう組織の構成要素のひとつである「プロセス」が今日の企業においては，どのように組織と個人を結びつけることが望ましいか考えてみよう。
　本章と合わせて Weick（1979）を読み，組織化を身近な例に当てはめてみよう。また，組織のさまざまな取り組みが想定を超えた思わぬ実践を生みだした例を見つけてみよう。

読んでもらいたい文献

Weick, K.E.（1979）*The Social Psychology of Organizing.*（2nd ed.）. Reading, MA : Addison-Westley.（遠田雄志訳『組織化の社会心理学（第二版）』文眞堂，1997年）
Weick, K.E.（1995）*Sensemaking in Organizations.* Thousand Oaks, CA : Sage Publishing.（遠田雄志・西本直人訳『センスメーキング・イン・オーガニゼーションズ』文眞堂，2000年）
　　いずれも組織をプロセスとして捉えた Weick の画期的な著作です。本章Ⅲ節以降をより理解し，今日の組織現象や組織研究の理解をさらに深めるために必読の書です。

引用・参考文献

Aldrich, H. (1999) *Organizations Evolving*. London: Sage Publications. (若林直樹・高橋武典・坂野友昭・稲垣恭輔訳『組織進化論』東洋経済新報社, 2007 年)
Barley, S. R. (1986) "Technology as an occasion for structuring : evidence from observations of CT scanners and social order of radiology departments," *Administrative Science Quarterly*, 31(1) : 343-362.
Czarniawska, B., & Sevón, G. (1996) *Translating organizational change*. Berlin: Walter de Gruyter.
Daft. R. (2001) *Essentials of Organization Theory and Design*. (2nd ed.), South Western College Publishing. (高木晴夫訳『組織の経営学』ダイヤモンド社, 2002 年)
Feldman, M., & Pentland, B. (2003) "Reconceptualizing Organizational Routines as a Source of Flexibility and Change," *Administrative Science Quarterly*, 48: 94-118.
Galbraith, J., & Nathanson, D. (1978) *Strategy Implementation : the role of structure and process*. St Paul MN : West Publishing. (岸田民樹訳『経営戦略と組織デザイン』白桃書房, 1989 年)
Greiner, L.E. (1972) "Evolution and Revolution as Organizations Grow," *Harvard Business Review*, 50(4) (July/August), 37-46.
Hannan, M., & Freeman, J. (1977) "The population Ecology of Organizations," *American Journal of Sociology*, 82(5) : 929-964.
Helin, S., & Sandström, J. (2010) "Resisting a corporate code of ethics and the reinforcement of management control," *Organization Studies*, 31(5) : 583-604.
Iedema, R., & Rhodes, C. (2010) "The Undecided Space of Ethics in Organizational Surveillance," *Organization Studies*, 31(2) : 199-217.
Kimberly, J.R., Miles, R.H., & Associates (1980) *The Organizational Life Cycle: Issues in the Creation, Transformation, and Decline of Organizations*. San Francisco: Jossey Bass.
Lawrence, P., & Lorsh, J. (1967) *Organization and Environment : Managing Differentiation and Integration*. Boston : Harvard Business School, Division of Research. (吉田博訳『組織の条件適応理論』産業能率短期大学出版部, 1977 年)
Lewin. K. (1951) *Field Theory in Social Science : Selected Theoretical Papers*. New York: Harper & Brothers. (猪股佐登留訳『社会科学における場の理論』誠心書房, 1979 年)
Mintzberg, H., Ahlstrand, B., & Lampel, J. (1998) *Strategy Safari : A Guided Tour Though The Wilds of Strategic Management*, New York : The Free Press. (齋

藤嘉則監訳『戦略サファリ』東洋経済新報社，1999年）

Morgan, G. (1986) *Images of Organization.* Beverly Hills, CA : SAGE Publications.

Quinn, R., & Cameron, K. (1983) "Organizational Life and Shifting Criteria of Effectiveness : Some Preliminary Evidence," *Management Science*, 29 : 33-51.

Weick, K.E. (1979) *The Social Psychology of Organizing.* (2nd ed.), Reading, MA : Addison-Westley. (遠田雄志訳『組織化の社会心理学（第二版）』文眞堂，1997年）

Weick, K.E. (1987) Substitutes for strategy. In D.J. Teece (ed.), *The Competitive challenge : strategies for industrial innovation and renewa.* Cambridge, MA : Ballinger. (石井淳蔵・金井壽宏・野中郁次郎・奥村昭博・角田隆太郎訳『競争への挑戦』白桃書房，1988年）

Weick, K.E. (1995) *Sensemaking in Organizations.* Thousand Oaks, CA : SAGE Publications. (遠田雄志・西本直人訳『センスメーキング・イン・オーガニゼーションズ』文眞堂，2000年）

野中郁次郎・加護野忠男・小松陽一・奥村昭博・坂下昭宣 (1978)『組織現象の理論と測定』千倉書房

第11章　組織の知識マネジメント

　情報技術（IT）は飛躍的な発展を遂げ，かつて Drucker が描いた未来の知識社会は，今まさに到来し進化を続けている。この章では情報と知識の相互の関係を明らかにし，競争優位をとらえる経営戦略論の視点が製品と市場からリソースとしてのコンピタンス（能力）へと移る系譜をとらえ，とくに組織の知識創造に焦点を当てて，その理論体系を概観していく。最後に今日の社会や企業における情報の意味と権威の所在について考えてみたい。

—— キーワード：情報技術革命，知識創造，形式知，暗黙知，SECI モデル ——

Ⅰ．情報と知識

1. 知識とは何か

　哲学の語源として知られる古代ギリシャの「フィロソフィアー」という語は「知の愛求」を意味する。Aristotle は「知識を得ることは美しく価値があり，その研究には第一級の地位が与えられる」（桑子，1999：10）ととらえ，以来哲学は人類の知識と科学の根幹をなし続けてきた。知識をめぐる学問は現代の心理学においても人間の知るという行動を考察対象とし，さらに社会学と融合を進めながら，今日の経営をとらえる視座を確立しつつある。本章のテーマである「組織の知識マネジメント」を考察するにあたって，まずは心理学，社会学においてとらえられてきた知識をめぐる代表的な見解を振り返り，本章における知識の意味を確認しておこう。

　古典的な行動主義の心理学では，知識を「刺激と反応の連合や結合の束」（中島編，1999：576）とみなした。たとえば，動物実験にみる刺激と反応のメカニズムを，学習により獲得される知識ととらえた。ベルが鳴ると餌がもらえるという条件付けに関する犬を用いて行われた Pavlov の実験は有名である。

　その後，生体の認知活動（知覚して判断して行動をする活動）を情報処理ととらえる認知心理学が提案された。それは人間の経験や記憶，個人に蓄積された背景と，外部環境から取得される他者との関わり，眼前に広がる諸現象の知覚を情

報ととらえ，人間の内部過程で情報処理されるものと考えた。それは，人間の認知過程を「心はコンピュータ」ととらえ，心理学に認知革命をもたらした。

　社会学の領域では，Berger & Luckmann は，普通の人間の日常的な営みに目を向け，社会が構成される現実 (The Social Construction of Reality) を知識社会学 (Sociology of Knowledge) の立場を表明して論じた。Berger & Luckmann の提唱する社会構成主義の視点からは，知識は個人内に構成された意味解釈と位置づけられ，他者との関わりの中で社会的に構成され，言語行為を中心にしながら，物質的なものや無形の概念に言語的な定義がなされ，対人的な相互関係によって社会が構成されていくというアイディアに発展していった。このような社会構成主義の視座は，人間の相互関係をとらえる研究，たとえば教育やセラピー（臨床心理）の分野で援用され発展していった。今日においては経営組織の現象理解に関わる実証的な側面のみならず，組織の理論的な理解を獲得するためのアカデミックな面にも適応されている (たとえば，Grant et al., 2004)。

　次に，組織における情報処理と知識創造の相互の関わりをとらえていこう。

2. 組織における情報処理システム

　情報技術 (IT) が発達する過程で，経営資源（ヒト・モノ・カネ）に情報が加わった。コンピュータとしての情報処理システムが企業のオペレーションや意思決定を支えるようになると，組織を情報処理システムととらえるパラダイムが生まれてきた。それは単にオペレーションや意思決定のコンピュータ化を意味するものではない。組織の協働は，企業活動を役割の分担によって実施する分業を前提としている。分業は労働生産性を改善する重要な要因となる。組織の役割分担としての分業に焦点を当てるとき，組織を相互の関係性をもつ幾つかの部分（処理プロセス）から構成される情報処理システムとしてとらえるパラダイムが提供される。

　情報処理システムの基本的な考え方は，企業活動を「インプット (I)」，「プロセス (P)」，「アウトプット (O)」(以下一連の処理体型を示す場合は「I→P→O」と記す) の一連の入出力の処理体系で定義される。また企業活動が幾つかの部分

図表11-1　情報処理システムの基本概念

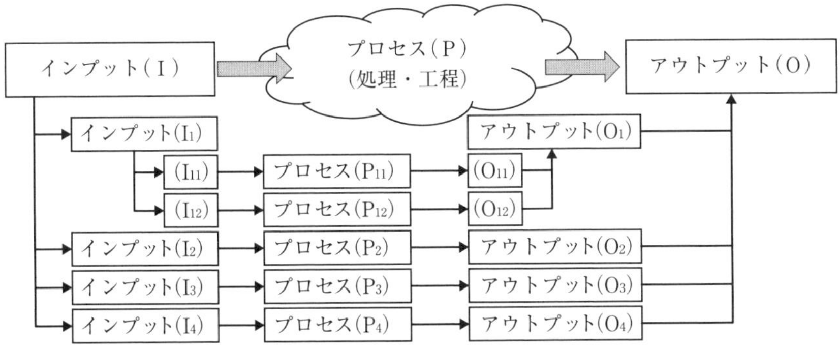

出所）筆者作成

から構成される場合，それぞれの部分も全体（あるいは部分間）との相互関係をもつ処理体系（I→P→O）で定義されることになる（図表11-1）。

　ここで情報，知識，そして情報処理の関係を確認しておこう。まず「情報は人間の知のフローとしての形態であり，知識とはストックの形態」（紺野・野中 1995：88）ととらえられる。たとえば工場から購買部門に部品の調達要求があった時，発注すべき部品の規格や数量等の伝達すべき内容が情報である。また，購買部門が実施する取引先との価格交渉，契約条件の決定，発注手続きなどは購買部門の継続した業務経験によって生み出されたストックとしての知識に相当する。

　情報処理システムとは，組織にストックされたオペレーションや意思決定の知識の一端が文書やコードとして形式化され，処理手続きや操作体系を表すアルゴリズムやマニュアルとして組織の中で実行されるものである。確かにコンピュータの発達により産業組織においては，会計処理，業務処理，管理的情報処理，経営的意思決定へと情報処理システムの適応範囲を広げていった。しかし，組織をとらえる情報処理システムパラダイムは，コンピュータの活用といった機械的な体系の範囲にとどまらず，組織構成員の協働体系から人的あるいは機械的な処理，手続き，判断の総体をとらえることができる。そこには人間

の知識を，文字や記号で記述し形式化されたもののみならず，人間のコミュニケーションや行為の非形式的な処理体系(暗黙的な知識)を包含するものである。

　形式化が可能な情報処理と形式化がむずかしい情報処理の例をあげてみよう。歪みの少ない精密な光学レンズは，設計図面をもとに数値演算技術を用いて自動加工することが可能である。ここには設計情報(I)，加工処理(P)，完成品(O)からなる機械的な情報処理システムの介在が可能である。しかしより精度の高い製品に加工するために，人間(匠)が手で研磨を加え，微調整を行い最終製品が完成する。ここには研磨する際の音，光の反射具合，手の触感など，形式化して他者に示すことが困難な情報を人間(匠)が検知して，経験や技に依存する微妙な加工調整を行う。このように企業の人的活動には形式化，記号化して他者に伝えることが困難な仕事があり，人間の経験や勘など，記述できない知識に依存する側面は排除できない。組織の協働体系におけるこのような知識構造を野中・竹内は「形式知」，「暗黙知」と位置づけた。野中らの知識創造に関する研究については，本章第Ⅲ節で取り上げる。

Ⅱ．知識に向ける経営学の眼差し―製品と市場からコンピタンスへ―

　伝統的に経営戦略の優位性は，投入される製品と市場の選択により獲得される超過利潤の相関でとらえられてきた。脱工業化，サービス化が進む今日の産業社会では組織の目に見えない能力，さらには異なる組織間のリソースを結合して新しい価値を創造していく能力が経営戦略の中心に位置づけられるようになってきた。脱工業化の未来が論じられてきた背景には，社会的生産活動における労働を作業と位置づけることから，人的資源の知識の総体でとらえ直す思想が徐々に浸透してきたことがあげられる。この節では，経営学がとらえてきた製品や市場に向ける計画を重視するアイディアから，目に見えない資源としての能力(コンピタンスあるいはケイパビリティ)を重視する戦略論(リソースベーストビュー)のアイディアが提唱される系譜を把握していこう。

　たとえば中西・鍋島は，経営学を経営者固有の役割(経営者職能)からとらえ，

経営者の計画職能と統制職能,加えて社会との調整に関わる社会関係職能に焦点を当て体系づけた(中西・鍋島,1966)。そこでは意思決定という概念から,Simonが論じた限定合理性にもとづく経営者の能力をとらえている。また経営者が統制すべき対象として労働者の能力を,熟練という視点からとらえ,生産高と相関をなすものと見なした。これらの伝統的な経営学から発展してきた経営戦略論は「製品と市場」に関わる経営者の計画職能を企業戦略の中心的な課題ととらえ,目に見える製品の「集合体としての事業を手掛かりとして経営を考察」(沼上,2009：76)してきた。

　経営者の計画職能を重視する視点からは,製品と市場に焦点を当てる伝統的な経営戦略論のアイディアが提供された。たとえばAnsoffは製品と市場のマトリックスから経営戦略のスタイルを類別するフレームワークを提供した。またPorterは企業の環境を5つの競争要因,①サプライヤーの交渉力,②顧客の交渉力,③競争企業との敵対関係,④新規参入者の脅威,⑤代替品の脅威,から分析する枠組みを提供した。これらは,いずれも経営者の計画職能としての戦略的意思決定を支援する枠組みとして位置づけられる。また競争を重視する経営戦略論は,経営者の意思決定が競争上より有利な経営立地(ポジショニング)を如何に選択しうるかという関心にも発展していった。

　これに対して,企業の競争優位を組織のもつ人的資源の行動や能力といったものに焦点を当てるアイディアが生まれてきた。たとえば経営戦略は事後的に創発される(創発戦略理論),あるいは外部環境の変化が生みだす状況に適応するリーダーの組織行動(状況適応理論)のアイディアが提供され,経営者や戦略企画スタッフの製品と市場を中心とする計画職能よりも,事業現場のミドル・マネジャーの判断と行動を重視する経営戦略論の系譜が形成された。このような考え方は,企業の競争優位は組織内部の目に見えない能力と資源を重視するアイディア(リソースベーストビュー)へと発展していった。

　計画やポジショニングを重視する経営戦略論がとらえたのは,製品や市場に向けた意思決定であったが,Prahalad & Hamelはコアコンピタンスと呼ばれる製品,事業,意思決定の背後にある知識や行動の体系を競争力の源泉ととら

えた。また，たとえばTeeceやBarneyは経済学の立場から，超過利潤を獲得するためのポジションを占める能力（ケイパビリティ）をとらえた。確かに製品や市場の選択に競争優位の源泉を求めるなら，類似する製品，市場を選択する数々の企業間に生まれる優劣を十分に説明することができない。ここに製品の優位性を支えている技術力，販売力，ビジネスプロセスなどの目に見えない組織の能力が注目される。さらには近年の経営においては，製品に付帯するサービスといったものが製品の差別化に貢献し，競争優位の源泉として注目される。またサービス自体が無形の商品として新しい価値を生んでいる。

　これまで概観してきた計画とポジションを重視する戦略論とリソースを重視する戦略論は，研究対象を外部環境と組織の内部能力との対極する概念に焦点を当てている。しかしその「内～外」2つの概念は相互補完的な関係でとらえることが適当だろう。これらのいずれのアイディアも，競争優位の本質を説明するために表裏一体の不可欠なものとしてとらえていくことが，組織運営の実践において必要となる。

　このような戦略や事業の背後にある資源としての能力が競争優位の源泉となるとすれば，組織が学習や個人の知識に如何に向き合い，マネジメントしていくかの理解が必要となる。個人に帰属する知識を資源として組織で有効に活用するためには「知識資源をマネジメントするための組織的能力」が必要であり，またそのような見方が「新しい世界のマネジメントの潮流」（紺野・野中，1995：57）としてとらえられるようになってきた。知識はリソース，イノベーションの創発，情報技術そして組織マネジメントを横断する21世紀の中心的な経営課題といっても過言ではない。そのため次節では，野中と竹内の組織的知識創造理論を考察していこう。なお，これまでに述べてきたプランニング，ポジショニング，リソースベーストビューの経営戦略論については第13章でも触れる。

Ⅲ．組織的知識創造理論

1．リソースの戦略論から知識の組織論へ

　これまで組織の内部資源に注目するリソースベーストビューの経営戦略論が組織の能力としての知識をスコープしてきたことに触れてきた。しかし野中と竹内は，経営戦略論のとらえる知識と，野中らがとらえる組織的知識創造理論の違いを，① 戦略論における知識の定義の曖昧さをあげ，組織的知識創造理論は「はっきりと知識に関心がある」とし，②「どうやって知識を組織的に創るのか」に主要な関心を置く（リソースベーストビューは「ほとんど何も明らかにしていない」と批判する），③ 従来の戦略論の重点はトップ・マネジメントにあるのに対して，組織的知識創造理論はミドル・マネジャーの役割を重視する，と3点をあげて強調する(Nonaka & Takeuchi, 1995：訳70-71)。このような視点は，野中らが経営戦略そのものより，経営組織とその構成員に関心を置くことによる。野中らは「戦略の科学が前提としているのはトップ・マネジメントであり，トップだけが知識を操作し，考え，……トップ以外のメンバーがもつ大量の知識は利用されないことが多い」(Nonaka & Takeuchi, 1996：訳59)と批判する。

　野中らは「知識がイノベーションの原動力になる」ととらえ，イノベーションを実現する知識を個人と組織の相互関係から説明する知識創造理論を提唱する。競争優位を獲得するための革新組織において，新しい知識の創造は個人と組織の双方の「自己革新によって創りかえるもの」と述べる。また知識に関わる自己革新は「研究開発やマーケティングにかかわる少数の選ばれた専門家の責任ではなく，組織を構成する全員の責任である」(Nonaka & Takeuchi, 1996：訳12)と述べ，組織を構成するメンバーのテーマとして組織的知識創造理論を位置づけている。この視点は競争優位を経営者やリーダーの役割あるいは能力によってとらえようとする伝統的なアイディアに対して，組織構成員の個々の知識と組織との相互関係からとらえ直そうとする新しい見方を提供する。

　野中らの組織的知識創造理論は3つの概念モデルで構成される。第1は組織的知識創造理論の中核的概念として位置づけられる，組織の知識変換モード

(SECIモデルと呼ばれる)である。第2は知識創造のためのマネジメントプロセスをとらえたミドル・アップダウン・マネジメントであり，第3は知識創造を促す新しい組織構造としてのハイパーテキスト型組織である。3つの概念モデルは知識の2つの次元（形式知と暗黙知）の存在を前提とする。そのため，次に知識の2つの次元をとらえたうえで，3つのそれぞれの概念をみていこう。

2. 知識をめぐる2つの次元，形式知と暗黙知

　野中・竹内は知識をめぐる2つの次元に注目し，対人的組織的な相互関係から知識の共有と創造を促進し組織の知識創造を促すためのアイディアを提供している。ここでいう知識の2つの次元とは，Polanyiがとらえた形式知と暗黙知の概念である。形式知は言語や数値で表現でき，他者に伝達が可能な知識である。一方，暗黙知は特定状況に対する個人の知識で他者に伝えることがむずかしい。だが，言語化可能な形式知は人間の膨大な知識の一端に過ぎない。人の知識は「言葉にできるより多くのことを知ることができる」(Polanyi, 2003：訳18)の言葉が示すように，言葉にできない多くの部分がある。そのため知識の総体を，膨大な非言語的知識としての暗黙知と，断片的に言語化される形式知からとらえる枠組みが必要である。野中らは人の認知的側面からとらえたPolanyiのこの枠組みを，社会，組織の協働体系に実践的な方向で適応させ，2つの次元の相互関係をとらえることを可能にした。

(1) 形式知

　人間は言語を操りながら情報を伝達する。言語による伝達の方式のひとつに発話という行為があげられる。たとえば学生は学校に通い，教師の授業を受ける。学生は教師の発話（講義）によって知識を習得する。しかし発話は不安定であるから，教師は講義の要点や重要な事項を板書したり，パワーポイントのスライドを映し見せるなどして，文字で知識を教授したりする。さらに教師はその講義のより深い知識を学生が獲得するために，参考図書を紹介するかもしれない。この章でいえば，教師が授業で言葉を発話して「知識マネジメント」に

ついて行う説明，そして教師が重要と思うことを板書やスライドによって示す文字，そしてそこで紹介される野中と竹内の書籍，これらはすべて形式化された知識である。しかしそれらは「知識マネジメント」という学問の知識の総体の一端に過ぎない。学生らは期末テストで「知識マネジメント」について記述し，知識をどれだけ形式知にできるかが評価される。

　他の例を簡単にあげてみよう。企業の業務処理も知識の総体である。業務を合目的的に遂行するためのマニュアル，コンピュータ処理を実現するプログラムコードなども知識の総体の一端を言語化，記号化した形式知である。

(2) 暗黙知

　われわれが形式的・論理的言語に表しているものは，伝えるべき現象の一端に過ぎないことは既に述べた。1つの現象を説明する（知識を移転する）背景には膨大な知識が存在する。その発話や文字，記号などに言語として表出されない知識の総体の大部分が暗黙知である。知識の実践的な発揮は暗黙知の蓄積によって促進される。野中らは暗黙知について「認知的側面と技術的側面」の2つの要素をあげる(Nonaka & Takeuchi, 1996：訳89)。認知的側面とは人が「世界を感知し定義することを助ける」と位置づけられるが，それは知覚に関わる心理学の先行研究（野中らはたとえば，ジョンソンとレアードの「メンタルモデル」をあげる）を根拠とする。また，技術的側面とは「ノウハウ，技巧，技能などを含む」ものとしている。

3. 組織的知識創造理論の知識変換モード―SECIモデル―

　野中と竹内が提唱する組織的知識創造理論の中核をなす概念モデルが，暗黙知と形式知の相互作用をとらえた4つの知識変換モードのモデル（図表11-2）である。4つの知識変換モードとは，① 共同化(Socialization)，② 表出化(Externalization)，③ 連結化(Combination)，④ 内面化(Internalization) の循環モデルであり，一般に「SECI（セキ）モデル」と呼ばれることが多い。この循環プロセスを繰り返すことで，組織に知識が蓄積，共有され，新しい知識を創造し

図表11－2　4つの知識変換モード

出所）Nonaka & Takeuchi（1996：訳93）

ていく。以下4つのモードを概観していこう。

(1) 共同化

　共同化（Socialization）とは，暗黙知の対人的，組織的な共有化プロセスである。技能，スキルを対人的に「見せて教える～見て覚える」，「技を盗む」など，伝承のシーンが当てはまる。また組織のインフォーマルなコミュニケーション，日常対話を通じて技能の移転が生じるといったことも共同化の知識変換を促進する。野中らは松下電器（現パナソニック）のホームベーカリー製品の開発に当たって，開発エンジニア数名がホテルのチーフベーカーに一定期間弟子入りをして，現地での観察，模倣，訓練によって美味しいパン生地を練るための，計測ではとらえられない，言葉では伝えられない知識と技（秘訣）を吸収し，開発に生かした例をあげている。

(2) 表出化

　表出化（Externalization）とは，暗黙知の一端を形式知に変換するプロセスである。野中らは「暗黙知を明確なコンセプトに表し，しだいに形式知として明示的になっていくプロセス」と述べる。野中らも認めるように「言語表現は，しばしば不適当，不十分であり，一貫しない」（Nonaka & Takeuchi，1996：訳95）

ことが否めない。われわれが形式化して獲得できる知識は，膨大な人間の知識の断片に過ぎない。人間は相互に作用し合いながら，形式化された言語（たとえば明示されたコンセプト）を手掛かりに，抽象度を削減させながら知識の形式性を相対的に高めていくのである。

野中らがあげた松下電器のホームベーカリーの開発事例で確認しよう。明示された開発コンセプトは家庭で作れる「ホテルのパン」であった。このコンセプトを具現化するため，開発エンジニアはホテルのチーフベーカーの元で修行そして，体験を得て「ひねって伸ばす」という秘訣を引き出すこと（表出化）ができた。そして，研究室で試作などを繰り返し，数値化，規格化を行い，家庭で「ホテルのパン」を作ることができる形式知を機能にした家電製品が誕生した。

(3) 連結化

連結化（Combination）とは，「異なる形式知を組み合わせて新たな形式知を創り出す」(Nonaka & Takeuchi, 1996：訳100) ことである。野中らはこのモードを，ミドル・マネジャーの企業ビジョン，事業コンセプト，製品コンセプトの分析を具体化していく際によくみられると指摘する。情報ネットワーク，データベースを駆使して新しいコンセプトを生み出す。今日では，さまざまな外部情報，財務数値，経営計画数値を切り取ってきてパワーポイントやキーノートのプレゼンテーションにより自部門のビジョンを提示することは頻繁にみられるシーンである。

マネジメント以外のシーンでも，今日の企業経営は多角化，合併，買収により事業規模を拡大し，情報システムの整備が追いつかず，マニュアルや標準も膨大なものになり，現場のオペレーションは複雑になっている。このような環境において担当者の業務ノウハウを企業内SNSで連結し，業務改善を促進するような動きも多い。業務担当者が実施する業務改善の多くは，既存の形式知を組み合わせて新しい形式知を創造している。

(4) 内面化

　内面化 (Internalization) とは形式知を暗黙知に変換するプロセスである。では，なぜ言語化して人に伝えることができるようになった形式知をあえて暗黙知に変換する必要があるのだろうか。人が獲得した形式知は熟練していない初期の段階では逐次段階的な手続きとして実行される。それは暗記したことを思い出しながら，あるいは確認しながら実行していることに相当する。しかし熟達者は記述された知識を身体化し（体で覚える），処理速度も速くなり，正確性も増してくる。これは形式知を繰り返し学習して使い，知識が身についたことに相当する。さらに手続きとして定義された事柄の意味や背景の理解は，他の知識や手続きとの相互の関わりの理解を助け，高度な任務に対応し新たな知識を創造していくことにも役立つ。このように獲得した形式知を暗黙知に変換することは，学生の勉強でいえば，暗記で得た知識を応用のきくレベルの知識まで深めていくことに等しい。このような暗黙知（勉強の例でいえば「応用力」）があってこそ，さらに新しい領域の知識の獲得（創造）を可能にする。内面化は知識が組織に浸透するプロセスと言い換えることもできるだろう。それはやがて組織文化の形成にも繋がっていく。

　以上，4つの知識変換モードの概要を確認してきた。形式知は暗黙知の一端が表出したものであり，また言語はしばしば不適当，不十分であり，一貫しない不完全なものであるから，暗黙知と形式知は常に相互に作用しあいながら，組織に共有され，新しい知識を生み出し続けていく必要がある。4つの知識変換モードは無限に連鎖し続けるプロセスであり，このような循環によって生産され続ける知識は，創造的，革新的な企業を創り上げていくことに貢献する。

4. ミドル・アップダウン・マネジメント

　組織的知識創造理論の実践に関するマネジメントプロセスは，ミドル・アップダウンと呼ぶミドル・マネジャーをキープレイヤーに置くモデルである。創発される戦略行動や，外部状況に適応するマネジャー行動をとらえる経営戦略

論においても，部門マネジャーとしてのミドル・マネジャーに焦点が当てられてきた。

野中らは「知識創造のプロセスをシステマティックに管理する」(Nonaka & Takeuchi, 1996：訳185)ことの必要性を認めるが，従来の経営学がとらえてきたマネジャーの役割との違いを強調する。野中らは創発と状況適応の経営戦略論がとらえてきたミドル・マネジャーを「企業家精神旺盛な個人」(Nonaka & Takeuchi, 1996：訳192)と位置づける一方，組織的知識創造理論におけるミドル・マネジャーをナレッジ・エンジニアであり，組織の上位と下位を連結するチームリーダーの役割を強調して位置づける。

野中らは伝統的な経営学がとらえてきたトップダウン，ボトムアップという2つのモデルに，知識創造のマネジメントを志向した第3の方法，ミドル・アップダウン・マネジメントというモデルを提示した。それは「知識は，チームやタスクフォースのリーダーを務めることが多いミドル・マネジャーが，トップと第一線社員を巻き込むスパイラル変換プロセスを通じて創造される」(Nonaka & Takeuchi, 1996：訳189)という考えにもとづく。

ミドル・アップダウン・モデルの組織観は現場の第一線社員から，ミドル，トップまでの全構成員をナレッジ・クリエイティング・クルーと呼び，知識創造者としての各階層の役割(野中らは，ナレッジ・プラクティショナー，ナレッジ・エンジニア，ナレッジ・オフィサーの役割をあげる)を担う。知識創造者としてのクルーはドラッカーのいう知識労働者を想起させるが，ドラッカーは資本家概念に対極する知識労働者をとらえているのに対して，野中らの理論は経営者を含む経営組織を構成する全メンバーが組織モデルとして位置づけられる。

5. 新しい組織構造—ハイパーテキスト型組織—

野中と竹内は組織的知識創造の変換プロセスはハイパーテキスト型組織によって実現することを提言し，その有効性を指摘する。ハイパーテキストとは，ある文書の任意の位置からネットワーク上に分散する文書(テキスト，画像，動画，音声などのファイル)を関連づけて参照可能にする仕組みで，インターネットの

文書管理の標準技術である。野中らはこのような概念を，知識創造を実践する新しい組織観に適応した。ハイパーテキスト型組織とは，通常の業務遂行のための階層組織（ビジネス・システム・レイヤーと呼ぶ）とプロジェクト遂行組織（プロジェクト・チーム・レイヤーと呼ぶ），さらには組織ビジョン，文化，技術，データの蓄積と流通に関わる資源群（知識ベース・レイヤーと呼ぶ）の3つのレイヤーを相互に結合したものである (Nonaka & Takeuchi, 1996：訳253)。野中らのこのような概念を簡単に整理するなら，ハイパーテキスト型組織とは次のようにとらえられる。メンバーはひとつのビジネス・システム・レイヤー（公式な官僚組織）に所属しながら，幾つかのプロジェクトチームに所属する。ハイパーテキスト型組織には多様な異なる知識が連結され，それらは知識ベース・レイヤーに蓄積され，他のプロジェクトチームの知識の参照が可能となる。このような知の流通が文化的要素を生み出していく。つまりハイパーテキスト型組織では，プロジェクトメンバーはプロジェクトや組織を超えた知識ベースへのアクセス権を保有し，組織内の知的リソースの利用に公式組織の境界を超えて自由に利用することができる。このような野中らのアイディアは知識を創造して価値を生み出すプロジェクト組織の実践を後押しし，知識を蓄積して活用する行為を促進する。そしてそれらの行為がダイナミックに実践されるための自由裁量を組織構造の側面からとらえたものである。野中らのアイディアは，革新を生み出す組織に焦点を当て「創造物を創り出す知識を組織がいかに創り出すかを理解する」(Nonaka & Takeuchi, 1996：訳73) ことの深化に貢献している。

6. 組織的知識創造理論の課題

　組織的知識創造理論では，第1に知識の2つの次元の変換のプロセスをモデル化し，第2に知識創造を促進するマネジメントとして，知識を核にした組織階層間のコミュニケーションの中心にミドル・マネジャーの役割を据え，第3に組織・プロジェクトの境界を超えた知識の蓄積と流通を支える自由裁量の付与，のアイディアが提供された。本節の最後に野中らの組織的知識創造理論の課題をあげておこう。

第1に，野中らの理論では2つの次元の知識変換の相互性と，それを実現する対人的相互関係を集団の知識創造の活動からとらえることに成功したといえる。しかし個人の役割や，個人の学習理論との積極的な結合がなされていない。ナレッジ・クリエイティング・クルーといった個人に焦点を当てた学習行為，役割，相互関係などの理解を深めていく必要があるだろう。

第2に，生み出された知識の評価については検討が及んでいない。実践現象としての知識マネジメントにおいて，生み出された知識を如何なる視点で評価すべきか，それは単に財務指標だけでとらえられないことは明らかであるにしても，その点の議論には触れていない。

第3に，前項の評価とも関わるが，人材評価の課題が残る。人的資源管理の中でも重要な位置づけとなる知識労働者に対する，たとえば教育，人事評価，インセンティブの設定なども喫緊かつ実践的な課題といえる。

組織の知識創造に深く関わる組織の学習については第12章で詳述する。

Ⅳ．知識社会の組織パラダイム

第2次世界大戦後，半導体技術の発達に伴い，コンピュータとソフトウェアは驚異的な発展を遂げた。コンピュータの発達は，計算処理の高速化，記憶と蓄積の大容量化，製品の小型化，低価格化を促進し，ハードウェアの進歩に伴い，ソフトウェアはより高度な処理，使いやすい環境を実現し，インターネットの出現へと繋がっていった。企業ネットワークの隅々にはコンピュータが浸透し，個人の仕事レベルまで広がっていった。

小型化と低価格化によって，高度な情報処理は家庭内にまで浸透し，さらに今この瞬間において，消費者であり市民である個人は驚異的な演算能力と通信性能を備えたスマートフォンをポケットに携帯して，企業ネットワークの外にあって，地球規模のジ・インターネット (the internet) に常時繋がっている状況が生まれた。グローバルネットワークに繋がる膨大な消費者，市民のアカウント数は政府，産業を圧倒する支配的な勢力となった。

消費者，市民へのブロードバンドインターネットの普及は企業の情報管理の概念を大きく変えた。秘匿すべき内部情報の管理に加え，膨大なネット上の外部情報，IDや緯度経度情報で識別される個人が発信する情報と向き合っていかなければならない。企業の情報管理は私経済の経営課題から地球規模の公共的課題へと変質した。情報の中心はこれまでの産業を中心とする構造（産業主権）から消費者，市民を中心とする構造（消費者，市民主権）に変わった。それは今日の市民の連携が独裁国家の政権に対する民主化圧力になって表れ，また一市民の脳裏に刻まれた情報が軍事大国の安全保障を脅かす存在となっていることなど，ことの正邪をここで問うものではないにしろ，グローバルネットワークに繋がる消費者，市民が大きな力をもつことを示している。つまり消費者，市民は第1に情報を収集し，発信するITリテラシーという知識を駆使し，加えて，自己の知識の一端を形式化して広く世界に向け発信（表出化）し，また他者の情報を主体的に選別収集し，連結化，内面化により新しい知識を創り出している。グローバルネットワークは記号化された形式知としての情報を媒介に，消費者，市民は産業と対等に，知識の流通と創造に関わっている。

　インターネットが浸透した今日，資本と組織のヒエラルキーに依存して情報を統制することは困難となった。消費者，市民は情報発信者として，起業やコラボレーション，ソーシャルネットワークを形成し，新しい知識と価値を政府や産業組織と対等の立場で生み出すことができる。政府や産業組織の内側にあった情報主権が，消費者，市民としての個人に移り，企業の価値も資本の帳簿価値から人的資源の知識にシフトしたのである。

　このような社会の歴史的な転換期を迎え，組織運営の導き手であるリーダーにとっても，これまでの組織観や指導理念を拠り所に新たな展望を切り開くことが困難となっている。組織ヒエラルキーが付与する権威自体が制度疲労を呈し，一部の固定された人間の権威に依存して問題を解決することは，もはや困難なのだ。新しい社会の企業では，メンバー一人ひとりが多彩な知識を保有し，それらを共同化，連結化，表出化し，相互に融合，内面化しながら組織の土壌（知識ベース）を構築し，文化的要素の再構築を図っていくことが求められる。

さらに学習すべき事柄
・同じような教育をうけ，同じような仕事を経験しても，帰属した会社や組織によって後々の能力が異なってくる。その要因を想像して考えてみよう。
・IT 革命によって社会はどのように変わったのだろう。身の回りの社会的変化を見つけてみよう。併せて，われわれの近未来社会はどのようになっているか，仕事と暮らしの2つを，知識社会という側面を踏まえながら，想像を膨らませて考えてみよう。

読んでもらいたい文献
妹尾大・阿久津聡・野中郁次郎 (2001)『知識経営実践論』白桃書房
　　本書で紹介した組織的知識創造理論を，事例を通じより実践的な理解を深めたい読者は，参考文献にあげる Nonaka & Takeuchi (1996) と併せての講読を薦める。豊富な事例とそれぞれの分析が示され，機械的なフレームワークを超えた知識経営をとらえる新しい背景と視座が得られる。
ピーターズ＆ウォータマン著，大前研一訳 (2003)『エクセレント・カンパニー』英治出版
　　組織の知識を注目する主たる動機は企業の組織的な卓越性を希求してのことだと思う。原著は 1982 年，邦訳書も 1983 年に出版されたすでに古典である。卓越企業研究の名著として知識経営に興味のある読者は，この図書は押さえておきたい。

引用・参考文献
Berger, P. L., & Luckmann, T. (1967) *The Social Construction of Reality: A Treatise in the Sociology of Knowledge*. New York : Doubleday.（山口節郎訳『日常世界の構成―アイデンティティと社会の弁証法―』新曜社，1977 年）
Grant, D. et al. (ed.), (2004) *Sage Handbook of Organizational Discourse*. Sage Publishing.（高橋正泰・清宮徹編・監訳『ハンドブック組織ディスコース研究』同文舘，2012 年）
Nonaka, I., & Takeuchi, H. (1995) *The Knowledge Creating Company: How Japanese Companies Create the Dynamic of Innovation*. NY : Oxford University Press.（梅本勝博訳『知識創造企業』東洋経済新報社，1996 年）
Polanyi, M. (1967) *The Tacit Dimension*. Chicago : University of Chicago Press.（高橋勇夫訳『暗黙知の次元』筑摩書房，2003 年）
桑子敏雄訳 (1999)『アリストテレス　心とは何か』講談社
紺野登・野中郁次郎 (1995)『知力経営―ダイナミックな競争力を創る―』日本経済

新聞社

中島義明編 (1999)『心理学辞典』有斐閣

中西寅夫・鍋島達 (1966)『現代における経営と理念の特質』日本生産性本部

Nonaka, I., & Takeuchi, H. (1995) *The Knowledge Creating Company: How Japanese Companies Create the Dynamics of Innovation*. New York : Oxford University Press.(野中郁次郎・竹内弘高『知識創造企業』東洋経済新報社，1996年)

沼上幹 (2009)『経営戦略の思考法―時間展開・相互作用・ダイナミクス―』日本経済新聞出版社

第 12 章　組織学習

> 　人が学習をするように，組織も学習をする。この学習の成果が組織の存続や発展の大きな鍵となる。それでは，組織が学習するとはどういうことなのか，学習はどのように行われるのか，学習するには何が必要なのか。そしてまた，どのようなことで学習は不完全なものとなるのか。本章では，1960 年代から 80 年代までの「組織学習論」と，90 年代以降の「学習する組織論」の 2 つの大きな流れをみていく。

キーワード:学習サイクル,不完全な学習,アンラーニング,学習する組織,システム思考

　人間ならば誰しも学習をして，さまざまな知識を獲得し，普段の生活の役に立てたり，進学したい学校の入学試験で合格をすることができたり，あるいは，特殊な技能や資格を習得したりしてきたことだろう。他にも，言葉を覚えて会話ができるようになったり，算数を習って計算ができるようになったり，何度も転びながらも練習を重ねて自転車に乗れるようになったり，あるいは，外国語を習って，外国人とコミュニケーションが取れるようになったりと，人は意識的にも無意識的にも学習を重ねることによって，成長をしていくものである。この学習という概念について，一般には，経験を通じて，新たな知識や技能，態度が形成された結果，既存の行動や認知のパターンに変容がもたらされることを指している。

Ⅰ．組織学習論の生成と展開

　従来，学習をするのは個人であると考えられてきたが，1960 年代から学習する主体を組織とする，組織学習という考え方が登場した。その原点とされているのが，Cyert & March (1963) の『企業の行動理論』である。但し，この著書では，明確に「組織学習」について述べられているわけではなく，組織の適応プロセスについて議論されている。具体的には，たとえば，組織が掲げて

いた目標が容易に達成可能であった場合，達成された成果の高さに照らし合わせて，目標の水準をこれまでよりも上げるという適応行動が起こる。また逆に，目標を達成することが難しく，組織に失敗がもたらされる場合には，さらなる失敗を回避するために目標の水準を下げるという適応行動が起こる。これらの適応行動において，当初，掲げられていた目標と実際の成果との差異を正確に把握したり，その差異を解消すべく，適切な水準に組織の目標を設定したりするような，これらの行動はそこで暗に組織の学習がなされたことを示している。つまり，組織学習が行われたために，適切な適応プロセスがとられたわけである。そうしたことから，彼らの研究が組織学習論の出発点としてみなされているのである。

但し，1960年代から70年代前半の研究においては，組織学習という概念が大きな注目を浴びていたわけではなく，脚光を浴びる契機となったのは，1978年に発表されたArgyris & Schön (1978) の *Organizational Learning: A Theory of Action Perspective* であった。

1. シングルループ学習とダブルループ学習

Argyris & Schön (1978) は，組織学習を性質の違いによって，2つに区別した。ひとつは，シングルループ学習というもので，当初から定められた目標や予想された制約条件のなかで，目標達成のために実施された手段的行動でエラーが起こったときに，その行動の修正が行われる学習である。たとえば，企業が売上高30%アップという経営目標を立てたとしよう。その目標を達成するために，経営戦略として，あるテレビドラマとタイアップし，自社製品の認知度アップと浸透を図ろうとした。しかし，そのテレビドラマは視聴率が伸びず，自社製品が大きく注目されることもなく，目標としていた売上高30%アップを達成できなかった。このときに，売上高30%アップという目標はそのまま変えず，それを達成するために，別の経営戦略を実行することが，シングルループ学習である。企業にとって，環境の変化に対する適応は不可欠であるが，そういった環境適応のために取られる行動の多くが，このシングルループ学習で

あり，そのために適応的学習と呼ばれることもある。目標を達成するために実行された行動が望ましい結果を生み出せば，フィードバックされ，その行動が正しいものとして学習されることになる。逆に，望ましい結果を得ることができなければ，その結果がフィードバックされ，設定されていた目標が達成できるように，行動が修正されたり，別の行動が模索されたりすることになる。

しかしながら，場合によっては，どのような行動を取っても，設定されていた目標が達成できない，あるいは望ましい結果が得られないということも起こり得るだろう。つまり，そもそもの目標やその目標の前提となっている考え方や価値観が不適切であったとしたら，シングルループ学習で行われる行動の修正は意味をなさなくなり，永遠に目標が達成されることなく，悪循環に陥ってしまうことになる。特に，昨今のような企業環境の大きな変化やテクノロジーの劇的な進歩は，従来からの考え方や価値観を時代遅れの陳腐なものとしてしまうことがある。このようなときには，シングルループ学習が依拠していた目標や考え方，価値観，企業であれば，経営理念や企業ビジョン，組織での暗黙的なルールや規範といったものが本当に適切だったのかという問い直しが必要になる。先ほどの例で言えば，売上高30%アップという目標の変更にとどまらず，その事業そのものや会社の基本的な経営方針から再検討していくことが求められることになる。このようなそもそもの目的や価値観を再検討していく学習のことをダブルループ学習という。特に，マーケットやテクノロジー等に大きな変化が生じたときには，当初，想定していなかったようなことへ取り組む必要が出るため，このダブルループ学習は創造的学習とも呼ばれる。

図表12-1　シングルループ学習とダブルループ学習

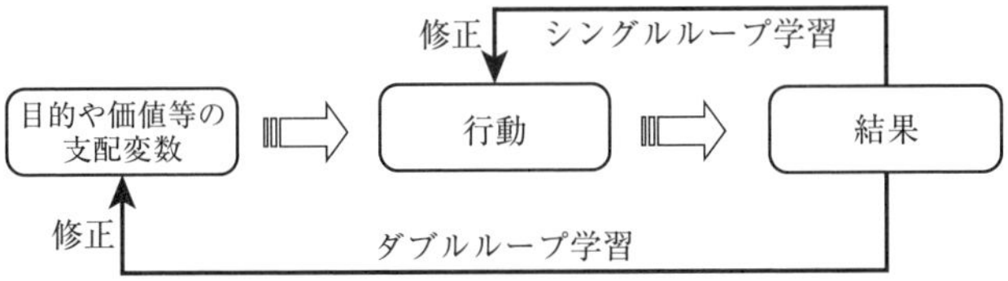

出所) Argyris（1977：訳103）より作成

2. 組織学習サイクル

　March & Olsen（1976）は，組織学習における個々の組織メンバーの役割に注目し，組織と個人との関係を明らかにしている。彼らによると，組織学習のプロセスでは「個人の信念」が「個人の行動」を導き出し，それがきっかけとなり「組織の行動」が引き起こされることになる。この組織の行動は「環境の変化」に影響を与えることとなり，それが再度，「個人の信念」に作用（強化や修正）していくという循環型の学習サイクルが示された。

図表12-2　組織学習サイクル

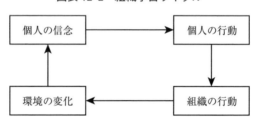

出所）March & Olsen（1976：56）より作成

　但し，現実では，組織が合理性を追求するための手段として構築した，組織の構造化や諸規則・手続きの制度化といったもので作り出される組織の慣性によって，組織学習はそのサイクルのどこかで切断されることとなり，組織学習は不完全なものになるとされている。March & Olsen（1976）によると，その不完全な組織学習には次の4つが想定される。

(1) 役割制約的学習

　組織では通常，就業規則や業務手続き，罰則規定等が整備され，それは組織活動の合理化を図るとともに，組織メンバーにとっては制約となることがある。たとえば，個人が新たな知識を獲得したとしても，組織の慣性の力によって，既存のルーティンが適用され続け，その個人は自分の行動を変えることができないままになってしまうことがある。

(2) 迷信的学習

強い信念や思い込みによって，組織の行動が環境の反応とは無関係のままに展開されてしまうことがある。自分たちの思い込みや価値信念が優先されるために，環境からのフィードバック等の反応を正しく理解することができない。また，仮に環境の反応を正しく認識するメンバーがいたとしても，それを組織の他の部門やメンバーに伝達することは難しく，学習が個人レベルや特定の組織レベルにとどまってしまうことになる。

(3) 傍観者的学習

組織において，政治的な権力が作用していて，組織メンバーのイニシアティブを抑制したり，組織全体に変化に対する強い抵抗があったりするような組織の慣性が働いていると，メンバー個人が学習にもとづいて行動したとしても，それは組織の行動には活かされない。その結果，そのメンバーは傍観者的立場に置かれてしまうことになる。

(4) 曖昧さのもとでの学習

組織の行動によって環境の変化が起こったとしても，その変化が曖昧なものであったり，多義性を含むものであったりすると，組織メンバーはその変化を適切に解釈することができず，その結果，個人の信念になんら修正がなされない状況が起こる。

図表12-3　不完全な組織学習

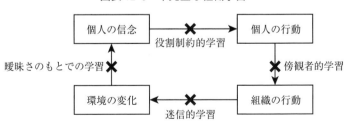

出所) March & Olsen (1976：57-59) より作成

3. アンラーニング

1980年代に入ると、学習の棄却を意味する「アンラーニング」という概念が注目される。この概念を提唱した Hedberg (1981) によると、アンラーニングとは、組織にとって時代遅れになっていたり、人々を誤った方向へと導いてしまったりするような知識を組織が捨て去るプロセスのことである。但し、ここで棄却されるのは、知識のみならず、組織のルーティンや規範、組織内で共有されている価値、組織の準拠枠や認知構造、世界観、基本的仮定といったものまでもが含まれる。日々の業務に関わる手順などによる行動上のルーティンや組織内の諸制度といったものは比較的棄却が容易であるが、組織メンバーのより深層に（ときには無意識下に）ある世界観や基本的仮定は、組織にとって、モノの見方や思考のあり方を定め、それが当然のこととして機能しているために、棄却することが非常に困難になる。従って、組織のアンラーニングの成功は、表面的なルーティンレベルのものだけでなく、この世界観や基本的仮定をどれだけ捨て去ることができるかに掛かってくることになるのである。

4. 問題解決学習と回避学習

組織文化との関係で組織学習論を展開したのは、Schein (1985) である。Schein によれば、組織文化とは「ある特定のグループが外部への適応や内部統合の問題に対処する際に学習した、グループ自身によって創られ、発見され、また展開された基本的仮定のパターン」(訳12) である[1]。つまり、文化というものは学習されるものなのである。また、「学習をするのは、個人よりもむしろ集団であり、学習されるものは単に公然たる行動様式のパターンだけでなく、認知や情緒も含まれる」(訳221-222) と述べている。それでは、組織文化の本質となる基本的仮定はどのように学習されるのであろうか。Schein (1985) によれば、学習のメカニズムには2つのタイプがある。

まずは、積極的問題解決の学習状況である。組織が維持、存続していくためには、外的適応を図るとともに、内的統合をしていかなければならない。しかし、それを実現していくためには、さまざまな問題に対処していく必要がある。

これらの問題に対し，積極的に取り組み，有効な解決策が発見されれば，その解決策はその後の同様の問題に対しても繰り返し喚起され，機能することになるであろう。この問題解決は，単なる行動だけでなく，問題に対する認知，思考様式，感情や信念，そして，世界に関する新たな仮定といったものに強く影響し，繰り返し機能すればするほど，それはプログラム化され，文化的な仮定となり，組織にとってそうすることが当然のこととして受け入れられることになるのである。

次の学習メカニズムは，不安回避学習である。この場合，既知あるいは未知の原因によって脅かされているという恐怖感や，何が起こっているのか，これから何が起ころうとしているのかわからないという失見当識から生じる苦痛や不安を軽減することが，この学習の動機づけとなる。こうした苦痛や不安が与えられたり，引き起こされたりする状況を知覚し，その状況を回避するための方法を思考し，行動する学習が展開される。Scheinによれば，この回避学習は，1回限りによる試行で強化されることがある。一度，ある行動によって不安回避に成功することができれば，その苦痛の原因が取り除かれたとしても，際限なくその行動が繰り返される傾向がある。それは恐怖症の反応にみられるように，もし，その行動をやめてしまえば，同じ不安や苦痛に襲われるかもしれないと思うことに起因するからである。

図表12-4　積極的問題解決学習

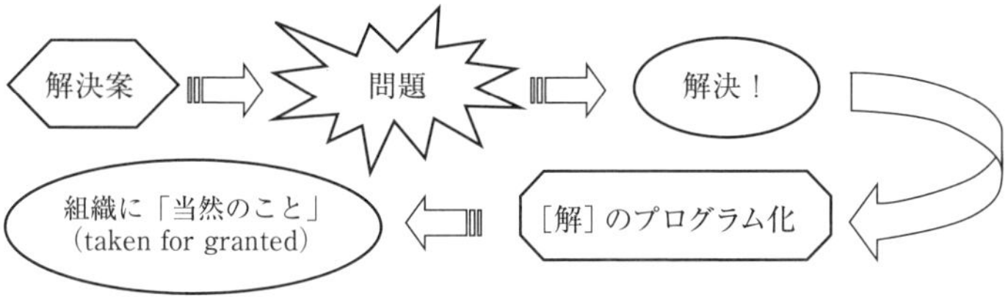

出所) Schein（1985：訳222-224）より作成

Ⅱ．学習する組織

1990年代，組織学習論に大きな注目を浴びる理論が登場する。MIT（マサチューセッツ工科大学）のSenge（1990）によって提唱された，学習する組織（Learning Organization）の理論である。その背景には，グローバル化やテクノロジーの進化など，企業を取り巻く環境が大きく変化していく中で，組織が能動的に，かつ継続的に学習する必要が出てきたことがある。このグローバル化やICTの高度な進化の中では，かつての組織学習プロセスでみられたような組織内外からの刺激に対して，その都度，反応していくというスタイルでは，企業は生き残りもままならないだろう。組織がより主体的にどれだけ学習していくことができるかが重要になってくる。学習する組織の提唱者であるSenge（2006）によれば，学習する組織とは「人々が絶えず，心から望んでいる結果を生み出す能力を拡大させる組織」「新しい発展的な思考パターンが育まれる組織」「共に抱く志が解放される組織」「共に学習する方法を人々が継続的に学んでいる組織」（訳：34）である。また，Garvin（1993）は学習する組織を「知識を創造・習得，移転するスキルを有し，既存の行動様式を新しい知識や洞察を反映しながら変革できる組織である」（80，訳104-105）と述べている。

図表12-5　学習する組織の三本脚の丸椅子

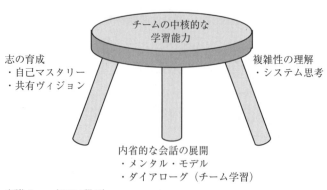

出所）Senge（2006：訳23）

Senge (2006) によると，学習する組織には5つのディシプリン（原則）があり，その5つのディシプリンがチームの中核的な学習能力を支える「志の育成」「内省的な会話の展開」「複雑性の理解」という3本の脚を構成している（図表12-5）。それでは，学習する組織の5つのディシプリンをそれぞれみていこう。

1. システム思考

　最初のディシプリンは，システム思考である。経営組織論においては，古くからこのシステムという考え方が採用されてきた。たとえば，Barnard (1938) の有名な公式組織の定義では，組織とは「2人以上の人々の意識的に調整された活動や諸力の体系（システム）」(訳76) と定義される。そもそも，組織とは1人ではできないことを複数名の人々が力を合わせることで成し遂げるために作られる。人々が組織の共通目的を達成するために，貢献しようとする活動がシステムとして機能することになる。一人ひとりができることは限られているが，組織として複数の人たちが組織の共通目的を達成するために，協力し合うこと，協働することによって，個々の活動が単純な人数の総和以上の成果を生み出すことがある。1＋1が2ではなく，3にも4にもなり得るのである。これをシステムの創発性という。経営戦略論において，事業の多角化戦略をとるときに得られるシナジー効果も同様の考え方である。むろん，単純な総和以下の成果，つまり，1＋1がゼロになったり，マイナスになったりすることもあり得るわけだが，組織においてはそうならないように，Barnardの言葉を借りれば，諸々の活動や力が「意識的に調整」されることになるのである。

　では，こうしたシステムとしての思考とはどういうことであろうか。Sengeによると，システム思考とは「パターンの全体を明らかにして，それを効果的に変える方法を見つけるための概念的枠組み」(訳：39) である。つまり，個々の物事をみるのではなく，物事と物事との相互関係をみるものであり，また，静態的で切り取られたスナップショットをみるのではなく，物事と物事との変化のパターンやプロセスをみていくための全体的な枠組みのことなのである。企業がおかれている環境は，常に大きな変化を伴っている。90年代にはグロ

ーバル化の波が襲いかかり，2000年代以降はそれに急激なテクノロジーの進展，特に，ICTの進歩は，インターネットの世界から大きく飛躍し，現在では第4次産業革命と呼ばれる大きなうねりが訪れようとしている。こうした環境下において，企業は主体的に学習することが求められるわけだが，企業にとっての問題領域は，関連する要因が無数にあり，また，それらの要因や要因同士の関係性が変化をすることにもなる。こういう状況においては，個々のローカルな問題群をみていても，それを解決することは非常に難しい。そこで，さまざまな要因がどのような相互関係をもち，また，どれだけ複雑に変化をしているのか，それらを全体的な視点から概観することが必要になる。単純な線形の因果関係をみるのではなく，要因同士の関係性がもたらすダイナミズムや複雑性を理解していかなければならないのである。Sengeによれば，このシステム思考を実践するにあたって鍵となるのがフィードバックである。ある行動が他の要因にどのように影響するのか，たとえば，互いに強めたり，打ち消してバランスを取ったりすることがある。このフィードバックを捉えることで，何度も繰り返し生じる「構造」の型を見出していくことにつながっていく。その結果，システム思考は，多様な相互関係や変化のパターンを説明するための豊富な語彙を形成するようになり，最終的には，さまざまな出来事や諸事象の背後にある，より深いパターンに目を向けることが可能になっていくのである。

2. 自己マスタリー

　Sengeによると，ここでのマスタリーとは特別なレベルの熟練を意味し，高いレベルの自己マスタリーを習得した人は，自らにとって重要な結果を常に実現できるとしている。さらには，この自己マスタリーという原則は，自分たちの個人のビジョンを常に明確にして，それを深めていくこと，エネルギーを集中させること，忍耐力を身につけること，そして，現実を客観的にみることでもあるとも述べている。それゆえに，自己マスタリーは，学習する組織にとって精神的基盤を形作ることになる。

　組織の学習というものは，学習する個人を通してしか起こりえないものであ

る。個人の成長と学習のディシプリンとなるものが自己マスタリーとなり，高度な自己マスタリーを実現する人は，自らの人生において，本当に求めている結果を生み出す能力を絶えず伸ばしていくことが可能になる。こうした自己マスタリーは，個人の能力やスキルを土台にし，また，精神的な成長を必要とするが，一方で，自分の人生を独創的な仕事として取り組むことになり，それは受動的な視点ではなく，創造的視点によって実現される。

　この自己マスタリーが自分の人生の一部として実践されることになると，2つの基本的な動きが具体化されていくことになる。ひとつは，自分にとって何が重要であるかということを絶えず明確にしていくことになる。人は人生の中で何かしらの問題に対峙したときに，そのことにあまりに多くの時間をかけすぎてしまって，なぜ，その道を歩んできたのかを忘れてしまうことがある。その結果，自分にとって，何が本当に大切なことなのかを見失ったり，見誤ったりすることがある。そして，もうひとつは，どのようにすれば，今の現実の姿をより明確にみることができるのか，学習し続けていくことになる。人はときとして，生産性のない関係に置かれながらも，あたかも問題が存在しないかのように振る舞うことがある。たとえば，仕事の会議において，明らかに問題を抱えているのに「計画通り，順調に進んでいる」と誰もが口を揃えて言うことがある。そこから動き出すことができなくなっている状況に置かれていても，そのように答えてしまうかもしれない。自分たちが目指しているものがあるならば，今，どのような状況に置かれているのか，現実の姿をしっかりと把握することが不可欠なのである。

　この目指しているもの（ビジョン）と，自分たちが置かれている現実との間には「創造的緊張」（クリエイティヴ・テンション）と呼ばれるものが生まれる。Senge は，この創造的緊張について，ゴムバンド（輪ゴム）を用いて説明している。ゴムバンドの片方にはビジョンが，反対には現実があるような状況でゴムバンドが掛けられている。この両方を離していくと，ゴムバンドはピンと張ったテンション，つまり，引っ張り合う力としての緊張関係が生まれる。これがビジョンと現実との間にあるテンションである。この張りつめたテンションを

解消しようとすると，その方法は2つしかない。現実の方をビジョンに近づけるか，あるいは，ビジョンを現実に近づけるか，そのどちらかである。そのどちらが起こるかは，自分がビジョンをしっかりと保持し続けることができるかによって決められることになる。そして，この創造的緊張が何かを理解し，ビジョンを下げることなくこのテンションの働きを利用することができれば，ビジョンは活動の源として作用することになるのである。ここで重要なことは，どのようなビジョンであるかではなく，ビジョンがどのように機能するかということである。この創造的緊張をマスターすることができれば，失敗に対する見方が変わってくることもあるだろう。つまり，失敗とはビジョンと現実との間に乖離があることを意味し，学びの機会を与えるものとなるのである。

3. メンタル・モデル

　メンタル・モデルとは，われわれが世界をどのように理解し，また，どのように行動するかについての前提や一般概念のことである。そうすることが深く染み込んでいるために，そのようなメンタル・モデルをもっていることや，そのメンタル・モデルの影響について，多くの場合は気づかない。その点においては，第9章で登場したScheinの組織文化の次元における「基本的な深いところに保たれている前提認識（assumptions）」に極めて近い。それは，意識されずに当然のものとして抱かれている信条や価値観のことであった。たとえば，企業において，他社が新しい戦略やアプローチで成功をおさめているのに，自社ではそうした戦略やアプローチが採用されないことがある。それは，そうした新しいアプローチが，その組織において，長く慣れ親しんできた考え方や行動と相容れないことに起因する。

　Sengeによると，メンタル・モデルの問題は，そのモデルが正しいか，あるいは間違っているかにあるのではなく，それが暗黙の了解になっているとき，すなわち，無意識下に隠れているときに厄介なことになることが多いという。自分たちがもっているメンタル・モデルに気づかなかったがために，それは検証されることがなく，そして，検証されることがないために，そのメンタル・

モデルはいつまでも同じものであり続けることになる。その結果，世界や社会は大きく変わっているのに，旧来のメンタル・モデルしかもちえない組織は時代遅れの考え方しかできなくなってしまい，現実から大きく取り残されてしまうことになるのである。

　このように，メンタル・モデルは学習する組織にとって，阻害要因として機能することがある。しかし，そのメンタル・モデルを意識できるように表面化させ，検証できるようになれば，組織としての学習を促進することも可能になる。

　そのために必要となることは，自らのメンタル・モデルがどのように形成されているのか，そして，それが行動にどのような影響を及ぼしているのかを意識することである。そこで鍵となるのが「自己省察（振り返り）」である。一般的に，われわれがもっている理性は，たくさんのディテール（細かいこと）を単純な概念に置き換え，この概念にもとづいて物事を推察する。しかし，このディテールから一般的な概念への飛躍が起こり，その飛躍に気づくことができなければ，この抽象的に概念化して推論すること自体が学習の妨げになってしまうことが少なくない。なぜならば，この抽象化という飛躍によって，それが自明の理となり「事実」として扱われてしまうからである。たとえば，ある企業で「顧客は安さを追求するものであって，サービスの質は重視しない」という確信がまかり通っていたとしよう。なぜならば，顧客は常に値引きを要求してくるし，ライバル企業も絶えず価格攻勢を仕掛けてくるからである。そのような中で，その企業に新しいマーケティング担当者が入り，サービスの質を向上するように提案したとしても，その提案はほとんど検証されることがないまま，却下されることになるだろう。それは「顧客は安さを追求するものであって，サービスの質を重視しない」という確信が，抽象化の飛躍によって「事実」として受け止められているからである。そこに，サービスを重視する企業が現れ，マーケットシェアを拡大していったとしよう。なぜ，顧客はサービスを重視する企業になびいてしまったのか。それは，顧客がそのようなサービスを経験したことがなかったがために，そのような要求をしなかっただけなのである。そ

れでは，こうした抽象化の飛躍はどのように突き止めることが可能であろうか。Sengeによれば，世の中について，そして，ビジネスの本質や人間一般について，自分が信じているものに疑問を呈することだという。自分の固定観念は何かと。「この一般化の根拠になっているデータは何だろうか？」，そして，「この一般化は不正確で，間違いを招いてしまうことになるかもしれないと考えられるか？」と自問してみることが大切なのである。

4. 共有ビジョン

　第4のディシプリンは，自分たちが達成しようと思っている将来のイメージ，すなわち，ビジョンを共有することである。それは，自分たちは何を創造したいのかという問いに対する答えであり，個人のビジョンが人それぞれの頭や心に描き出されるイメージであるように，共有ビジョンは組織のあらゆる人々が思い描いているイメージである。そして，この共有ビジョンは組織に広く浸透し，さまざまな活動において，共通の意識を生み出す。他者が自分と同じようなイメージをもち，相互にコミットし合うとき，ビジョンは本当の意味で共有されたことになり，人々は共通の目標によってつながり，相互に強固に団結することが可能になるのである。

　Sengeによると，共有ビジョンは学習のための集中力やエネルギーをもたらすために，学習する組織にとっては不可欠なものであるというが，それでは，なぜ共有ビジョンがそれほど重要となるのだろうか。

　まず，共有ビジョンの多くは外因的なものであり，競合他社などの外部のものとの比較において，何かを達成することに主眼が置かれていることが多い。しかしながら，その競合他社を打ち負かすことだけに限定された目標は一時的なものにすぎず，もし，そのビジョンが達成されてしまったならば，今度は今の立場や地位を保持するために，守りの姿勢に転じやすくなってしまう。この守りの姿勢が新しいものを生み出すような創造性を呼び起こすことはほとんどないだろう。そして，こうした競合他社を打ち負かすという外因的なビジョンだけでは，将来的に組織は成長も成功もできずに弱体化することになってしま

うであろう。他方で，人々の内なるものに訴えかけるような内因的な共有ビジョンは，人々の志を大きく高め，より大きな目的を追求するものとして仕事が位置づけられるようになる。そして，その大きな目的は組織の流儀や文化，精神といったものに現れてくることにもなる。

また，企業ではこの共有ビジョンによって，会社と従業員との関係が変わってくるという。すなわち，「あの人の会社」ではなく，「自分たちの会社」という感覚へと変化するのである。当初，お互いに信用がおけない関係にあったとしても，共有ビジョンは人々が一緒に働き始めることを可能にし，共通のアイデンティティを生み出す。組織で共有されている目的意識やビジョンが，人々に最も基礎的な共通の価値観を構築していくことになるのである。

この共有ビジョンなくして，学習する組織を実現することはできないとSenge はいう。なぜなら，人々が本当に成し遂げたいと思うような目標をもち，それが人々を強く惹きつけることができなければ，組織においては現状で満足してしまうような力が優勢になってしまうからである。ビジョンは最も重要で大きな目標を定め，その大きな目標をもつことによって，新しい考え方や行動の仕方が生まれてくることになる。また，仮にストレスが発生したとしても，共有ビジョンは正しい方向へと向かわせる指針を与えてくれることにもなる。ときに，学習は困難であったり，苦痛であったりするときもあるが，共有ビジョンがあることによって，人々が無意識的に機能させていたモノの見方や考え方を顕在化させるとともに捨て去ることができるようになることもある。また，個々人や組織がもっていた問題点を認識することも容易になるだろう。自分たちがこれから作り上げよう，成し遂げようとしていることに比べれば，そうした苦労や苦痛も取るに足らないものとなるのである。

5. チーム学習

学習する組織の最後のディシプリンは，チーム学習である。Senge によると，チーム学習とは，チームのメンバーが心から望んでいる成果を生み出せるように，お互いに協力してチームの能力を伸ばしていくプロセスである。また，

Sengeは，このチーム学習が共有ビジョンと自己マスタリーのディシプリンにもとづくものであるとも述べている。なぜなら，有能なチームというものは，有能な個人から構成されているからである。但し，チームが共有ビジョンをもっていて，メンバーが自己マスタリーで有能であるだけでは十分とはならない。優れたジャズバンドには，技術の高いメンバーがいて，事前に細かい打ち合わせがなくても共有ビジョンをもっている。彼らが素晴らしい演奏をできるのは，心をひとつにしてプレイする術を知っているからに他ならない。

　個人の学習は，必ずしも組織の学習に繋がるわけではない。なぜなら，個人が常に学習をしていたとしても，それが個人で完結してしまっていては，組織の学習にならないからである。ところが，チームで学習することができれば，組織のいたるところでその作用が現れてくることになる。チームで得られた洞察は，組織において行動に移され，チームで開発されたスキルは他の個人やチームへと移転されることも可能になるだろう。チームが成果を上げることで，より大きな組織のために協力して学習していく風潮が生まれ，また，そのための規範が構築されることもある。

　組織におけるチーム学習について，Sengeは4つの重要なポイントを指摘している。まず，複雑な問題に対して，深い洞察力で考えることである。その際，1人で問題を考えるよりも，チームで考えた方がその問題を理解したり，解決したりできる潜在的な可能性を引き出していくような術を学ばなければならない。次に，革新的で協調的な行動をすることが重要になる。先に述べたジャズバンドのように，優れた演奏グループは自律的に美しいメロディを奏でたり，高度なテクニックを披露したりしながらも，アンサンブル，つまり，決して曲を崩したり，他のメンバーの演奏の妨げになったりすることなく，協調的に演奏がなされている。チーム学習においても，チームのそれぞれのメンバーが常に意識し合い，また，相互に補い合う行動が取れるような実践的な信頼というものが築かれているのである。3つめのポイントは，チームのメンバーが他のチームに対して果たす役割である。たとえば，企業などでは上位のチームの作戦が，その他のチームによって遂行されるケースが非常に多いが，学習してい

るチームのメンバーが，学習に必要な実践とスキルをより広く教えることで，他の学習するチームを育てていくことになるのである。最後のポイントは，チーム内外での意見交換において必要とされる2つの方法，すなわち，ダイアローグ（対話）とディスカッション（議論）をしっかりと習得することである。ダイアローグにおいては，問題に対して，お互いの話にじっくりと耳を傾け，そのうえで自らの意見を述べ，ともに考えていくことになる。一方で，ディスカッションにおいては，さまざまな意見や考えを相互に述べたり，また，他者の意見を弁護したり否定したりしながら，最終的にどの考えが最善の策となるかを追求することになる。

日本では，かねてよりQCサークルなどの小集団活動が盛んで，職場のさまざまな課題を解決しようと，相互に知恵を出し合って，チーム学習を行ってきており，元来，日本企業が強みとしてきたことである。

注
1) ここではSchein (1985) Organizational Culture and Leadership 1st Editionを参照しているため，basic assumptionsを訳書(1989)による「基本的仮定」と表現している。本書第9章ではSchein (2010)の4th Editionを参照しているため，assumptionsを訳書(2012)の「前提認識」と表現している。

さらに学習すべき事柄
・組織学習あるいは学習する組織として，現実に成功した企業について調べてみよう。

読んでもらいたい文献
『DIAMONDハーバード・ビジネス・レビュー』3月号，特集：「学習する組織のマネジメント」2003年
　　特集「学習する組織のマネジメント」のなかで，組織心理学・組織文化論の世界的な権威であるEdger H. Scheinの「学習の心理学」，マッキンゼー賞受賞論文であるDavid A. Garvinの「「学習する組織」の実践プロセス」など，組織学習や学習する組織に関する優れた論文が多数掲載されている。

参考文献

Argyris, C.（1977）"Double Loop Learning in Organizations," *Harvard Business Review,* 55(5)：115-125.（有賀裕子訳「『ダブルループ学習』とは何か」『DIAMONDハーバード・ビジネス・レビュー』4月号：100-113，2007年）

Argyris, C., & Schön, D.（1978）*Organizational Learning: A Theory of Action Perspective.* Addison-Wesley.

Barnard, C. I.（1938）*The Functions of the Exective.* Harvard University Press.（山本安次郎・田辺競・飯野春樹訳『新訳 経営者の役割』ダイヤモンド社，1956年）

Cyert, R. M., & Marich, J. G.（1963）*A Behavioral Theory of the Firm.* Prentice-Hall.（松田武彦・井上恒夫訳『企業の行動理論』ダイヤモンド社，1967年）

Garvin, D. A.（1993）"Building a Learning Organization," *Harvard Business Review,* July-August：78-91.（ダイヤモンド・ハーバード・ビジネス・レビュー編集部訳「『学習する組織』の実践プロセス」『DIAMONDハーバード・ビジネス・レビュー』3月号：102-117，2003年）

Hedberg, B.（1981）"How Organizations Learn and Unlearn" In P.C. Nystrom & W.H. Starbuck（eds.）, *Handbook of Organizational Design.* 1, Oxford University Press：3-27.

March, J. G., & Olsen, J. P.（1976）*Ambiguity and Choice in Organizations.* Universitetsforlaget.

Schein, E. H.（1985）*Organizational Culture and Leadership.* Jossey-Bass.（清水紀彦・浜田幸雄訳『組織文化とリーダーシップ』ダイヤモンド社，1989年）

Senge, P. M.（1990）*The Fifth Discipline: The Art & Practice of the Learning Organization.* NY：Doubleday Currency.（守部信之訳『最強組織の法則―新時代のチームワークとは何か―』徳間書店，1995年）

Senge, P. M.（2006）*The Fifth Discipline: The Art & Practice of the Learning Organization Revised & Updated Edition.* NY: Doubleday Currency.（枝廣淳子・小田理一郎・中小路佳代子訳『学習する組織―システム思考で未来を創造する―』英治出版，2011年）

第 13 章　組織と戦略

> 本章では，経営戦略の概念および経営戦略のレベルについての議論を展開する。まず，経営戦略の概念として，既存の戦略論研究における戦略概念の多様性について概観する。次に，現実の企業組織の戦略策定に関わる経営戦略のレベルについて取り上げつつ，その内の企業戦略（全社戦略）と事業戦略（競争戦略）の 2 レベルからその戦略策定の論理について詳しくみていく。

キーワード：戦略概念の多様性，経営戦略の5P，戦略論の10スクール，企業戦略，事業戦略

　組織の戦略とは，一体どのようなものであろうか。経営戦略に関する定義については，現在までに，多くの論者によって，さまざまなものが提示されている。

　たとえば，戦略概念を最初に用いたとされている Chandler (1962) は，経営戦略を「企業の基本的な長期目標・目的を決定し，これらの諸目標を遂行するために必要な行動のコースを採択し，諸資源を割り当てること」と定義している。

　また，経営戦略に関わる本格的な研究の先駆者とされている Ansoff (1965) は，戦略を「部分的無知の状態のもとでの意思決定のためのルール」と定義し，具体的には「① 企業の事業活動についての広範な概念を提供し，② 企業が新しい機会を探求するための個別的な指針を設定し，③ 企業の選択の過程を最も魅力的な機会だけにしぼるような意思決定ルールによって企業の目標の役割を補足するもの」ととらえている。

　さらに，組織戦略における最もベーシックな考え方として位置づけられている「SWOT 分析」の基盤を提唱した Andrews (1971) は，経営戦略を「会社はどんな事業に属しているのか，あるいはどんな事業に属すべきか，または，どんな種類の会社なのか，あるいはどんな種類の会社であるべきか，を明確化するように表明された会社の重要目的，意図，目標，ならびにこれら目標を達成

するための基本的な諸指針と諸計画などからなる構図」と定義している。

経営戦略の初期の代表的研究と位置づけられるこれらのさまざまな定義をみてもわかるように，一概に「組織の戦略」といっても，多様な側面からとらえていく必要があるようだ。

I．戦略概念の多様性

多様な戦略概念について，Mintzberg et al.（1998）は，既存の経営戦略論研究のレビューをもとに，5つのとらえ方（戦略の5つのP）を提起している。

1つ目は，「プラン（Plan）」である。言い換えれば，方向性，将来へ向けてどうアクションをとるべきかという指針や方針，ある地点からある地点へ行くための進路などである。

2つ目は，「パターン（Pattern）」である。つまり，時を超えて一貫した行動を示すものととらえることのできるものである。たとえば，業界の中で常に最高価格帯の製品を販売している企業は，一般にハイ・エンド戦略のパターンをとるし，同様に，常に最もチャレンジングな仕事ばかりを引き受ける人は，ハイ・リスク戦略のパターンをとる。

この上記2つの戦略の概念がどちらも正しいようにみえるのは，組織は将来のためにプランを展開（意図された戦略）し，また過去の集積からパターンを見出す（実現された戦略）からである。図表13-1で示されるように，完璧に実現されることを意図した戦略は，計画的戦略と呼ばれる。一方，創発的戦略と呼ばれるものは，実現された戦略が最初から明確に意図されたものではなく，行動の一つひとつが集積され，そのつど学習する過程で戦略の一貫性やパターンが形成されるというものである。これに関して，一方的に計画的で，まったく学習のない戦略はほとんどない。しかしまた，一方的で創発的で，コントロールのまったくない戦略もない。現実的な戦略は，すべてこの2つを併せ持たなければならないのである。つまり，学習しながらも計画的にコントロールするのである。別の言い方をすれば，戦略は計画的に策定されると同時に，創発的に

図表13-1　計画的および創発的戦略

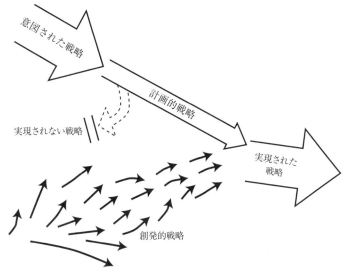

出所）Mintzberg et al.（1998：訳13）

形成されなければならないということである。以上のことから，効果的な戦略というのは，予期せぬ出来事への対応力と，予測する能力を兼ね備えたこれら2つの戦略の組み合わせなのである。

　3つ目は，「ポジション（Position）」である。言い換えれば，特定の市場における特定の製品の位置づけであり，したがってマーケット全体に目を向けるものである。

　4つ目は，「パースペクティブ（Perspective）」である。これは，企業の基本的理念に関わるものであり，「ビジネスのセオリー（事業の定義）」，「企業のグランド・ビジョン」ともいえる。

　5つ目は，「策略（Ploy）」である。つまり，敵あるいは競争相手の裏をかこうとする特別な「計略」のことである。たとえば，ある企業が競合の新たなプラント建設を牽制するために，自分たちが生産能力を拡大しようとしていると競

第13章　組織と戦略

合相手に印象づけようとして，土地を購入する。ここでの真の戦略は，生産能力の拡大ではなく，競合相手に脅威を与えるということ，つまり策略である。

このような戦略概念に関わる5つのとらえ方を提起するとともに，Mintzberg et al. (1998) は，既存の経営戦略論研究はさらに細かく10のスクール（学派）に分類できるとしている。

1つ目は，「デザイン・スクール」，つまりコンセプト構想プロセスとしての戦略形成である。その代表的研究として，Christensen et al. (1987) の研究がある。デザイン・スクールは，企業の内的能力と外的可能性を調和させる，つまり両者を適合させることを目指した戦略作成モデルを提案している。その基盤となるのが「SWOT分析」であり，組織を取り巻く外部環境に潜む機会 (Opportunities) や脅威 (Threats) を考慮したうえで，その組織の強み (Strengths) と弱み (Weaknesses) を評価することである。

2つ目は，「プランニング・スクール」，つまり形式的策定プロセスとしての戦略形成である。その代表的研究として，Ansoff (1965) の研究がある。プランニング・スクールは，SWOT分析から始まり，それをきちんとしたステップに落とし込み，それぞれにたくさんのチェックリストと分析技法を付け加えるものである。また，最初の目標設定と最後の予算および実施プランの仕上げに関しては，細心の注意を払っている。そして，全体の流れを示すチャートが少なくともひとつはあるというものである。

3つ目は，「ポジショニング・スクール」，つまり分析プロセスとしての戦略形成である。その代表的研究として，Porter (1980) の研究がある。ポジショニング・スクールで最も注目すべき点は，どんな産業であっても鍵となる重要な戦略は，経済市場におけるポジションを確立するという，ごく限られたものが望ましいということである。このような戦略こそ，現在・未来の競合相手にも対抗できるものであり，そして競合に対して有利であるということは，そのポジションにある企業は，同業他社と比べてより高い利益率を誇っていることを意味する。これがひいては，さらなる拡張に向けての資源の蓄積を可能にし，また企業がその市場における地位を強化し，拡大することにもつながるのであ

る。

　4つ目は,「アントレプレナー・スクール」,つまりビジョン創造プロセスとしての戦略形成である。その代表的研究として,Bhide (1994) の研究がある。アントレプレナー・スクールは,ただ1人のリーダーに戦略形成のプロセスを集中させただけでなく,さらに直観,判断,知恵,経験,洞察など,人間の知的活動に特有な要素を強調した。そして方向性を示すイメージや感性を伴うビジョンを示すパースペクティブとして戦略をとらえる考え方を広めたのである。

　5つ目は,「コグニティブ・スクール」,つまり認知プロセスとしての戦略形成である。その代表的研究として,Smircich & Stubbart (1985) の研究がある。コグニティブ・スクールは,戦略的ビジョンや,異なる状況下で戦略がどのように形を成すかについて考えるために,戦略家の心 (mind) を探る必要性を提起する。すなわち,認知心理学の分野を利用して,人間の認知の領域で,このプロセスがどのような意味をもつのかを探究するのである。

　6つ目は,「ラーニング・スクール」,つまり創発的学習プロセスとしての戦略形成である。その代表的研究として,Quinn (1980) の研究がある。ラーニング・スクールによれば,戦略とは人々が状況を学習したり,その状況に対処する組織そのものの能力を学習するというところから生まれる。そしてその学習は,個人個人というよりはほとんどが集合体として行われる。その結果,戦略は組織内でうまく機能する行動パターンとして収束するのである。

　7つ目は,「パワー・スクール」,つまり交渉プロセスとしての戦略形成である。その代表的研究として,Pettigrew (1977) の研究がある。パワー・スクールは,公然と影響力を行使するプロセスとしての戦略形成を真っ向からとらえ,性格づけをしている。そして,ある特定の利害関係に有利に働くように戦略を導くために,パワーと政治力をその交渉プロセスにおいて活用することを力説しているのである。

　8つ目は,「カルチャー・スクール」,つまり集合的プロセスとしての戦略形成である。その代表的研究として,Barney (1986) の研究がある。カルチャー・スクールは,プロセスとしての戦略形成がカルチャーという社会的な力に根づ

いているととらえている。つまり，カルチャーは，個が集まったものを組織と呼ばれる統合化された実態の中へと織り込んでいくのである。したがって，戦略的な安定を維持しようとする際のカルチャーがもつ影響力（時には，戦略的な変化に対し積極的に抵抗するもの）について言及するのである。

9つ目は，「エンバイロメント・スクール」，つまり環境への反応プロセスとしての戦略形成である。その代表的研究として，Hannan & Freeman (1977) の研究がある。エンバイロメント・スクールは，環境をまさに当事者そのものと見なす。その結果，組織を受動的なもの，すなわち環境が組織の取り組み議題を決定づけ，そして組織とはその環境に反応するために時間を費やすものとしてとらえているのである。

最後に，「コンフィギュレーション・スクール」，つまり変革プロセスとしての戦略形成である。その代表的研究として，Miller & Friesen (1984) の研究がある。コンフィギュレーション・スクールによれば，組織には大きく2つの重大な側面がある。1つは，組織とその周辺の状況が置かれたある特定の安定した状態を示すもので，コンフィギュレーション（配置・構成の状態）と表現される。もう1つは，組織が現在のコンフィギュレーションの状態から次のコンフィギュレーションの状態へと飛躍・変化するプロセスを示すもので，トランスフォーメーション（変革）と表現される。したがって，戦略形成とはあるべきコンフィギュレーションの状態にトランスフォームするためのプロセスそのものととらえられるのである。

このように，組織の戦略に関わる研究や概念については，統一的なとらえ方・見解があるわけではなく，多様なものが林立している状況にある。

II. 経営戦略のレベル

経営戦略の概念については，上述の通り多様なものがあるが，現実の企業組織の戦略策定を考えた場合，企業の仕事の種類やレベルによっていくつかの戦略に分けることができる。経営戦略の階層レベルとしてよく提起されているの

が,「企業戦略 (corporate strategy)」,「事業戦略 (business strategy)」,「職能別戦略 (functional strategy)」という3つのレベルである (石井他, 1996；大滝他, 2016；大月他, 2008)。

　企業戦略は,企業全体に関わる戦略である。その意味で,全社戦略とも呼ばれる。この企業戦略に関わる主要な戦略構成要素は,ドメインの決定と資源展開である。

　事業戦略は,企業戦略によって決定された各事業分野ごとの戦略である。この戦略は,特定の事業分野の中でいかに競争するかということが主要な課題であり,したがって競争戦略 (competitive strategy) とも呼ばれる。この事業戦略に関わる主要な戦略構成要素は,資源展開と競争優位性である。

　職能別戦略は,生産戦略,マーケティング戦略,研究・開発戦略,人事戦略など,職能(機能)ごとに決定される戦略である。この職能別戦略に関わる主要な戦略構成要素は,シナジーと資源展開である。

　これらの戦略は,それぞれの階層レベルで目標設定がなされており,しかも戦略が目標を達成するためのツールとして考えられることから有効な見方とされる。また,目標に関していえば,目標に階層性がある場合の目標—手段の連鎖性,すなわち目標の手段化と手段の目標化ということが主張されているが,これを戦略との関連で考えてみると,図表13-2のようにとらえることができ

図表13-2　目標と戦略の関係

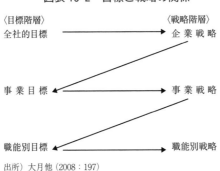

出所）大月他 (2008：197)

る。企業レベルの目標達成のために企業戦略が手段として設定され，これが事業レベルの目標設定の制約要因として働く。そして，事業レベルの目標達成に対して事業戦略が設定され，以下，職能別レベルへとつながっていくのである（大月他，2008）。

このように，経営戦略の階層レベルとして3つあるが，以下では，青島・加藤（2003），Barney（2002），大滝ら（2016）にならい，経営戦略の2つの大きなカテゴリーとしての企業戦略と事業戦略の2レベルからその戦略策定の論理について検討していく。

1. 企業戦略（全社戦略）

企業戦略は，企業全体に関わるものであり，戦略的提携，多角化戦略，グローバル戦略などがある。

（1）戦略的提携

戦略的提携とは，2つもしくはそれ以上の独立した組織が，製品・サービスの開発，製造，販売などに関して協力する場合にとられるものである。Barney（2002）によれば，戦略的提携は，大きく3つのカテゴリーに分類される。

1つ目は，業務提携（出資を伴わない）である。業務提携では，協力する企業群は製品・サービスの開発，製造，販売のいずれかを協働で行うものの，互いに株式を持ち合ったり，その共同事業を管理するための独立組織をつくったりはしない。むしろ，この種の共同作業はさまざまな形態の契約によってつかさどられる。ライセンス契約（1社が他社に対して製品販売の際のブランド名の使用を許諾する契約），供給契約（1社が他社に対して製品・サービスを供給することに同意する契約），配送契約（1社が他社の製品の配送を請け負う契約）などは，業務提携の例である。

2つ目は，業務・資本提携である。業務・資本提携では，協力する企業が契約関係を補強するため，一方が提携パートナーの所有権に投資したり，また相互に投資し提携パートナーの所有権を持ち合ったりする。

3つ目は，ジョイント・ベンチャーである。ジョイント・ベンチャーでは，

協力する提携パートナー企業が共同で投資を行い，新たに独立した組織を設立する。そして，その組織から得られるいかなる利益もパートナー企業間で共有するものである。

また，このような戦略的提携によって得られるメリット，とくに企業間の範囲の経済の源泉として，規模の経済の追求，競合からの学習，リスク管理とコスト分担，新たな業界もしくは業界内新セグメントへの低コスト参入などが指摘できる。

(2) 多角化戦略

多角化戦略とは，新製品を市場に導入すること，あるいは新製品によって新市場を開拓することである。言い換えれば，企業の製品・市場スコープを広げることである。[1] またあるいは，企業のもつ経営資源を新たな製品・市場へと展開し，既存の経営資源の拡充・発展を図ることだともいえる（石井他，1996）。

このような多角化は，大まかにいえば，「関連多角化」と「非関連多角化」の2つに分けることができる。まず，関連多角化とは，企業を構成する各事業が，開発技術，製品の用途，流通チャネル，生産技術，管理ノウハウなどを共有しているような多角化である。言い換えれば，何らかの「知識」や「スキル」を各事業間に移転しうる多角化である。関連多角化の場合，各事業の経営にさまざまなスキルを共有でき，流通システムや生産設備，研究・開発の要因と設備などの経営資源を有効に活用できるという利点がある。これに対して，非関連多角化とは，企業を構成する各事業間に，きわめて一般性の高い経営管理スキルと財務的資源以外の関連性が希薄な多角化である。非関連多角化の利点は，リスク低減，企業規模の拡大などである。

(3) グローバル戦略

グローバル戦略は，一国の国境の枠を超えた経営活動がますます広がりを見せている現状，それに伴う経営戦略のあり方について取り扱うものである。グローバル化の進展によって企業を取り巻く環境も多様化し，その多様化する環

境との間でどのような関係をつくっていくかが経営戦略の中で重要な問題となっているのである（大滝他，2016）。

このグローバル戦略のあり方としては，輸出，海外直接投資，ライセンシング（技術供与）の3つが代表的である。当初は輸出が重要であるが，グローバル化の進展に伴って海外直接投資の重要性が高まってくる。これら2つに比べて，ライセンシングの重要性は相対的に低い。

輸出には，自社製造輸出をするかOEM（相手先ブランド製造）にするか，商社など他社の販売網を通じた輸出（間接輸出）にするか自社の販売網を通じた輸出（直接輸出）にするか，現地企業との販売協調をするか否かといった戦略的問題が関係している。

また海外直接投資には，海外直接投資先としてどの国ないし地域を選択・重視するか，完全所有か合弁か，新設かM&Aか，販売，生産，研究・開発のどの活動を海外で行うか，現地市場志向か輸出志向か，海外の証券市場での株式上場を行うか否かといった戦略的問題が関係している。

さらに技術供与の対価として，金銭（ロイヤリティ・フィー）を受けるライセンシングにするか，あるいは別のライセンシングを受けるクロス・ライセンシングにするかといった戦略的問題が関係している。

このように，グローバル戦略のあり方としてはいくつかの方法があるが，これらの方法のうちいずれを選ぶか，またこれらの方法をどのように組み合わせるかがグローバル戦略のひとつの重要な問題になるのである。

2. 事業戦略（競争戦略）

上述のように，事業戦略は特定の事業分野の中でいかに競争するかということが主要な課題である。1980年代以降，この競争に関する議論は，それによってもたらされる利益の源泉を企業の「外」に求めるか，あるいは企業の「内」に求めるかという2つの考え方が主流となっている。前者は，ポジショニング・アプローチととらえられ，後者は，資源・能力アプローチととらえられている。

(1) ポジショニング・アプローチ

　企業の成功を促す要因を外部に求めるのであれば，目標達成にとって都合の良い環境（企業の目標達成を支持してくれる，もしくは目標達成を邪魔する外部の力が弱いような環境）に身を置くことが，まず重要な戦略となる。たとえば，そのような外部環境とは，競合相手が少なくて競争が緩やかな環境，法や規制で守られたような産業，顧客や供給業者との関係が有効的であるような市場セグメントなどである。こうした戦略は，環境の中に自社を的確に「位置づける (position)」点を強調するがゆえに，ポジショニング・アプローチと呼ばれる。どんな産業においても，個々の企業の個別努力ではなかなか乗り越えられない構造的な力が働いている。とするなら，その構造的な力を体系的に理解して，その知識を参考に自社を位置づけることが必要となる。さまざまな産業における構造を分析して，その中で自社をどう位置づけるのかを考えるための枠組みを提供するのが，ポジショニング・アプローチである (青島・加藤，2003)。

　このポジショニング・アプローチの代表的なものとして，Porter (1980, 1985) の研究がある。彼の研究は，企業の戦略立案のための重視すべき要因として，当該企業を取り巻く業界構造に着目するところから始まる。その意味で，競争戦略に関わる「外」向きのアプローチということができる。

　Porter はまず，業界の競争の激しさと収益率を決定する競争要因として，5つのものをあげている。1つ目は，「新規参入の脅威」である。ある業界に新規参入が起こることは，生産キャパシティが増え，一定の市場シェアを確保したいという意欲が発生し，かなりの経営資源が新たに投入される。それにより，価格が低下するか，既存業者のコストがインフレを起こすかして，収益が低下するのである。2つ目は，「既存競争業者間の敵対関係の強さ」である。既存業者間の敵対関係は，価格競争，広告合戦，新製品導入などにより，市場地位を確保しようとする。それら行動がエスカレートすると，業界内の企業すべてが傷つき，以前よりも苦境に陥るのである。3つ目は，「代替品からの圧力」である。ある業界内の企業は代替品を生産する他の業界と，広い意味で競争し続けている。したがって代替品の価値が価格に比して大きければ大きいほど，

業界の収益への圧力がゆるぎないものになるのである。4つ目は,「買い手の交渉力」である。買い手は,値下げを迫ったり,もっと高い品質やサービスを要求したりして,業界を相手に戦う。これらは,業界の収益性を損なう行動なのである。5つ目は,「売り手の交渉力」である。供給業者は,買い手に対し,価格を上げる,品質を下げるといった脅しをかけることで交渉力を行使しうる。つまり威力をもつ売り手は,コスト増を自分の売値の増で取り返せない弱い買い手業者から収益性を奪取できるのである。このような5つの要因によって,業界の競争の激しさと収益率が決定されるとしている(図表13-3)。

　このような業界構造分析をもとにして,次にPorterが提起するものは,当該企業の投資収益を大きくするための,業界内での防衛可能なポジションを築く戦略である。そこで彼は,このような業界内で防衛可能なポジションを築き,競争相手に勝つための3つの基本戦略として,①コスト・リーダーシップ,②差別化,③集中,をあげている。「コスト・リーダーシップ戦略」とは,コスト面で最優位に立つという基本目的に沿った一連の実務政策を実行することである。このためには,効率のよい規模の生産設備を積極的に建設し,エクスペリエンスを増やすことによるコスト削減を追求し,コストおよび間接諸経費の管理を厳しく行い,零細顧客との取引を避けるなどして,コストを最小に切り詰めることが必要である。「差別化戦略」とは,当該企業の製品やサービスを差別化して,業界の中でも特異だとみられる何かを創造しようとするものである。たとえば,製品設計やブランド・イメージの差別化,テクノロジーの差別化,製品特長の差別化,顧客サービスの差別化,ディーラー・ネットワークの差別化などがあり,理想的には複数の面で差別化するのがよいとされる。そして,「集中戦略」とは,特定の買い手グループ,製品の種類,特定の地域市場などへ企業の資源を集中するものである。ターゲットを広くした同業者よりも狭いターゲットに絞る方が,より効果的で,より効率のよい戦いができるという前提からこの戦略が追求され,特定のターゲットのニーズを十分に満たすことで差別化または低コストが達成できたり,両方とも達成できたりもするのである。

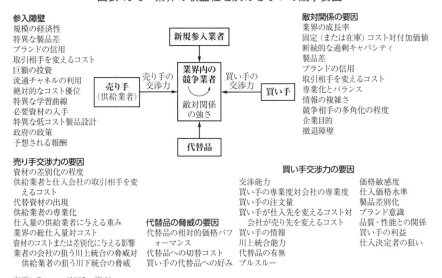

図表 13-3　業界の収益性を決める 5 つの競争要因

出所）Porter（1985：訳 9）

　以上のように，Porter は競争に勝つための戦略に焦点を当て，当該企業が業界の中で他社に勝つためのポジションを追い求めようとする論理を展開したのである。

(2) 資源・能力アプローチ

　一方，資源・能力アプローチは，企業業績の差異の源泉を企業内にある経営資源・能力に求める。ポジショニング・アプローチは，相対的に企業内部の資源・能力の役割を軽視する傾向にあった。その戦略上の重点は，あくまでも「位置づけ」に置かれているがゆえに，「構造的に魅力的な産業・市場領域を見出したら，企業はそれを選択する。もしその事業展開に必要な資源や能力が不足していたなら，それを迅速に市場から調達することが求められる」という論理である。つまり，好ましい外部環境の発見とポジショニングが先にあって，資源は後にくるという考え方（「外」⇒「内」）である。しかしながら，資源・能力

アプローチの基本的主張からすれば，仮にすばらしい事業機会を発見して自社の事業をそちらへ位置づけようとしても，事業展開に必要とされる資源・能力が手に入らないのであれば，どうにもならない。とすれば，企業の競争力の源泉になりうるものは，ポジショニングのうまさではなく，他社が手にできない固有の資源や独自の能力にあるということになる。したがって，企業の戦略的行動の第一歩は独自の資源・能力を蓄積することであり，蓄積された資源・能力に合わせてポジショニングが行われる（「内」⇒「外」）のである（青島・加藤，2003）。

この資源・能力アプローチの代表的研究として，Barney（1991, 2002）の研究がある。基本的に，上記のPorterの研究が，企業が事業展開を行っている業界構造の分析を重要視する「外」向きの戦略アプローチととらえられるのに対し，Barneyの研究は当該企業内に保有している資源・能力の戦略的活用を重要視するという意味で，競争戦略に関わる「内」向きのアプローチということができる。

Barneyはまず，議論を展開するにあたって，2つの仮定から出発する。すなわち，①「ある業界内の企業は，そのコントロールする戦略的資源に関して異質である」，②「これら資源は，企業間で完全には移転できないので，異質性は長期的に存続し得る」，といった2つである。このような資源の「異質性」と「固定性」の仮定にもとづいて，資源・能力が持続的競争優位の源泉となるための要件を探究しようというのが，彼の研究のエッセンスである。

Barneyは，このような持続的競争優位の源泉となりうる資源の属性について，①「価値（value）」，②「稀少性（rarity）」，③「模倣困難性（imitability）」，④「組織（organization）」，といった4つの要件をあげ，これを「VRIOフレームワーク」（Barney, 2002）と名づけている。「価値」とは，当該企業の保有する資源・能力が，外部環境における脅威や機会への適応を可能にするかどうかが重要となる。つまり，その資源・能力が当該企業の強みであるためには，それらを活用することで外部環境の機会をとらえることができるか，または脅威を無力化することができなければならないのである。「稀少性」とは，その価値のある資源・能

図表13-4　VRIOフレームワーク

その経営資源やケイパビリティは

価値があるか	稀少か	模倣コストは大きいか	組織的に活用されているか	競争優位の意味合い	経済的なパフォーマンス
No	—	—	No ↕ Yes	競争劣位	標準を下回る
Yes	No	—		競争均衡	標準
Yes	Yes	No		一時的競争優位	標準を上回る
Yes	Yes	Yes		持続的競争優位	標準を上回る

出所）Barney（2002：訳272）

力を活用しているのが，ごく少数の競合企業かどうかが重要となる。つまり，価値のある資源・能力を多数の競合企業が保有・活用している場合，それはどの企業にとっても競争優位の源泉とはならないのである。「模倣困難性」とは，その価値があり稀少な資源・能力を保有しない企業が，その獲得に際し，すでにそれを保有する企業に比べてコスト上不利であるかどうかが重要である。つまり，競合企業がその資源・能力を直接的に複製するのがむずかしく，またそれを代替する資源や能力の獲得が困難な場合に，当該企業は競争上の優位の立場にあるのである。そして，このような競合企業が資源・能力を模倣する際のコスト上の不利をもたらす重要な要因として，彼は，①独自の歴史的条件，②因果関係不明性，③社会的複雑性，④特許，といった4つをあげている。そして，「組織」とは，そのような価値があり稀少で模倣コストの大きい資源・能力を当該企業が活用するために，組織的な方針や手続きが整っているかどうかが重要となる。つまり，公式の命令・報告系統，マネジメント・コントロール・システム，報酬体系などが整備されていることが，その資源・能力をフルに活用する際の重要な要件となるのである。こういった4つの基準に照らして，当該企業の資源や能力を評価することで，持続的競争優位の源泉となる資源・能力を識別することができるのである（図表13-4）。

　以上のように，Barneyは競争優位の戦略の論理について，企業内で保有される資源・能力の分析フレームワークとその戦略的活用を基盤とした議論を展開したのである。

注

1) Barney（2002）によれば，多角化戦略を追求する企業にとって，M&A 戦略は有効な戦略オプションである。彼は，M&A 戦略を企業戦略のひとつとして位置づけ，その有効性について議論している。
2) この3つのほかにも，グローバル戦略のあり方として，戦略的提携もある。詳しくは，大滝他（2016）を参照。
3) このように「内」に注目する戦略論に従えば，具体的な事業領域の設定の前に，資源・能力の蓄積活動を行うことになるため，そのための方向性を与えるような長期的ビジョンが鍵となる。そうしたビジョンを，Hamel & Prahalad（1989）は，「戦略的意図（strategic intent）」と呼んでいる（青島・加藤，2003）。
4) Barney の研究は，一般的に「RBV（Resource-based View）」の研究といわれている。つまり，企業内の「資源（resource）」や「能力（capability, competence）」を重視した競争戦略論である。この RBV に関する最も影響力のある研究が，Barney の研究である。RBV の初期の代表的研究として，Wernerfelt（1984），Prahalad & Hamel（1990），Grant（1991）などあげることもできるが，経営戦略論研究における影響力の大きさという意味では，この Barney の研究が一番であるといえるだろう。
5) Barney の 1991 年の研究では，VRIN フレームワークとして，4つ目の要件に「代替不可能性（non-substitutability）」をあげていたが，この属性はその後の研究で，3つ目の「模倣困難性」のひとつの構成要素に組み入れられ，新たに「組織」要件が追加されることになった。

さらに学習すべき事柄

・経営戦略論が現在までに発展してきた歴史的経緯について議論展開する『経営戦略全史』（三谷，2013）について学習してみよう。
・経営戦略論において支配的な米国流の研究枠組み以外に，近年の欧州発の経営戦略論の研究枠組みである『実践としての戦略（Strategy as Practice）』（Johnson et al., 2007）について学習してみよう。

読んでもらいたい文献

Grant, R. M.（2007）*Contemporary Strategy Analysis.*（6th ed.）. Wiley-Blackwell.（加瀬公夫監訳『グラント現代戦略分析』中央経済社，2008 年）
　　戦略分析の手法について，非常に綿密な議論を展開している。経営戦略に関わる分析を行う上で最適な著書である。
Whittington, R.（2001）*What Is Strategy—and Does It Matter?*（2nd ed.）. Thomson

Learning.（須田敏子・原田順子訳『戦略とは何か？—本質を捉える4つのアプローチ—』慶應義塾大学出版会，2008年）

　企業の戦略は，利益最大化を目指して意図的に決定されるとは限らず，現実には個別企業の力を超えた大きな力や，人間・組織がもつ非合理性などによる意図せざる結果が戦略の立案・実行に影響を与えているという戦略の実態を4つのアプローチから議論展開している。

引用・参考文献

Andrews, K. R.（1971）*The Concept of Corporate Strategy*. Dow Jones-Irwin.（山田一郎訳『経営戦略論』産業能率短期大学出版部，1976年）

Ansoff, H. I.（1965）*Corporate Strategy*. New York : McGraw-Hill.（広田寿亮訳『企業戦略論』産業能率短期大学出版部，1969年）

青島矢一・加藤俊彦（2003）『競争戦略論』東洋経済新報社

Barney, J. B.（1986）"Organizational Culture : Can It Be a Source of Sustained Competitive Advantage?", *Academy of Management Review*, 11（3）: 656-665.

Barney, J. B.（1991）"Firm Resources and Sustained Competitive Advantage," *Journal of Management*, 17（1）: 99-120.

Barney, J. B.（2002）*Gaining and Sustaining Competitive Advantage*.（2nd ed.）. Pearson Education.（岡田正大訳『企業戦略論（上・中・下）』ダイヤモンド社，2003年）

Bhide, A.（1994）"How Entrepreneurs Craft Strategies That Work," *Harvard Business Review*, 72（2）: 150-161.

Chandler, A. D. Jr.（1962）*Strategy and Structure*. The MIT Press.（三菱経済研究所訳『経営戦略と経営組織』実業之日本社，1967年）

Christensen, C. R., Andrews, K. R., Bower, J. L., Hamermesh, G., & Porter, M. E.（1987）*Business Policy : Text and Cases*.（6th ed.）. Irwin.

Grant, R. M.（1991）"The Resource-Based Theory of Competitive Advantage : Implications for Strategy Formulation," *California Management Review*, 33（3）: 114-135.

Hamel, G., & Prahalad, C. K.（1989）"Strategic Intent," *Harvard Business Review*, 67（3）: 139-148.（「ストラテジック・インテント」『DAIMONDハーバード・ビジネス・レビュー』ダイヤモンド社，10-11月号，1989年：11-27）

Hannan, M. T., & Freeman, J.（1977）"The Population Ecology of Organizations," *American Journal of Sociology*, 82 : 929-964.

石井淳蔵・奥村昭博・加護野忠男・野中郁次郎（1996）『経営戦略論（新版）』有斐閣

Johnson, G., Langley, A., Melin, L., & Whittington, R. (2007) *Strategy as Practice : Research Directions and Resources*. Cambridge University Press. (高橋正泰監訳『実践としての戦略—新たなパースペクティブの展開—』文眞堂, 2012年)

Miller, D., & Friesen, P. H. (1984) *Organizations : A Quantum View*. Prentice Hall.

Mintzberg, H., Ahlstrand, B., & Lampel, J. (1998) *Strategy Safari : A Guided Tour Through The Wilds of Strategic Management*. The Free Press. (齋藤嘉則監訳『戦略サファリ』東洋経済新報社, 1999年)

三谷宏治 (2013)『経営戦略全史』ディスカヴァー・トゥエンティワン

大滝精一・金井一頼・山田英夫・岩田智 (2016)『経営戦略—論理性・創造性・社会性の追求 (第3版)—』有斐閣

大月博司・高橋正泰・山口善昭 (2008)『経営学— 理論と体系 (第三版)—』同文舘

Pettigrew, A. M. (1977) "Strategy Formulation as a Political Process," *International Studies of Management & Organization*, 7(2) : 78-87.

Porter, M. E. (1980) *Competitive Strategy*. The Free Press. (土岐坤・中辻萬治・服部照夫訳『競争の戦略』ダイヤモンド社, 1982年)

Porter, M. E. (1985) *Competitive Advantage*. The Free Press. (土岐坤・中辻萬治・小野寺武夫訳『競争優位の戦略—いかに好業績を持続させるか—』ダイヤモンド社, 1985年)

Prahalad, C. K., & Hamel, G. (1990) "The Core Competence of the Corporation," *Harvard Business Review*, 70(3) : 79-91. (坂本義実訳「コア競争力の発見と開発」『DIAMONDハーバード・ビジネス・レビュー』ダイヤモンド社, 8-9月号, 1990年 : 4-18)

Quinn, J. B. (1980) "Managing Strategic Change," *Sloan Management Review*, Summer : 3-20.

Wernerfelt, B. (1984) "A Resource-based View of the Firm," *Strategic Management Journal*, 5 : 171-180.

Smircich, L., & Stubbart, C. (1985) "Strategic Management in an Enacted World," *Academy of Management Review*, 10(4) : 724-736.

人名索引

A

Alvesson, M.　34
Andrews, K.R.　213
Ansoff, H.I.　213, 216
Argyris, C.　37, 196
青島矢一　220, 223, 226

B

Barley, S.R.　171
Barnard, C.I.　2, 18, 89
Barney, J.B.　217, 220, 226
Bell, D.　78
Berger, P.L.　35, 37, 178
Bhide, A.　217
Bourdieu, P.　139
Burns, T.　21, 49, 62
Burr, V.　35, 138
Burrell, G.　4

C

Chandler, A, D. Jr.　21, 96, 213
Christensen, C.M.　128, 216
Clegg, S.　28
Cyert, R.M.　19, 195

D

Daft, R.I.　57, 59, 66
Deal, T.E.　145, 148
Derrida, J.　24
DiMaggio, P.J.　31, 80

E

Emery, F.E.　104, 105

F

Fayol, H.　14, 90

Feldman, M.S.　82
Fiedler, F.E.　22
Follett, M.P.　17
Ford, H.　103
Foucaut, M.　35
Freeman, J.　67, 218

G

Galbraith, J.R.　122
Garfinkel, H.　136, 138
Garvin, D.A.　202
Geertz, C.　138, 163
Gergen, K.J.　35
Gergen, M.M.　35
Giddens, A.　88
Grint, K.　108

H

Hamel, G.　181
Hannan, M.T.　67, 218
Hatch, M.J.　3

K

加藤俊彦　220, 223, 226
風間信隆　104
Kennedy, A.A.　145, 148, 150
小橋　勉　71
Kuhn, T.S.　26
Kunda, G.　162
桑田耕太郎　56, 67

L

Lave, J.　37, 136
Lawrence, P.R.　21, 63
Lewin, K.　169
Lorsch, J.W.　21, 63
Luckman, T.　35, 37, 178

231

Luthans, F.　56
Lyotard, J.=F.　24

M

March, J.G.　19, 195, 198
松嶋登　106
Mayo, E.　17
McGregor, D.　156
Merton, R.K.　15, 76, 88
Meyer, J.W.　31, 73, 77
Miles, R.E.　21, 126
Mintzberg, H.　214
Mitroff, I.I.　32
Morgan, G.　4, 49
村田純一　108

N

西本直人　135
野中郁次郎　127, 166, 183

O

Olsen, J.P.　198
大月博司　56, 59, 60, 219
Ouchi, W.G.　146

P

Parsons, T.　15, 73
Pentland, B.T.　82
Perrow, C.　105
Peters, T.J.　145, 147, 150
Pettigrew, A.M.　217
Pfeffer, J.　64
Pondy, L.R.　32
Porter, M.E.　181, 216, 223, 224
Powell, W.W.　31, 80
Prahaland, C.K.　181

Q

Quinn, J.B.　217

R

Roethlisberger, F.J.　17
Rowan, B.　31, 73, 77

S

Salancik, G.R.　64
Schein, E.H.　151, 158, 200
Schon, D.　196
Schon, D.A.　37
Scott, W.R.　74
Selznick, P.　31, 52, 76
Senge, P.M.　202
Silverman, D.　23
Simon, H.A.　19
Snow, C.C.　21, 126
Stalker, G.M.　21, 49, 62
Suchman, L.　135

T

高橋正泰　33, 54
高橋勅徳　106
竹内弘高　183
田尾雅夫　56, 67
Taylor, F.W.　13, 92
Thompson, J.D.　2, 64, 65, 116
豊田佐吉　153
Trist, E.L.　105
Tylor, E.B.　145

W

Waterman, R.H.　145, 147
Weber, M.　15, 52, 75
Weick,　3
Weick, K.E.　30, 170
Wenger, E.　37, 134, 136
Woodward, J.　21, 105
Woolgar, S.　108

事項索引

あ 行

アクターネットワーク論　37
厚い記述　138
暗黙知　185
意思決定　19
一般環境　56
移動組み立て法　103
イナクトメント　30, 170
イノベーション　106, 107, 183
　　——のジレンマ　128
インフォーマル・グループ　17
エクセレント・カンパニー　32, 147
SECI モデル　185
SWOT 分析　213
NASA　98
MOT　103
大きな物語　140
オープン・システム　2, 20, 22, 55, 115, 122

か 行

解釈の柔軟性　106, 109
外部環境　65
科学的管理法　13, 92
科学哲学　4
科学方法論　3, 4
課業管理　13
学習する組織　202
価値が注入されるプロセス　77
価値前提　19
活動理論　37
環境　55
環境選択　29
慣性　67
管理原則　90
「管理人」仮説　19

管理の一般原則　15
管理の非人間的管理　16
官僚制　15, 76
　　——の逆機能　15, 76
機械的システム　63
機械的組織　49
企業戦略　219, 220
技術（テクノロジー）　103, 117
　　——が組織構造を決定する　105
　　——の社会的構築　106, 107
技術決定論　103
機能主義　26
機能主義的組織論　22
客観的合理性　26
協業　89, 90
共通目的　18
協働意識　18
儀礼　79, 80
グランデッドセオリー　139
クリティカル・マネジメント・スタディズ　34, 37
クローズド・システム　2, 22, 122
経営戦略　213
経済合理性　77
「経済人」仮説　13, 18
形式知　184
継電器組立実験　17
ケイパビリティ　182
コアコンピタンス　181
行為と実践　134
行為の準拠枠　23
構造　88
構造化　88, 171
構造化理論　88
構造―機能分析　15
個体群生態学　66
コンティンジェンシー理論　20, 62, 67,

233

104, 115
コンフィギュレーション　29

さ　行

産業革命　12
事業戦略　219
事業部制組織　96
資源依存理論　64
資源・能力アプローチ　225
事実前提　19
システム　2, 165
システムズ・アプローチ　2, 19
自然淘汰モデル　69
実践　37, 79, 131, 134, 172
　——としての経営倫理　172
　——としての戦略　37, 131
　——のコミュニティ　37
　——ベース・アプローチ　132, 136
実践論　36
「社会人」仮説　18
社会構成主義　35, 178
社会的コンテクスト　110, 111
状況に埋め込まれた行為　135
情況の法則　16
情報処理システム　2, 122, 178
照明実験　17
職能部門制組織　94
職能別職長制　13, 92
職能別戦略　219
シングルループ学習　196
新制度派組織論　77, 82
シンボリック・マネジャー　32, 148
神話　78
スタッフ　94
スラック　124
精神革命　14
正当性　31, 66, 78
正統的周辺参加　37
制度　73, 76, 79
制度化　31, 77

制度的環境　77
制度的神話　78
制度派組織論　31, 75
制約された合理性　19
セクショナリズム　99
ゼネラル・エレクトリック（GE）　96
ゼネラル・モーターズ（GM）　96
センスメーキング　3, 30
「専門化」の原則　92
戦略的選択論　22
相互依存関係　120
ソシオ・テクニカルアプローチ　21, 104
組織化　23, 30, 169
組織学習　195
組織構造　89, 166
　——は戦略に従う　21
組織行動論　18
組織シンボリズム　22
組織デザイン論　116
組織のコンフィギュレーション・アプローチ
　29
組織の同型化　31
組織文化　150
　——の機能　157
組織文化論　23
組織シンボリズム　32
組織ディスコース　36
即興的な行為　83

た　行

タイトカップリング　76
タスク環境　56, 117
脱工業化社会　25, 78
脱構築　35
ダブル・コンティンジェンシー理論　126
ダブルループ学習　196
知識創造理論　183
知識変換モード　185
ツー・ボス・システム　99
ディスコース分析　35, 37, 39

テイラー・システム　13
デカップリング　79, 80
適応　67
適応型組織デザイン　126
テクニカル・コア　117
鉄の檻　52
テネシー川流域開発公社（TVA）　76
淘汰　67, 69, 170
トップ・マネジメント　95
ドメイン　120

な 行

成行管理　13
日本的経営　146
人間関係論　17
認識論　4
ネオコンティンジェンシー理論　22
能率　18

は 行

ハイパーテキスト型組織　127, 189
パラダイム　47
バンク配線実験　17
万能的職長制度　13, 93
標準化　13
ファヨール・ブリッジ　15
ファンクショナル組織　92
フォード自動車　103
VRIO フレームワーク　226
不確実性　2, 58, 116, 122, 160
　──への対処　116
部分的無知　213
普遍可能性　28
ブラック・ボックス　107, 108
プロジェクトチーム　99
プロフィット・センター（利益責任単位）
　97
フロントエンド・バックエンド組織　127

文化の解釈主義的アプローチ　162
分業　89, 90
変異　69
変革　169
方法論　5
ホーソン効果　18
ホーソン実験　17
ポジショニング・アプローチ　223
保持　69, 170
ポスト構造主義　35
ポストモダン・アプローチ　22
ポピュレーション・エコロジー　22
ポリティカル・アプローチ　20

ま 行

マトリックス組織　98
未熟練労働者　12
ミドル・アップダウン・マネジメント
　188
「命令一元性」の原則　91, 92
メタファー　47
面接計画　17
モダン・アプローチ　12

や 行

唯一最善の方法　21, 22, 115
有機体的組織　49
有機的システム　63
有効性　18
予測活動　119

ら 行

ライン・アンド・スタッフ組織　83
ライン組織　92
リソースベーストビュー　181
両刀使いできる組織　126
論理実証主義　133
レトリック　39

経営組織論シリーズ 1　マクロ組織論

2019 年 4 月 25 日　第一版第一刷発行
2019 年 12 月 25 日　第一版第二刷発行

監修者――高　橋　正　泰
編著者――髙　木　俊　雄
　　　　　四　本　雅　人
発行者――田　中　千津子
発行所――㈱ 学 文 社

〒153-0064　東京都目黒区下目黒 3-6-1
電話　03（3715）1501
振替　00130-9-98842
印刷――新灯印刷㈱

© TAKAHASHI Masayasu 2019　Printed in Japan
落丁，乱丁本は，本社にてお取替え致します。
定価は売上カード，カバーに表示してあります。
ISBN 978-4-7620-2902-8〈検印省略〉